谢涛 昊天牧云 著

谢涛说真三国

壹

浙江工商大学出版社 | 杭州
ZHEJIANG GONGSHANG UNIVERSITY PRESS

图书在版编目（CIP）数据

谢涛说真三国 . 壹 / 谢涛，昊天牧云著 . — 杭州：
浙江工商大学出版社，2019.11
ISBN 978-7-5178-3250-8

Ⅰ. ①谢… Ⅱ. ①谢… ②昊… Ⅲ. ①中国历史—三
国时代—通俗读物 Ⅳ. ① K236.09

中国版本图书馆 CIP 数据核字 (2019) 第 101080 号

谢涛说真三国　（壹）
XIETAO SHUOZHENSANGUO （YI）
谢　涛　昊天牧云　著

责任编辑　唐　红　谭娟娟
封面设计　新艺书文化
责任印制　包建辉
出版发行　浙江工商大学出版社
　　　　　（杭州市教工路 198 号　邮政编码 310012）
　　　　　（E-mail:zjgsupress@163.com）
　　　　　（网址 :http://www.zjgsupress.com）
电　　话　0571-88904980　88831806（传真）
排　　版　程海林
印　　刷　北京晨旭印刷厂
开　　本　787mm×1092mm　1/16
印　　张　19.25
字　　数　227 千
版 印 次　2019 年 11 月第 1 版　2019 年 11 月第 1 次印刷
书　　号　ISBN 978-7-5178-3250-8
定　　价　49.00 元

第十五章　董卓之死

第一章
东汉末年的宫斗

宫里的怪事

提到"诸葛亮"这三个字，估计不知道的人很少。这位著名的政治家在他的名篇《出师表》当中写过这样一段话："亲贤臣，远小人，此先汉所以兴隆也；亲小人，远贤臣，此后汉所以倾颓也。先帝在时，每与臣论此事，未尝不叹息痛恨于桓、灵也。"这当中说到的"桓、灵"指的就是汉桓帝和汉灵帝。

从诸葛亮的角度来看，后汉（即东汉）衰败了，原因就在于小人得志，特别是在汉桓帝、汉灵帝两朝。汉桓帝一朝绝大多数时间由跋扈将军梁冀（外戚）把持朝政，汉灵帝一朝则由宦官们控制朝廷。东汉帝国彻底崩盘，进入群雄并起、军阀混战的三国时代，正是从汉灵帝开始的。

说起来，汉灵帝算是个幸运儿。三十六岁的汉桓帝突然去世，没有留下儿子，于是外戚们东挑西挑，最终挑中了当年只有十二岁的他。

从血缘关系上来看，汉灵帝是汉桓帝的侄儿，但他的亲生老爸只是汉室宗亲旁支中一个小小的侯爷，还英年早逝，根本顾不上儿子的教育，又何尝想过家里真的会出一个皇帝？所以，汉灵帝进宫的时候，从来就没有接受过正式的皇家教育，等于白纸一张。这种小孩是最好哄骗的，尤其是当他身边全是那些满肚子坏水的宦官的时候，就更加控制不住了。所以，汉灵帝即位之初，就发生了"第二次党锢之祸"。

在这次政争中，宦官们打垮了窦武、陈蕃，对士人集团搞了"大清洗"，牢牢把握住了天下大权。那么，这是不是意味着宦官集团就是铁板一块呢？并非如此。

这些宦官没有远见，只有短视，没有公平，只有自私，他们要的就是眼前的利益。对付士人集团，对付清流党人，他们可以并肩作战。但是，当共同的敌人消失以后，他们就开始大搞"顺我者昌，逆我者亡"那一套了。

这个时候，最有权势的宦官就数曹节和王甫了。当然，在"第二次党锢之祸"当中，表现"出色"的侯览、郑飒也实力不俗。不过，侯览很快就成了宦官内部斗争的第一个牺牲品。因为这个人太张扬了，别的先不说，光抓张俭这件事①就闹得鸡飞狗跳。正所谓树大招风，很快就有人跳出来指责侯览，说他专权横行，骄奢傲慢。皇帝听了很生气，就把侯览抓起来，免官夺爵。

这时，这个侯宦官才发现，原来自己的敌人并不是什么士人集团，而是自己人，是其他宦官暗算了自己。心灰意冷之下，侯览选择了自杀，但这只是开始。

熹平元年（172），大宦官王甫策划了一起谋逆案，谋逆案的主犯就是渤海王刘悝。

---

① 名士张俭在担任山阳东部督邮时，曾弹劾侯览及其胡作非为的亲属。后侯览借"党锢"诬陷张俭，使张俭受到朝廷的通缉。许多人因为收留张俭而家破人亡。

虽说刘悝根本没有造反的胆子，但他本身也并非善类。汉桓帝在世的时候（永熹八年，165）就曾把他渤海王的头衔撤了。那时，刘悝就曾私下找王甫帮忙，并许诺如果拿回渤海王的爵位，就奉上五千万钱作为酬劳。看在钱的份儿上，王甫还真的动心了。

两年以后，汉桓帝去世了，他在遗诏中恢复了刘悝渤海王的爵位。刘悝很感动，陛下真是一位好哥哥啊！[①] 正当刘悝高兴的时候，王甫找上门来，要求王爷兑现之前承诺的酬劳。刘悝很生气，这个王甫真不要脸，自己这个王位明明是哥哥在遗诏上恢复的，有你王甫什么事儿？于是，拒绝支付。王甫更生气，一个堂堂的王爷居然赖账，没有自己在陛下面前美言，陛下还会记得这种常年不见又过继出去的兄弟吗？于是，王甫怀恨在心，想方设法地要报复。

后来，王甫就发现中常侍郑飒和刘悝私下里有来往，而且关系密切。王甫这下高兴了，就找来了自己的打手司隶校尉段颎。这个段颎就是赫赫有名的"凉州三明"[②]之一。不过，遗憾的是，有战功不等于有脑子，他投靠了宦官集团，由威震边陲的猛将变成了宦官的走狗。

段颎得了王甫的授意，就把郑飒抓起来了，并且诬告他打算立刘悝为皇帝。这一下，事情的性质就严重了。在封建王朝当中，没有哪件事情比造反更夺人眼球了。不用说，这一计非常成功，不仅杀掉了郑飒，也让刘悝遭遇了灭族之灾。王甫心愿得偿。

178年，汉灵帝改年号为光和，意思就是光明祥和。可惜，皇宫却接

---

① 刘悝虽然继承了渤海王刘鸿的王位，但实际上他是汉桓帝的亲弟弟。

② 指东汉末年同为凉州人的三位杰出的军事将领皇甫规（字威明）、张奂（字然明）与段颎（字纪明）。

连发生了几件怪事，一点都不光明，一点都不祥和。

怪事一，皇宫养的一只母鸡长变味了，最后变成了一只公鸡。这原本是生理上的一种变异，说起来并不奇怪，可是在当时，人们是把它看成不祥之兆的。

怪事二，皇宫东院里有一道黑气从天而降，长达十数丈，远远看上去就像是一条黑龙。

怪事三，南宫御庭的后殿出现了一道青色的霓虹。

……

这是怎么回事？改了年号以后怎么出现这样的怪事？莫非老天在暗示人间的事情，令他不太满意？汉灵帝不敢怠慢，马上把大臣们叫来，咨询造成这种情况的原因。这个时候，议郎蔡邕站了出来。

蔡邕，字伯喈，陈留郡圉县（今河南省杞县圉镇）人。他少年时就以孝顺出名。长大以后，拜太傅胡广为师。建宁三年（170），蔡邕被司徒桥玄辟召为掾属，受到桥玄的厚待。后来，他出京担任河平县县长，又被召回京城拜为郎中，在东观校书，后升任为议郎。

蔡邕本身知识渊博，辞赋、数术、天文、音乐无一不通。一首《述行赋》小巧灵活，见解深刻，堪称汉代小赋的绝妙之作。一手飞白体苍劲浑朴，势若千钧。比起《述行赋》和飞白体，实际上，东观校书才是蔡邕更为重要的一件功绩。

自从汉武帝采纳了董仲舒"罢黜百家，独尊儒术"的建议，儒家学说已经被奉为正统，儒家经典成为法定教科书，并由专门的博士来讲授。也就是说，儒家经典已成为当时判断是非标准的决策依据。既然儒学已经成为官学，当然就需要有标准本作为评定正误的依据。可是，二百多年过去了，本来作为评定标准的儒家经典却变得面目全非。

这时，蔡邕联合五官中郎将堂谿典、光禄大夫杨赐、谏议大夫马日䃅等人上书汉灵帝，要求校定儒家六经文字。最后，他们得到了皇帝的批准。在校对工作完成之后，蔡邕亲自誊抄了校定后的儒家六经文字，并命令工匠把它们刻在石头上，立在太学门外。石经立好之后，天下儒生都把这里当成膜拜之地，据说太学门外每天都停着几千辆车，把路都堵上了。

作为受皇帝器重的大臣，蔡邕觉得自己有义务提醒一下皇帝，于是朝堂奏对的时候，他就直言不讳："这种种怪相都是亡国的预兆！"光禄大夫杨赐等人的看法也与他类似。汉灵帝听了之后，深受触动，又专门下诏让蔡邕写一份奏疏，具体阐述他的观点，并叮嘱他如果怕泄露，就用锦囊封好。

蔡邕遵旨照办。在奏疏中，他不仅详细阐发了"各种天象变异都是国家覆亡的征兆，国家的祸害就在朝廷之上"的观点，还建议皇上重用君子，远离小人。更重要的是，他还在奏疏里面把皇帝身边到底"谁是小人，谁是君子"写得清清楚楚、明明白白。

简单一句话，蔡邕就是提醒汉灵帝，要想挽回时局，就必须要制止妇人、宦官干政，罢黜贪官污吏。正因为在奏疏中对这些人指名道姓，所以蔡邕在最后还不忘交代一句："皇上，君臣之间的交谈一定要保密，千万不能泄露。如果您一旦说漏嘴了，臣下就有掉脑袋的危险。"

这份奏疏很快就送到了汉灵帝那儿。汉灵帝看完了，不断地叹气。这一切都被旁边伺候的大宦官曹节看在眼里。

要知道，宦官可是特别善于察言观色的。曹节一看就知道，这份奏疏必然不同寻常，搞不好就是一份小报告。可是，作为一名宦官，再怎么牛，也不能冲上去说："皇上，您看什么呢？那么有趣！给我看看。"不可能，那是要掉脑袋的。曹节心里急得要命，到底该怎么办呢？

说来也巧，正在这时，汉灵帝有些内急，就转身上厕所去了。曹节一看，大喜过望。这就是天大的好机会！于是，他赶紧趁这个工夫溜过去拿起奏疏就看，结果吓了一跳。原来，蔡邕这家伙写的是跟宦官有关的事。不仅有关，还有大关系。这个可恶的蔡邕竟然想把宦官打倒，真是吃了熊心，咽了豹子胆！好你个蔡邕，你给我等着！

曹节很狡猾，尽管心里发毛，却不愿意自己出头，他故意把蔡邕奏疏的内容泄露给其他宦官。这下，那些被蔡邕提到的、应该罢黜的人都斜着眼睛想办法报复蔡邕。蔡邕很快就因为私怨废公、谋害大臣的罪名被捕入狱了，还被判处死刑。

还好，宦官并不都是坏得流油，这时中常侍吕强站出来，尽力在汉灵帝面前替蔡邕说情。汉灵帝看在吕强的面子上，最后下令把蔡邕和他的全家都发配到朔方郡去了。

卖官鬻爵

蔡邕被发配了，不和谐的声音被掐断了，汉灵帝又心安理得地揣摩起一些好玩的东西了。很显然，他是个不甘寂寞的人。在他看来，这几年天下显得太平静了，那些叽叽喳喳的声音都没有了，这让自己这个皇帝显得好像很无能。不成，得折腾点新鲜花样出来。

只当皇帝，角色太单一，应该当个大富翁玩玩。要知道，东汉帝国经过外戚和宦官的来回折腾，已经国库空空，而汉灵帝自己又要吃喝玩乐，那钱从哪儿来？也就是说，应该如何处理当前的财政危机呢？

一般来说，有三种方法。

第一种，向老百姓要钱。

换句话说，就是加税。这种方法很常见，但很可能会导致一个结果，那就是中央的命令到了地方后被地方官员层层加码。比如，原本皇帝并不想收太高，到了地方以后这税收可能比山还高。

第二种，设计一种方案，让既得利益集团吐出一部分非法利益。

这倒是个好方法，这些既得利益集团的钱本来就是他们搜刮的民脂民膏。不过，到了大多数封建帝国的后期，这种方法就会失效。因为既得利益集团在这时往往已经控制了整个国家的运营，皇帝想从他们兜里掏钱，没门。

第三种，皇帝自己出私房钱。

这种方法既不损害老百姓的利益，也不损害既得利益集团的利益，看起来十分可行，实际上却并非如此。原因很简单，宫廷这么庞大，日常生活如此豪华，说减就减，是很难做到的。特别是对汉灵帝这种视钱如命的人来说，想从他兜里掏钱，那简直比要了他的命还难受。

这也不行，那也不行，到底怎么办才好呢？就在汉灵帝挠头苦思的时候，宦官们给皇帝陛下献上了一条妙计——卖官！大体意思如下：

"陛下，您可以开一个刘家铺子，让有钱的人来买官和爵位。这价钱很好算，只要术数不是种田的农夫教的，就可以简单算出来，年薪四百石的官职定价四百万钱，年薪两千石的官职定价两千万钱。这数儿好数吧？一听就明白，而且明码标价，童叟无欺。"

汉灵帝听了这个主意，大喜过望，正合朕意，就这么办了。

官可以卖了，那么通过正常的升迁，靠政绩上来的那些官员又怎办呢？正常升迁的人也得花钱，不过因为你有政绩，所以皇帝给你一定的优惠，优惠幅度可以商量。

要是有人想花钱买官做，但一时掏不出那么多钱，怎么办呢？没问题，没钱又想当官的，可以分期付款，先交纳官位标价的四分之一到三分之一的预付款就可以上任。当然，如果你有钱，还可以竞价，出价高者得之。

卖官的规则都制定好了，那么哪些官是可以用钱买到的呢？不会又是类似关内侯那些徒有虚名的荣誉性官职吧？绝对不是。汉灵帝连朝中近臣的官职也卖，而且优惠幅度更大。

当时，一个曾经担任过郡守和九卿等职务的名门子弟崔烈，他觉得自己政绩不错，名声也足够响了，就是官位应该更上一层楼，于是决定买个司徒来当当。可是，司徒属于三公，想过这把瘾，得花一千万钱。一千万钱太多了，崔烈拿不出这么多，就想讨价还价。当然，也不能当面和皇帝讨论这个，他找了一个中间人。这个人就是汉灵帝的奶妈程氏。这程氏也是个能人，居然说服皇帝给崔烈打了五折。交上五百万钱之后，崔烈就成了司徒。

不过，到了正式授予官印的那一天，汉灵帝后悔了："哎呀，朕是不是犯了傻呀？原本这一千万钱就是内部价，怎么还给他打了五折呀？这个官卖得太便宜了。"

汉灵帝这脸色很快就被站在一旁的奶妈程氏看到了。程氏不高兴了："皇上，这个崔烈能出五百万钱，已经很不错了。您想想看，他可是个清官，是冀州名士，岂肯轻易放下面子来买官？这实在是看着老妇我的面子。这五百万钱收过来，陛下何来不满意呀？"

看到自己的奶妈生气了，汉灵帝也只能把接下来要说的话吞到肚子里去了。

在汉灵帝心中，什么国家天下，什么江山社稷，这些概念对自己来说太复杂、太深奥了，远远比不上在自己面前能摸得着、看得见的真金白银。他只管聚拢财富，哪里会管别人买了官以后去做什么呢？更离谱的是，他还觉得自己比名义上的父亲汉桓帝要能干。

有一次，他得意扬扬地问侍中杨奇："跟桓帝相比，朕是不是做得更好呢？"这位杨奇就是那位超级清官杨震的曾孙。汉灵帝满心觉得杨奇一定会说出令自己满意的评价，没想到杨奇却说："陛下与桓帝相比，就如同舜和尧相比一样。"

杨奇这话足够婉转了吧？一方面，拍了皇帝的马屁，说他和舜一样英明；另一方面，也暗暗插了根刺——舜比不上尧，这是公论。说他跟桓帝相比如同舜和尧相比一样，意思就是灵帝比不上桓帝。

显然，对于这根刺，汉灵帝听出来了，当场就骂他："你的脖子可真够硬的，真不愧是杨震的子孙！朕在想，你死了以后肯定能引来大鸟。"当初，杨震去世以后，他的棺椁之上出现了一只大鸟。大鸟在棺椁上空盘旋，悲鸣不已。汉灵帝说这话的意思就是诅咒杨奇，你早点去死吧！

有了这种自以为是的昏君，我们可以想象当时的朝政该有多么乱了。皇帝拼命敛财，朝臣盘剥地方官员，地方官员就去压榨老百姓。层层压榨，让老百姓苦不堪言，与其说他们生活在人间，还不如说他们正一步一步地走向地狱。

荒淫无度

汉灵帝确实是一个有商业头脑的人，他知道钱是应该拿来投资的，所以又发明了新玩意儿——他居然在后宫搞了一条商业步行街！

具体做法是：皇帝陛下命人修了很多商业店铺，并把宫女分配到各个门店里边去卖东西。至于皇帝本人，脱了龙袍，换上一身商人的打扮，手里捧着一个算盘，到各门店去核算经营所得，然后抽取利润。

这简直就是胡闹！可是，汉灵帝偏偏还自鸣得意。他白天当监工，督促这些宫女开店营业，晚上收工之后就拥着宫女们喝酒作乐。

如果你以为这就是汉灵帝小算盘的全部，那就大错特错了。皇帝的小算盘不只在自己家里打得噼里啪啦响，他对外面的人同样不肯放过。

比如，每当地方郡国向朝廷进贡的时候，汉灵帝都会要求把贡品先拉到自己这里来，然后把自己看得上眼的精品挑出来，美其名曰"导行费"。按理说，那些贡品本来就应该送进国库，而且说白了这些东西其实不就是皇帝本人的吗？可汉灵帝偏不。堂堂大汉天子居然把钱财计算到如此程度，也真可称得上天下一绝。

除了经商之外，汉灵帝还喜欢玩狗。他下令给他所养的狗的脑袋上戴上文官的帽子，并给它们披上绶带。或许在汉灵帝的心中，那些朝堂上的士大夫其实还不如狗。狗好歹会对自己的主人好，那些士大夫成天叽叽歪歪，不让自己做这个，不让自己做那个，讨厌死了！

另外，汉灵帝还喜欢玩马。他曾经下诏购买天下的马匹，可是因为各地的地主豪强垄断了马匹交易，马价涨到了一匹二百万钱，太贵了！要知道，当时卖一个九卿的官才五百万钱。换言之，你随便牵两三匹马来，就可以做国家的部级干部了。

一看马这么贵，汉灵帝只好长叹一声："哎呀，马骑不起，那朕就改骑驴吧！"他还真的手持缰绳，亲自驾驶四头驴拉的车子在后宫里来回地跑。上梁不正下梁歪，皇帝都骑驴了，京城的那些士大夫竞相效仿。结果，京城洛阳的驴的零售价涨得飞快，最后居然和马的价钱差不多了。

堂堂大汉天子竟然骑着驴到处晃悠，这不是荒唐可笑吗？而且，驴的价格涨起来以后，百姓也买不起了。没了驴，怎么干农活呢？（当时，因为马贵，百姓大部分用驴来干农活。）不过，这就不是皇帝陛下关心的问题了。

好了，现在汉灵帝的后院里，除了有商业街、有狗，还有驴了。原本拥有的五座皇家园林现在已经不够用了，于是贪玩的汉灵帝又耗巨资，修筑了两座大型皇家园林——毕圭苑和灵琨苑，顺带把原先的西园改造成了一座游乐场。

这下热闹了！一个皇帝，一帮宦官，外加一大群宫女，平时什么正经事都不干，就在那儿遛狗、骑驴，外加做生意。

这还没有完。很多时候，"荒"还会跟另外一个字连在一起，那就是"淫"。根据史料的记载，汉灵帝是个荒淫无度的皇帝，他随时随地都在看女人，看哪个女子长得美艳，马上把她叫过来，然后进行一些不可描述的事情。

不仅如此，汉灵帝还在西园专门盖了一座裸游馆，让宫女们跟自己一起共浴，喝酒聊天，常常一喝就是一夜。他还感叹说，假如一万年都能如此过，那就是天上的神仙了。

汉灵帝经常喝醉，醉得不省人事，连天亮了都不知道，直到内侍们收拾宫殿才惊醒过来。他觉得这不是个事儿。怎么到天亮还醒不了呢？找只鸡来打鸣就好了。后来又想，这鸡是畜生，打鸣的时间不准，而且未必能叫醒自己。于是，皇帝陛下又想了一招——找个人来学鸡叫。

汉灵帝兴冲冲地命人在裸游馆的北侧修建了一座鸡鸣堂，里面养了很多鸡，然后命令宦官们去学鸡叫。每当汉灵帝连夜豪饮，醉得不省人事，那些宦官就在鸡鸣堂争先恐后地学鸡叫。这下可真热闹了，真鸡的叫声和宦官们学的鸡叫声此起彼伏，这种场景居然发生在堂皇肃穆的皇宫里，真是让人不忍直视！后来，裸游馆毁于洛阳大火。

史侯和董侯

也许，大家会奇怪，这皇帝的生活过得如此淫荡，就算朝臣们跟他同流合污，那他的老婆不管他呀？不是不管，而是汉灵帝根本不想她管，因为他很讨厌他老婆。汉灵帝的皇后宋氏，是汉章帝的宋贵人的堂曾孙女。这个女人性情平和，对事情都看得很淡。换句话说，她身上没有特殊的吸引力，而在汉灵帝看来，这就是没有女人味。正因为如此，皇上一直不喜欢她。

一看皇帝讨厌皇后，汉灵帝的其他宠妃就拼命在皇帝那儿吹枕边风，说皇后的坏话。一来二去，汉灵帝就更加讨厌宋皇后了。还记得那个倒霉的渤海王刘悝吗？与他同时被杀的还有他的妃子宋氏。说来也巧，这个宋妃正是宋皇后的姑姑。这一下，宋皇后就更加说不清楚了。

于是，跟刘悝有仇的中常侍王甫趁机就和太中大夫程阿一起诬陷宋皇后用巫蛊害人，汉灵帝一下子就信了。结果，光和元年（178），宋皇后被打入暴室（冷宫），最后抑郁而死。宋皇后死了，对汉灵帝的心情却没有半毛钱的影响。也许，在他的心中，早就诅咒这个不解风情的宋皇后快点去死了。

但问题是，国家不可一日无主，后宫不可一日无后。说起来，皇后这个尊号，除了是皇帝的老婆之外，更多时候像是一个官位。所以，后位空虚了，汉灵帝的女人们就开始活跃了，人人都希望能够得到这个称号。

光和三年（180），这场后冠的争夺赛终于落下了帷幕。这一年，汉灵帝立何贵人为皇后。关于何皇后的身世，有两种说法：一种来自《后汉书》。据这种说法，何家就是屠户，何皇后的哥哥何进就是个杀猪佬。本来何家是没有渠道进入宫廷的，是因为贿赂了选官才入选的。一种来自《续汉书》。据这种说法，何皇后其实是良家妇女，家里和杀猪的一点关系都没有。不过，到了后世，大部分人采用的是《后汉书》的说法。

这何家姑娘进入宫廷以后，因为人长得漂亮，又合汉灵帝的胃口，受到了汉灵帝的深度宠爱。不久之后，何氏就生下一个儿子，起名为刘辩，她也因此被封为贵人。

为什么何氏会从不起眼的官女一下子变成身居高位的贵人呢？原来，汉灵帝之前也不是没有过儿子，只是都夭折了。他十分难过，生怕自己步了前任皇帝汉桓帝的后尘，等到死的时候连个亲生儿子都没有。现在何氏生下了孩子，而且是一个大胖小子，汉灵帝自然宝贝得不得了。何氏的飞黄腾达也就顺理成章了。

有了儿子，汉灵帝又有了新的烦恼：怎么才能养大这个孩子呢？为此，汉灵帝也是挠破了头皮，突然他想到了汉和帝。当年，汉和帝也是早年生下的孩子都夭折了，于是就把后来生下的孩子统统放到民间去抚养，结果就保住了继承人。汉灵帝想，这个主意好，说不定民间的水土才能养大孩子。

于是，他决定把儿子刘辩放到道人史子眇家去养。所以，刘辩后来也被称为史侯。或许汉灵帝的想法就是，这史子眇不是道人吗，道人是有道术的，道术就可以保平安！

本来刘辩只是庶出的皇子，但是到了光和三年（180），何贵人升级成何皇后，刘辩也就成了太子的热门人选。不过，东汉皇帝对皇太子的人选一向很谨慎，汉和帝、汉顺帝甚至到临死之前才决定到底谁是太子，所以汉灵帝也不敢早早地立太子。正因为如此，事情就有了变数。

汉灵帝是个喜欢女色的皇帝，不可能只宠幸自己的皇后。不久之后，后宫当中有一位姓王的美人怀孕了。王美人当然知道何皇后的为人，一旦让何皇后知道自己怀孕了，恐怕自己和肚子里的孩子都难逃一死。怎么办呢？

想来想去，王美人决定打胎。可是，没想到这孩子命大，身受打胎药的摧残，他愣是在妈妈的肚子里稳如泰山。不仅如此，他还托梦给自己的妈妈。王美人经常梦见自己背着个大太阳在路上走。王美人认为肚子里的孩子肯定是富贵命，就下定决心把这孩子生下来。

光和四年（181）三月，王美人顺利地生下了一个儿子，取名为刘协，就是后来的汉献帝。胖小子刘协出生的消息很快传开，汉灵帝和何皇后都知道了。不用说，两人的反应呈现出冰火两重天的态势：汉灵帝非常高兴；至于何皇后，则十分震惊和愤怒。

果然如王美人所想，何皇后几乎第一时间就做出了杀死王美人和小刘协的决定。她命人悄悄地在王美人的食物中下了毒。王美人毒发身亡了，这个时候小刘协出世仅仅十几天而已。

亲妈死了，只有十几天的婴儿该怎么办？这时，在暴室工作的小宦官朱执站了出来，悄悄地帮孩子找了一位奶妈，算是保住了刘协的小命。不久之后，汉灵帝也知道了这件事，就让自己的亲妈永乐太后董氏来抚养刘协。所以，刘协后来被称为董侯。

董太后为什么要出面养刘协？其实，这里是有渊源的。因为汉灵帝的亲妈董太后和老婆何皇后一直以来是水火不容的。董太后养孙子，一来为了保护刘协，二来也想手上有资本，以便和何皇后争夺后宫的统治权。要知道汉灵帝是不可能千秋万岁的，万一哪一天他在自己前面驾鹤西去，手上养的这孩子就会成为自己的政治资本了。

尽管董太后收养孩子的动机不纯，至少小刘协活了下来，转危为安了，而且到了后来还获得了汉灵帝的喜爱。对于汉灵帝来说，当得知王美人是被毒死的，显然他的神经被触动了，他大发雷霆："朕喜欢的女人居然有人敢下毒手？"发完火后，就立刻下诏彻查此事。

这种事情是纸包不住火的。没过多久，事情的真相就传到了汉灵帝的耳朵里。汉灵帝大怒："一个杀猪家出来的女子，敢对朕的孩子下此毒手？信不信朕把你当一头猪给宰了？"这时，汉灵帝就有废后的想法了。

何皇后当然十分害怕，就赶紧向汉灵帝宠幸的几个宦官求情，希望他们能够劝说皇上回心转意。要说这何皇后脑子还是很清醒的，她找的那几个宦官个个都是皇帝身边的大红人，也就是大名鼎鼎的十常侍。

什么是十常侍？其实就是十个位居中常侍的宦官（其实是十二人）。

中常侍是西汉时期才出现的官位，刚开始的时候叫常侍郎。汉武帝时期赫赫有名的、玩世不恭的东方朔就是常侍郎。东方朔大家都知道，但他不是宦官。到了东汉以后，这个职位才只针对宦官，而且到了后来职权也越来越大。

汉灵帝进宫当皇帝的时候只是个小屁孩，之前也没受过什么正式的皇家教育，所以吃什么都不习惯，看谁都不顺眼，常常想家想老妈。宦官张让、赵忠见了，就经常凑上来带他吃好的，喝好的，玩好的。对于一个小屁孩来说，他是一点抵抗力都没有的。没过多长时间，小皇帝就已经把这些宦官当成自己的家人了。到了后来，他甚至对外宣称，张让就是我老爸，赵忠就是我老妈。

听了这种话，士大夫们个个唉声叹气，但张让这帮宦官却是眉开眼笑。本来就懵懂无知的汉灵帝自从认了老爸、老妈之后，皇帝大权也不想要了。不就是国家权力那点破事吗？你们拿去玩，朕不稀罕。朕在后宫还要日理万机。

皇帝对权力没兴趣，结果导致宦官和外戚两个团伙开始互掐。一时间，整个帝国乌烟瘴气。另外，汉灵帝还任命张让、赵忠、夏恽、郭胜、孙璋、毕岚、栗嵩、段珪、高望、张恭、韩悝、宋典等一大帮宦官共同担任中常侍，这就是大名鼎鼎的十常侍（实际上是十二人）。十常侍把祸国殃民的事业推到了一个新的高潮。要知道，在当时全国上下，除了皇帝，权力最大的就是这帮人了。

何皇后找了权力最大的十常侍来求情，汉灵帝当然会听了，到最后也没有废掉何皇后。

经历了这场风波之后，何皇后总结了两点：第一，不能再害刘协，这计划会要命；第二，必须和十常侍紧紧团结在一起。

也正是因为有了这样的想法，所以到了后来，何皇后的哥哥何进想除掉十常侍的时候，何皇后居然和自己的弟弟一起联起手来，站在宦官这一边，反对何进的计划。这才有了何进被十常侍砍掉脑袋，袁绍气愤不过，带兵冲进皇宫，把所有的宦官杀得一干二净的事。当然，这是后话。

第二章
黄巾起义

创立太平道

现在汉灵帝有了两个儿子，看着他们不断长大，身为老爸的他感到很欣慰，自己的江山总算后继有人！不过，汉灵帝也发现，两个孩子的差距越来越大，早出生的未必聪明，晚出生的却有后来居上之势。

刘协年纪虽小，但是头脑聪明，再加上奶奶董太后无微不至的照料，很快就熟读经书，懂得了很多为人处世的道理，举手投足间都很有风范。而他的兄长刘辩从小就交给史道人去养，长期生活在皇宫以外，身上难免沾染了很多市井习气。更重要的是，刘辩书也读得少，为人又轻浮，特别是没有见过什么大场面。

俩人区别这么大，到底哪个更招人喜欢一些？不用说，就是局外人，也会更偏爱小的那个啊！不过，毕竟刘辩是嫡长子，所以自己百年之后要把江山交给哪位皇子，汉灵帝一直没有做出决定。不过，早在汉灵帝陷入这种纠结之前，就已经有人对汉灵帝的皇位发出了挑战。

想挑战汉灵帝的人是谁呢？黄巾军？还真不是。第一个跳出来表达自己的创业意向的人是会稽人许昭（一作"许昌"）。他首先在句章举兵。

原本以为许昭只是小打小闹，但是没想到几天工夫，参加许昭队伍的就有一万多人。这一万多人攻破县城，杀死官吏，还打退了前来围剿的官兵。许昭一看自家势头正猛，就开始做起了皇帝梦，自称"阳明皇帝"。不过，他这个"阳明皇帝"并没有做多久，就很快被镇压了。

许昭起义虽然失败了，却打开了潘多拉的盒子。继许昭之后，揭竿而起的人更多了，其中最有影响力的就是当时著名的意见领袖大贤良师张角，也就是黄巾军的创始人。

说到张角，就不得不提他所创立的太平道。而提到太平道，就不得不提到一个叫于吉的人。如果没有读到这个人写的一本书，恐怕这辈子张角都只是一个整日为生计奔波的普通人了。

就在朝廷里十常侍忙着祸国殃民的时候，张角又一次冲击仕途失利。作为一名有志青年，他的愿望其实很简单：如果能做个小官，就心满意足了。可惜这个小小的愿望一直没有实现。

就在张角心灰意冷的时候，他突然间读到了一本奇书，就是《太平经》（又名《太平清领书》）。读完这本书之后，张角有了顿悟，深感自己不该在科举这条路上吊死，不该在东汉集团这棵树上吊死，而应该开创自己的事业。很快，他就创立了一个名为太平道的门派。不过，太平道并非无根之水，它的思想来源其实就是黄老思想。

成为太平道教主的张角开始创业。怎么才能把太平道推销出去呢？或者说，该怎样为太平道招揽信徒呢？答案就是为贫苦大众免费治病。为此，张角还制定了一套仪式：负责治病的人拿着九节杖祝祷，然后让病人跪下来对上天忏悔，之后让病人喝下符水。

什么叫符水？就是在纸上画一些符字，再把它烧成灰，然后用水冲。据说，喝这种符水能治病。这符水真能治病吗？当然是治不好的，甚至还很不卫生，但是它产生的心理暗示作用可就大了。

当代心理学研究认为，一个病人得到明确的心理暗示以后，很多时候真的会因此而病愈。假如当时有一个人确信张角大师给自己喝下的这水是上天给的灵水，喝了这水一定会有奇效。这种强烈的心理暗示就可能会对身体的康复起到一般药物所不能达到的、惊人的效果。况且当时的人哪懂什么心理治疗，他们只是把死马当成活马医而已，既然有方法治疗，干吗不试试呢？

正是有了这样一种置之死地而后生的心态，有些人喝了符水以后确实就奇迹一般地康复了。这样一来，他们还不把张角看成神仙？张角也趁机推销太平道："我就是受命于天的大贤良师，各位要是跟着我，包你们百病痊愈。如果不诚心，你们的病一辈子好不了。"

当时的百姓读过书的人很少，看到张角真能治病，对他的话当然深信不疑了。时间一长，一传十，十传百，百姓们反而成了义务宣传员。群众的力量是巨大的。很快，张角和他的太平道就渐渐红遍大江南北。

经过十几年的经营，支持他的粉丝居然高达数十万人！当时，很多百姓甚至不惜变卖自己的家产跑来投靠他。毫无疑问，张角的偶像路线成功了。

设计创业企划书

张角通过医术和太平道，很快在全国各地得到了广大人民的支持。他的影响遍及青州、徐州、幽州、冀州、荆州、扬州、兖州、豫州等地，而当时的华夏大地只有十三个州。在这种情况下，张角就要实施第二步计划了。第二步计划非常简单，就两个字：造反。

鉴于之前已经有人造反失败了，张角作为一个有知识、有文化、有头脑的人，知道自己需要的不是人气，而是时间。为此，他做了大量的准备工作，比如大力发展门徒，派出得力助手到农村发展自己的思想体系。此外，张角还专门做了一份创业企划书。

张角的这份企划书非常值得一看。可以这样说，拿到今天来看，它也算得上品牌经营策划的一个经典案例。也许，您会对此心存疑虑。不要紧，下面我们不妨来看一下它的具体内容，然后再下结论。

企划书第一条，前期宣传。

张角借助当时中华大地上瘟疫流行的时机，充分发挥太平道的医术特长，用符水包装中药，免费为穷苦百姓义诊，短时间之内得到大量粉丝的支持，迅速占领市场。这一点非常符合当下最流行的广告推广理念——特许营销。

什么是特许营销呢？就是针对自己产品和品牌的受众去做推广。这些受众才是你广告的真正受益者，他们很乐意接受你的广告，并且很乐意去尝试你的系列产品，这才是点对点的营销。

张角是不是这样做的呢？毫无疑问，他就是做到了特许营销，他的推广对象就是自己未来发展的对象。这些人最需要的就是医术，最想做的就是推翻官府，干掉那些贪官污吏。

企划书第二条，开设子公司。

自从太平道有限公司开设以来，公司扩张速度太快，员工人数太多，有几十万人。这个时候如果不对公司进行细化管理，公司最后就会陷入一团乱麻的困境。所以，张角根据地域的不同设立了三十六家子公司，并且对员工进行了有组织、有计划的培训，以免重蹈前辈陈胜、吴广的覆辙。

具体来说，张角开设的三十六家子公司，在当时被称为三十六方，有大小之别。一般说来，大方有一万多人，小方有六七千人。每一方都设立一位地域代理经理，当时叫渠帅，由他来负责员工培训、企业运营等工作。

企划书第三条，企业文化。

一家正规的大公司如果没有企业文化，就失去了灵魂。所以，张角的太平道有限公司对于所有吸收进来的员工统统进行道教的企业文化培训，使员工形成统一的企业价值观，更好地凝聚了企业的向心力。对员工最好的管理莫过于统一信仰的管理。

企划书第四条，公司特色。

公司特色，尤其是公司的标志色，是企业的重点形象之一。对于这一点，生活在一千多年前的张角已经非常清楚了，他在这方面下足了功夫。根据当时流行的五行学说，东汉集团属火。火应该用什么来克制呢？土。那土是什么颜色？土是黄色。所以，张角把自家公司的宣传色定为黄色。这样一来，不仅很好地区分了敌我，更重要的是，这种颜色可以向员工们传达出强烈的心理暗示和使命感。

企划书第五条，企业理念。

一家公司必须要有自己的宣传语（即企业理念），张角为自家公司定制的宣传语就十六个字——**苍天已死，黄天当立，岁在甲子，天下大吉。**虽然很短，却很好地表达出了重要的信息：敌人就是苍天，也就是火命的东汉集团已经要完蛋了。代替它的就是黄天，也就是我们太平道有限公司。具体在什么时候？甲子年（184 年）。结果怎么样？天下就太平了。

这句宣传语简单明了，不仅能让一般百姓都能听得懂，而且符合广大人民的迫切需求，还朗朗上口，非常容易传播。

企划书第六条，外部力量的使用。

公司要发展，除了管理好内部、注意扩张规模之外，还要对自己的竞争对手及周边市场进行深入的考察。所以，张角就针对东汉集团做了大量工作。比如，他派出高级助理马元义进入京城洛阳，悄悄地和中常侍封谞、徐奉结交，意图就是在对方的中心地带点上一把火，让封谞等人作为自己将来起事时的内应。当然，我们办企业并不提倡挖对方的墙脚或者派卧底去对手公司，但做到知己知彼，还是十分必要的。

怎么样？拿上这份创业企划书，感觉是不是沉甸甸的？非常踏实，非常丰富。这份企划书堪称完美，认真执行好，就等着倒计时，甲子年甲子日正式开业就行了。可惜，就在这个节骨眼儿上出现了一些小问题，而这些小问题恰恰差点儿葬送了张角的整个事业。

黄巾起义

就在张角踌躇满志之时，东汉朝廷的官员中已经有人意识到张角问题的严重性了，比如司徒杨赐。

《后汉书》上记载了司徒杨赐和下属刘陶关于张角的对话。杨赐说："张角这人欺瞒百姓，虽然朝廷曾经免除他的罪责，但是他不思悔改，反而变本加厉。现在如果强行镇压，恐怕会让局势更加混乱，促使他提前叛乱。为今之计，最好就是遣散他手下的流民，削弱他们的势力，最后逮捕诛杀张角等首领，这样无须劳师动众就能平息事态。"刘陶听了之后，深以为然："司徒此言甚妙。孙子所说的'不战而屈人之兵'，讲的就是司徒您。"

刘陶说这话还真不是拍杨赐的马屁，实际上真是这么想的。但就在不久之后，正当杨赐打算把自己的意见禀告皇上的时候，他突然被免官了，而刘陶和几位同僚一起上疏，继承和完善了杨赐的想法。上疏中提到，现在四处都在传说张角等人派人混入京城探听朝政。他们呼朋引伴，声势浩大。这时，朝廷应该及时出手，捉拿张角等人。捉到张角的，就奖赏给土地；如有看到张角不捉拿的，与张角同罪。

如果这时汉灵帝能听取杨赐和刘陶的意见，按照他们的意见来镇压张角势力，或许是有效果的，因为起义还没开始，一切都在萌芽当中。问题是汉灵帝哪会想到这些，他把注意力基本上都放在盖房子、玩女人、做商业街上了。

至于那些宦官，他们当中就有张角的人（比如封谞），收了张角的钱，自然不会说张角的坏话了。而朝廷上的其他官员都觉得多一事不如少一事，干吗给自己惹麻烦。

所以，杨赐、刘陶他们的意见如石沉大海，再也没有掀起波澜，刘陶本人也被汉灵帝踹到一边去做文书工作了。

对于汉灵帝来说，现在天下一片太平，光明祥和，要不然干吗年号叫光和？大家日子过得挺美，干吗要大动干戈？就这样，张角们在造反之前躲过了第一劫。

也许张角也意识到了，造反这事儿随时有可能被扑灭，所以他在暗地里加快了暴动的步伐。不过，张角还是犯了两个小错误：

第一，广告宣传太过高调了。大家想想看，这小广告都贴到东汉集团的大门口上了（张角命人在门板上书写"甲子"二字），人家想不知道都很难。

第二，人员扩张太迅速了，以致有些意志不坚定的人混入了即将起义的队伍。更要命的是，这种人还占据了重要的位置。

就在这个节骨眼儿上，大将马元义的得力助手唐周叛变了。他居然趁着进洛阳城送信的机会，写了一份告密书，向朝廷举报。这是谁都没想到的，马元义更是猝不及防。一时间，在京城潜伏的太平道教徒纷纷遇害，连马元义都没能逃走。

汉灵帝大吃一惊，没有想到，一群暴民正在自己的眼皮子底下想造反。他立刻下诏，抓住了马元义。在狱中，马元义经受了各种残酷刑罚的考验，仍然拒绝了高官厚禄的诱惑，最后被车裂。与此同时，汉灵帝还命令三公和四地校尉，调查皇宫及朝廷官员、禁军将士，以及普通的老百姓，但凡查出他们是太平道的信徒，一律杀无赦。

于是，一场大搜捕就开始了，转眼之间就有一千多名太平道教徒倒在屠刀之下。京城洛阳一片刀光剑影。随后，朝廷的诏令被快马加鞭地送往冀州，勒令州政府必须火速把张角捉拿归案。

情况紧急，如果再不动手，一切都晚了，必须提前起义。很快，教主张角发布了起义令，派人送达全国三十六方，约定起义时间为二月。这一年正是中平元年（184），农历甲子年。张角自称天公将军，他的弟弟张宝称地公将军，张梁称人公将军。

为了区分敌我，张角命令所有太平道教徒全部戴上头巾，头巾的颜色就是太平道的标志色——黄色。正是因为这些起义军人人头戴黄巾，所以人们称他们为黄巾军。以张角为首的这次起义，被称为黄巾起义。

黄巾军所到之处，焚烧官府衙门，开仓放粮，把那些地方官吓得纷纷逃亡。因为黄巾起义之前酝酿的时间长，有明确的政治目的，有精心的准备，所以黄巾军的声势一时无两，表面上一片祥和的东汉帝国顿时烽烟四起，混乱异常。

在不到一个月的时间里，黄巾军已经控制了很多州郡，还抓住了两个诸侯王，分别是安平王刘续和甘陵王刘忠。这两个人身份不简单，一个是汉灵帝的堂叔，一个是汉灵帝的侄子。

在此之前的历史上，还从来没有一场起义能在这么多的地方全面开花，哪怕当年的陈胜、吴广起义，也只是在一个地方而已。黄巾起义的影响力居然如此之大，整个京城都陷入巨大的惶恐之中。

准备平叛

当官员们纷纷前来向汉灵帝告急的时候，汉灵帝受到了严重的惊吓，急得站也不是，坐也不是。要知道，汉灵帝擅长的是吃喝玩乐，哪见过这么大的场面。不过，正所谓瘦死的骆驼比马大，东汉朝廷一开始虽被打蒙了，但是很快就镇定下来。当黄巾军全力攻打冀州的时候，东汉帝国的战争机器就开始运转了。

中平元年（184）三月初三，汉灵帝下诏，封河南尹何进为大将军、慎侯，命令他率领左、右羽林军和中央常备军的五大军团（屯骑、越骑、射声、步兵、长水五营），把守交通要道，修理兵器，守卫京师。

此外，汉灵帝还下诏在战略要地函谷、太谷、广成、伊阙、镮辕、旋门、孟津、小平津等八大关口增兵固守。

与此同时，汉灵帝也把东汉帝国一些武略出众的人叫到身边，与他们一起商讨对策。这其中就包括卢植、皇甫嵩、朱儁。

卢植，字子干，涿县（今河北省涿州市）人。他身长八尺二寸，是个标准的河北大汉，说起话来声音洪亮，喝起酒来豪气万丈。卢植年轻的时候和郑玄一起在知名大儒马融的门下求学。

马融，字季常，扶风茂陵（今陕西省兴平市）人。他是东汉开国名将伏波将军马援的从孙，也是东汉末期赫赫有名的经学家，一生当中著作颇多，尤其在古文经学的研究方面造诣很深。

正所谓名师出高徒，得到马融真传的卢植和郑玄后来确实成为一代大家。值得注意的是，马融非常看好卢植。这是为什么？据说是因为一件小事。

马融虽然是经学大师，但并不影响他享受生活。据说，马融在讲课的时候经常找些歌女、舞女来表演，觉得这样上课才够舒服。在这样的环境下学习，学生能学得进去吗？很难吧？偏偏卢植一心只在看书、听讲上，根本就不看美女。

当时，马融就留意到他了，觉得这学生了不得，声色犬马当中能够稳如泰山，安然不动，全心全意地学习，这真不是一般人能做到的。所以，马融特别推崇他。

从马老师处学成归来之后，卢植回到家乡教书育人。建宁元年（168），窦武因为自己对皇帝（汉灵帝）的拥立之功想要给自己的族人封爵，卢植就以布衣的身份上书窦武，希望他能放弃，免得因为权势过大引来灾祸。可窦武不听，到后来真的因为权力斗争被杀了。

熹平四年（175），九江郡蛮族叛乱，卢植被推举为九江太守前去平叛。到任之后，他一方面调动军事力量打击蛮族，另一方面发布政策，安抚那些没有参与叛乱的蛮族。很快，叛乱就被卢植平定。之后，卢植就以生病为由辞官回乡了。

后来，庐江郡蛮族叛乱，卢植再次被朝廷征召，担任了庐江太守。一年之后，他进入了中央政府，先后担任议郎、侍中、尚书等职位。与此同时，卢植也没放弃自己的学术事业，和当时的学者一起在东观校正了"五经"，补叙了《汉记》。由此可见，卢植是实打实的士大夫。

皇甫嵩，字义真，安定郡（今宁夏）人。他出身将门世家，叔叔是"凉州三明"之一的皇甫规，曾做过度辽将军，父亲皇甫节担任过雁门太守。

皇甫嵩很小就开始学习文化知识和武艺。长大之后，他被推举为孝廉、茂才，成为东汉朝廷的一名郎官，历任霸陵令和临汾令。

太尉陈蕃和大将军窦武还在世的时候，知道皇甫嵩是个人才，就把他叫来京城当官。皇甫嵩虽然年轻，但已经在官场上摸爬滚打好多年了，他知道在"党锢之祸"当中自己的亲叔叔皇甫规都被宦官们虐得死去活来的，如果自己也不知死活地去投靠窦武的话，肯定会受到迫害，所以就拒绝了。

还好没去，如果去了，陈蕃、窦武被杀的时候，估计皇甫嵩也逃不了被一刀结果的命运。也正因为如此，在黄巾起义的时候，汉灵帝才有良将可用。

相比于卢植的士大夫背景和皇甫嵩的军人背景，朱儁就多了几分草根气。

朱儁，字公伟，会稽上虞（今浙江省绍兴市上虞区）人。他少年丧父，依靠寡母做些小生意过活。朱儁长大后，在县里担任了一个小官，因为平时仗义轻财，深受大家尊敬。

有一次，他的同乡周规被征召到京城去做官，临走之前向郡里借了一百万钱，作为衣帽费。什么是衣帽费呢？其实，就是打点京城上下的公关费用。结果，周规成了京官之后，却没有能力偿还这笔费用。

这件事后来传到朱儁的耳朵里了。平时就仗义轻财的朱儁是怎么做的呢？说来也好笑，他居然偷老妈的钱帮周规还债了。那可是一百万钱！朱母知道这件事之后，就把朱儁叫过来，劈头盖脸地一顿臭骂。

于是，朱儁就解释了："妈，小小损失肯定会获得大的收益。先贫后富是天理，我这是在帮助别人，老天会明白的！"果不其然，朱儁家很快又挣回了钱。

这件事被上虞县的县长知道了，县长就把朱儁推荐给郡守。于是，朱儁就到郡里任职，不久之后还当上了主簿。后来，朱儁又被推荐做了孝廉，担任了兰陵县令，并因为政绩突出被东海国相上奏表彰。

光和元年（178），朝廷任命朱儁为交趾刺史①，去平定当地的叛乱。接受任命之后，朱儁先回到老家招兵。这些招募到的兵士，加上朝廷拨来的兵士，共有五千余人，分两路出发，直奔交趾。

来到交趾以后，朱儁先派侦察兵去了解情况，结果发现，尽管当地起义的队伍很多，但只有梁龙的队伍实力比较强。左思右想之后，朱儁决定擒贼先擒王，集中精力拿下梁龙。怎样才能抓住梁龙呢？

---

① 交趾刺史，即交州刺史。东汉末年，交州包括今天的广东、广西两省区和越南北部。

朱儁想来想去，决定玩心理战。怎么玩？一方面，他先派使者到梁龙的大营，侦察梁龙的虚实，同时命使者无限夸大自己的实力，以便动摇对方的军心；另一方面，他又命令交趾七个郡的郡兵立刻集结，准备决一死战。

经过这样一番运作之后，朱儁很快就打败了梁龙，并把其他起义军各个击破。由于朱儁在一个月内迅速平定了交趾的叛乱，东汉朝廷封他为都亭侯，重赏黄金五十斤。

三位牛人的情况我们已经大致了解，现在就让我们回到东汉政府准备平叛的现场。这时，皇甫嵩正在向汉灵帝阐述他的建议。这个建议主要包括两条：第一条，立刻解除党禁，恢复士大夫的地位；第二条，请汉灵帝把自己的私房钱拿出来赏赐从军的将士们。

汉灵帝是个骄奢淫逸的皇帝，但不是傻子，他深深地懂得，只有活着当皇帝，这命才有意义。因此，面对大是大非的问题，他是不会做守财奴的。花钱就花呗，反正等平定了黄巾之乱，凭着朕的生意头脑，还怕挣不着钱吗？于是，掏出私房钱这个建议很快被批准了。

至于解除党禁，比较难办。因为"第二次党锢之祸"之后，汉灵帝和士大夫集团已经彻底闹翻了。现在说放就放，朕这当皇帝的岂不是很没面子？所以，他一直在考虑到底答不答应皇甫嵩。

这个时候，中常侍吕强出来给建议了。吕强虽然是宦官，但是个很正直的人，而且之前就提过不少好建议。这次，他又提出了十分中肯的意见："党禁已持续很久了。如今民怨沸腾，如不释放党人，一旦这等人与黄巾军同流合污，后果不堪设想。到时候，陛下后悔都来不及了。老奴以为，陛下先诛杀身边那些贪污腐化之人，赦免党人，然后再重新考察州刺史及两千石以上官员的能力，民怨自然就平息了。"

吕强的话实在是太有道理了，而且处处为汉灵帝着想。经过一番思考之后，汉灵帝最后同意了，赦免了天下党人，表达了自己的诚意：流放边地的放回家乡，关在狱里的放出牢房。但是，所有赦免的人当中，唯独不包括张角。

办完这些事以后，东汉政府就开始调发全国精兵，选拔领兵统帅，最后决定以卢植为北中郎将担任主帅，率领北军五大军团的主力前往讨伐张角；以皇甫嵩为左中郎将、朱儁为右中郎将，率领北军五大军团一部，也就是河东郡、河内郡和河南尹的部队，以及临时招募的壮丁，共计四万人前往讨伐在颍川起义的黄巾军。一场平叛与造反之间的大战即将轰轰烈烈地开始。

大破波才

一切准备停当，朝廷大军正式出发，分两路杀向黄巾军。这个时候的朝廷已经从最初的慌乱当中反应过来了，他们意识到黄巾军虽然人数多，但是因为分布太广，所以必然要各自为战。想要吃掉这根硬骨头，必须分而击之。那么，先打哪一路呢？大家的目光都看向了颍川。

为什么要先打颍川黄巾军呢？这跟颍川本身所处的重要地位是分不开的。颍川地处交通要冲，四通八达，是东汉帝国除了河南尹及南阳郡之外，人口最多、最为繁华的地方。而且，自古以来，颍川都是中华名门望族的发源地。即便是到了东汉末年，它依然是这些名门大户的聚集地。像荀氏、钟氏、司马氏，都是在这儿生根发芽的。

要知道，这世家大族可是东汉王朝的根底。如果没有他们，东汉帝国基本上就垮掉了一大半。就因为颍川如此重要，所以东汉帝国派出了两位赫赫有名的战将皇甫嵩和朱儁。两位将领各率两万余兵马分两路进攻颍川，朱儁在前，皇甫嵩在后。

原本想着黄巾军就是一些土包子，就是凑在一起瞎胡闹，能有什么战斗力？堂堂东汉帝国部队的士兵个个都是打仗打出来的精英，一上阵那不用说，输赢立判。只可惜想象很喜人，现实很残酷，这两支军队还没等会合，朱儁的部队就被包围了。黄巾军的一位大将波才率军袭击了朱儁。朱儁居然被打败了。

这个消息惊掉了所有人的下巴。朱儁名动天下就是因为他善于平叛，当初率领五千余人就打败了交趾数倍于自己的叛军。他现在只是碰上了黄巾军的一部，居然就吃了个大闷亏。我的天哪，看起来这事情严重了，面前的黄巾军可不是那些蛮族，更不是那些流民草寇，而是一支组织严密、很有战斗力的军队！

这下，皇甫嵩不敢怠慢了，立刻下令停止前进，就近驻扎长社。同时，他又联系朱儁，劝朱儁坚守营寨，不要出战，先别急着报仇。接着，又派快马向京城洛阳求援。

还好皇甫嵩比较冷静，没有贸然突进。他刚刚进入长社的时候，黄巾军就蜂拥而至，一下子把城池紧紧地围住了。这个时候已经是夏天了，阳光很足，照得人身心俱疲。本来城里的官军是来平叛的，没想到碰到这么硬的骨头，说不担惊受怕，那是假话。城里兵力这么少，城外黑压压的都是黄巾军，连地面都看不清了。这帮人要杀进城来，真是后果不堪设想！

对此，城中兵士心知肚明，就连领军的皇甫嵩心里也很忐忑。不过，让皇甫嵩担心的还不止这个。现在朱儁的队伍好像没什么动静，到底只是吃了个亏，还是被彻底打散了？自己派往朝廷的八百里加急求援信好像也没了下文。如果现在贸然突围，老实说，先别说打赢，打输了连突围的方向都没有，难道堂堂将门之后一出马居然就要死在这些农民手里吗？

别说是这些城内的官军，城外的黄巾军也很着急。几次攻打长社城，都被城里那个叫皇甫嵩的家伙带领不多的兵力打败了！冲击了几次，除了在城下留下上千具尸体以外，别无所获。天气热，一些尸首已经开始发臭了，活着的士兵已经疲惫不堪了。汗臭味、尘土味，还有尸臭味，几种味道混在一起，让人透不过气来。在毒辣的阳光下，马蹄声、兵器撞击声、士兵的吼声、伤病员的哀叫声混在一起，震得人耳膜嗡嗡作响，一时之间都分不清自己到底是在人间还是已经进了地狱，这种感觉真是让人崩溃。

算了！既然一时打不下来，那就先退几步，把部队拉到草丛中，至少在那儿能凉快一点。到了晚上，偶尔会有风，能带走一些暑气。

于是，长社城内外就这么僵持住了，激烈的攻防战一下子停下来了。一切看上去都恢复了平静，但实际上城里早已经沸腾一片了。

接下来到底怎么做？长社城内的将军们早就吵成了一团。不能这么死等，再拖下去，那就是等死。有的建议决一死战；有的建议突围，找准洛阳的方向，直接杀出去，哪怕损兵折将；还有一些骨头软的，甚至直接提出了投降。

正在这时，皇甫嵩来了，他喝止了将军们的吵闹，拿出了地图。将军们纷纷围上来，看看他能有什么好主意。

皇甫嵩厉声说："自古以来，取胜关键不在于人数，而在于谋略。用奇兵，善变化，方能绝境求生。近日我登城头观望，天气暑热，为了纳凉，反贼们已经把队伍拉到草丛当中了，这正是天赐良机。如我军派出骑兵出城纵火，敌军必然惊慌失措，阵脚大乱。到时，我们城内主力一拥而出，趁夜反击，那么我想我们就可以立下当年田单火牛阵那样的战功了。"

这下，刚才还吵作一团的将军们全都安静了。

就在这一天，天色刚黑，颍川大地上又刮起了一阵大风。皇甫嵩一看大喜，立刻命令城头的主力部队擂鼓呐喊，拼命放箭，同时命令手下早已整装待发的敢死队悄悄地爬出城外。这些士兵轻装上阵，没有重装甲，也没有长兵器，人人揣着短刀，但是人人身上都背着点火用的器具。远远望去，这帮人不像士兵，反而像从山里刚刚打柴回来的农民。

就当黄巾军以为城里的主力部队要杀出来和自己决战，匆匆忙忙地准备正面迎敌的时候，这些敢死队队员已经溜到了黄巾军营寨的侧面，点燃火种，直接扔向了营中。

这个时候是夏天，偏偏当地又很长时间没有下雨，一有火种立马就着了。黄巾军为了避暑，把营寨建在了草丛中。于是，火种一扔，营寨立刻燃起了熊熊大火，而且迅速蔓延。这一下，黄巾军蒙了。城头上火光四起，呐喊声震天，自己的阵营里又突然着火了，这感觉就像是官军里外接应，已经杀进营来了。

一时之间，军中大乱，士兵的哀号声、将军的喝令声、妇女的呼救声、小孩的号叫声，此起彼伏。这个时候已经没有人想着去救火了，没有人想着去管着火的粮仓了，也没有人有心情拿起武器去战斗了。大家唯一的想法就是能往哪儿逃，怎么样才能逃得更快。

城头上的皇甫嵩一看妙计得逞，就挥动了令旗。城中的官军一拥而出，向溃逃当中的黄巾军砍上了致命的一刀。眼瞅着这支由波才率领的黄巾军就要彻底崩盘了，忽然皇甫嵩发现一支骑兵部队从侧面向战场冲了过来。他不由得大吃一惊："难道是黄巾贼将计就计，有意把我的主力部队引出城去，然后一口吃掉吗？"想到这儿，皇甫嵩不禁倒吸一口冷气，赶紧借着微弱的火光向那支部队望过去。

只见这支骑兵部队的正前方领头奔跑着一匹快马，马上之人扛着一面大旗，旗上写着偌大的一个"曹"字。皇甫嵩的脑子快速地转了起来：根据之前收到的线报，黄巾军里没有一支姓曹的部队，这曹军是谁的部队呢？难道是自己举荐的那个曹家小子吗？

这边厢皇甫嵩还没想透，那边厢骑兵部队已经风驰电掣一般冲到了城下，只是冲过来以后并没开战。一名年轻的将领滚鞍下马，跑上了城头。原来这支部队是朝廷派来的援军。这名前来增援的小将就是骑都尉曹操。真的是曹家小子啊！

第二天，得到支援的皇甫嵩立刻率领曹操带来的新鲜血液，冲出城去和朱儁的部队会合。两位将军商议之后，向波才的部队发动了总攻。这一仗打下来，曹操所部人马发挥了巨大作用，黄巾军再次崩溃了。

前后两仗，皇甫嵩、朱儁、曹操所部大获全胜，斩首数万级，取得了开战以来最大的一场胜利。消息传到朝廷，汉灵帝大喜过望，立刻下诏封皇甫嵩为都乡侯。

孙坚登场

取得大破波才的胜利后，朱儁转而进攻西华地区的黄巾军。这支黄巾军的首领叫作彭脱。很快，双方就遭遇了。肃杀的气氛弥漫着整个战场，双方士兵个个表情严肃。因为大家都知道，一旦开打，就没有人敢拍着胸脯说自己能活下来，一切都要看老天爷的脸色。

朱儁手下有位佐军司马，他也深深被这种氛围影响着，尽管之前他已经有过很多战斗经验了。这位佐军司马叫作孙坚，也就是后来吴国开国皇帝孙权的父亲。

孙坚，字文台，吴郡富春（今浙江省杭州市富春区）人。他的祖上就是赫赫有名的军事家孙武。据史书记载，孙坚其人"容貌不凡，性阔达，好奇节"。他十七岁那年跟着老爸一起坐船去钱塘，途中正好碰到了海盗。同行的人都吓得不敢动，孙坚却告诉老爸这些强盗可以抓住。老爸一听吓了一跳，连连告诫他不要这样做，可孙坚并没有把老爸的警告放在心上。只见他不慌不忙地提着一把刀就下船了。登岸后的孙坚没有单枪匹马地冲上去蛮干，而是一边靠近海盗，一边大声指挥分配任务，好像在排兵布阵围剿海盗的样子。

这些海盗原本就是银样镴枪头，碰上好欺负的老实人就耀武扬威，碰上牛人就立马没主意了。一看孙坚这样的行径，以为他是带了大量官兵来缉捕他们，正在分赃的这些海盗吓得惊慌失措，纷纷扔下财物，四散逃窜。

孙坚哪肯罢休，一路提刀追杀。他的老爸在后面看着，大吃一惊。熊孩子，你这不是找死吗？可偏偏就是因为赶跑海盗这件事，孙坚名声大振，还得到了郡代理校尉的官职。

后来，孙坚以郡司马的身份，招募了一千多位壮士会同官军一起合力讨伐自称"阳明皇帝"的许昭，并取得了胜利。因为镇压许昭起义的功劳，孙坚被提拔为县丞。

他前后担任过三任县丞，所到之处政绩都相当不错，积累起很高的声望。所以，这次朱儁奉命讨伐黄巾军，出发之前特意向朝廷奏请，让孙坚担任自己的佐军司马。

孙坚听了调令也没推辞，就把家眷都留在九江了。出发之前，他在当地招募了一些士兵，加上当年跟随他在下邳县（今江苏省邳州市）当差的同乡少年，共得精兵一千多人。此后，孙坚就率领一千多士兵跟随朱儁南征北战了。

彭脱率领的黄巾军和朱儁的部队遭遇了。战斗一开始，冲在最前面的依然是孙坚和他的手下。孙坚拿着长枪左抢右突，杀死了不少敌军。看到孙坚如此神勇，黄巾军也有点怕了，畏畏缩缩地不敢围上来。

就在这时，黄巾军不知为什么突然开始后撤了。孙坚一下子有点发愣。还没等孙坚回过神来，他的中军主帅朱儁一看，有机会了，令旗一挥，命令大军继续往前冲。孙坚立刻带领手下的精兵追了上去，一路砍杀过去。

正当孙坚杀得兴起的时候，黄巾军突然不撤了，后军变前军，反而把孙坚他们团团包围了。一转眼工夫，战场局势大变。刚才还跑得披头散发的黄巾军如同饿虎下山，调转枪头，并射出一阵密集的箭雨。孙坚猝不及防，被箭射中了，随后跌下马……

一场混战结束以后，朱儁下令清点兵马，大家发现佐军司马孙坚不见了！消息传回中军，众人都沉默了。正当大家唏嘘不已的时候，突然听到帐外有一匹马在嘶叫，有人说这匹马好像是孙坚骑的那匹马。

众人一个激灵，赶紧掀开帐门，走出去一看，果然一匹青骢马正在绕着军帐跑，一边跑一边大声嘶鸣，随后还一跃而起，然后又重重地落下……果然就是孙坚骑的那匹青骢马。

那匹青骢马似乎能听懂人话，一见到有人指着自己喊，立马长嘶一声掉头就跑。众人愣了一下，突然反应过来："这匹马不会是想带路吧？"于是，个个翻身上马，追着青骢马远去的方向，一路赶了过去。

果不其然，等大家到了战场上，只见硝烟未尽的远处，那匹青骢马静静地站着，不喊也不跳，似乎在等大家到来。大家冲过去一看，青骢马的脚下正是晕倒的孙坚。大家大喜过望，赶紧七手八脚地帮孙坚包扎好，抱起来，放在马背上，一路小跑，跑回大营。

营中中军大帐，主帅朱儁正在郁闷。黄巾军不好打，官军连战连败已经够烦人的了，爱将孙坚竟然在战场上失踪了。朱儁的心里就好像刀扎一样，难受。没想到惊喜来得很突然。很快军医前来报告，孙坚已经被找到了，虽然身受重伤，但是没有致命的危险。朱儁大喜过望，赶紧前去探望。

孙坚恢复得非常快，不久就伤愈归队了。朱儁大喜！他立刻制订了全新的作战方案，力求将彭脱的黄巾军一网打尽。当然了，攻坚的主力依然是孙坚。

彭脱那边的黄巾军经过拉锯战以后，已经疲惫不堪了。孙坚大难不死，打起仗来如有神助。此消彼长之下，黄巾军再也扛不住官军的进攻了。最后这一仗以朱儁的全面胜利而告终。汝南、陈国的黄巾军一路向南逃去，一直逃到了南阳。朱儁被汉灵帝封为西乡侯，升任镇贼中郎将。随后，汉灵帝命令皇甫嵩北上，进攻兖州的东郡黄巾军，命令朱儁乘胜追击，率部南下，进军南阳。

董卓的失败

皇甫嵩、朱儁这边打得风生水起，那么卢植那边情况如何呢？要知道，卢植面对的可是张角率领的黄巾军主力。

张角信徒众多，搞宣传有一套，但行军打仗是另外一回事，光靠嘴皮子是没用的。他率领的黄巾军主力虽然人很多，但战斗力不强，也没有像波才、张曼成、彭脱这样能打硬仗的将领。所以，面对官军的主力卢植的部队，想打赢显然难度太大了。

双方一交火，张角就连连失利，前后折损了一万多人。眼瞅着打不过，张角赶紧改变策略，退到了广宗，同时命令弟弟张宝率领部下退到下曲阳，两支部队形成掎角之势，相互策应。可以说，广宗是冀州黄巾军最后的依靠。这里城防坚固，粮食充足，所以黄巾军发誓哪怕流尽最后一滴血，也要守住广宗城。

卢植也不是傻子，一看这架势就明白了，这是要和自己打消耗战。于是，卢植也不硬攻了，命令手下在外围筑高墙，挖深壕，建造云梯，准备等城里人饿得走不动路了，再选时机对广宗城发动总攻。

本来，这个策略对双方来说都是一个不错的选择，谁能坚持到最后，谁就能抓住机会，赢了对方。可问题是有人并不赞成这种消耗战。要知道，打仗打的就是钱，汉灵帝本来就很抠门，更别说现在打仗天天都在花自己的私房钱了。

眼瞅着库房越来越干瘪，汉灵帝实在受不了了。于是，他派了手下的一个小黄门左丰到军中去视察。虽然汉灵帝已经解除了党禁，但宦官和士人之间的矛盾还是很深，始终互相看不起。左丰就是带着这种心态来到前线的。说实话，左丰其实对军事一窍不通，就想耍耍皇帝使者的威风，顺便捞点钱回来。

听说皇帝派人来视察，有人就劝卢植弄点金银财宝贿赂使者。但是，卢植这个人很正直。现在打仗已经这么紧张，军费也有不小的缺口，就算有点钱，也给将士们当军饷了，在这种状况下，从哪里抽钱出来贿赂这个宦官呢？于是，卢植决定了不给。一是一，二是二，该是什么是什么，公事公办。

你公事公办了，那位使者心里就觉得不平了。左丰到前线走了一圈，累得半死不活，居然一点收获没有，愤愤不平地回到洛阳了。回去以后，左丰就向汉灵帝打小报告："皇上，广宗的黄巾军其实不难破，都是些乌合之众，只是中郎将卢植修筑堡垒，让军队休息，并未进攻。想来卢将军是等着上天去惩罚反贼吧？"

左丰这番话虽然表面上没有直接批评卢植，实际上却是话中有刺。仔细想想，他的潜台词就是卢植消极怠工，坐看黄巾军休养生息。

汉灵帝又不是傻子，一听左丰这话就明白了："朕天天把白花花的银子像流水一样送到前线去，好你个卢植，居然在那儿消极怠工，白白浪费朕的钱。这不是要朕的命吗？不对，这不是要你自己的命吗？"

三个多月以来，汉灵帝积累的所有愤怒在这一瞬间爆发了。他立刻命令将卢植押回京城，判处"减死罪一等"的刑罚，罪名是畏敌逗留。可问题是抓卢植回来容易，前线没人指挥这事儿就难办了。前线不可一日无将，汉灵帝挠破了头皮，到底找谁好呢？不久之后，他想起了一个人，这个人就是董卓。

董卓，字仲颖，陇西临洮（今甘肃省岷县）人。他出身于地方豪强家族，年轻的时候就到羌人居住的地方游历，和当地的羌族部落酋长有不少的交往。

除了结交羌人部落酋长之外，董卓也非常重视自己在当地汉族豪强当中的地位和影响，凭借自己非凡的才干，拉拢、兼并其他势力，不断巩固、扩大自己的力量。在和汉族豪强的交往中，他经常扮演游侠豪杰的角色，被当地的汉人称为剑侠。

与此同时，董卓还刻意收留了一大批无家可归的游民。这些游民深受董卓大恩，成了董卓的忠实部下。

这样一来，董卓逐渐成为闻名陇西的风云人物了。当然，自恃有勇有谋的董卓不会满足于只做一方豪强。就在他踌躇满志的时候，东汉中央政府为了解决西羌的问题，陆陆续续向西北边境派出了很多牛人，这其中就包括"凉州三明"。"凉州三明"到任之后，也想借地方的力量来缓解西羌的危机。毕竟他们平时就和羌人生活在一起，彼此之间知根知底，借助他们的力量可以事半功倍。于是，很多人就向官府推荐了董卓。

永康元年（167）前后，董卓终于如愿以偿，踏入了仕途，担任了羽林郎，统管当地的羽林军。不久之后，他就因为军功升为军司马，跟随"凉州三明"之一的中郎将张奂征讨在并州反叛的羌人。征战当中，董卓极力表现自己，他那股子勇猛强悍的狠劲儿，在平叛战争当中发挥得淋漓尽致。不久，他因功升为郎中，后来又升为广武令、益州蜀郡北部都尉、西域戊己校尉，最后升任并州刺史、河东太守。

羌人反叛是反叛，黄巾反叛也是反叛，说到底不都是反贼吗？董卓在平羌战争当中表现得如此抢眼，想必平定黄巾军也不是什么难事吧？所以，汉灵帝撤掉卢植以后，第一个想到的就是董卓。

于是，董卓闪亮登场了。他被任命为东中郎将，代替卢植讨伐黄巾军的主力。等董卓兴冲冲地来到广宗前线的时候，他才发现问题并非想象中那么简单。面前的黄巾军可不像西羌部落那样打了就跑，散沙一盘。相反，他们可是有宗教基础的。这种思想高度统一的程度，不是别的造反队伍所能比的。

这下，董卓傻眼了。以前打仗都是率领骑兵部队，在旷野上纵横驰骋，东杀西突的；现在不一样了，面前就是座坚固的广宗城，怎么打这个攻坚战呢？

就在董卓犯愣的时候，恢复了元气的张宝兵出下曲阳，从另外一侧向董卓发动了进攻。这一下，董卓撑不住了，别说打赢了，就连黄巾军的攻势能不能顶得住都是个问题。结果，区区两个多月的时间，董卓就因为战绩太差，被朝廷撤掉前线总指挥的职务，灰溜溜地走人了。

歼灭黄巾主力

卢植走了，董卓走了，官军方面暂时失利，这对黄巾军来说是个好消息。但是，一个坏消息也随之而来，黄巾军的最高领袖张角病了，而且病得很严重。到了八月十五这一天，他知道自己再也撑不下去了，就把弟弟和几个心腹门徒叫到跟前交代后事，还命弟弟张梁带队伍回到广宗，驻守城池。

与此同时，东汉朝廷方面也听说了消息，汉灵帝大喜，赶紧下诏，把连战连胜的皇甫嵩调到了广宗前线。

皇甫嵩在和朱儁分兵之后，率部北上，与东郡黄巾军在仓亭急战，活捉了当地黄巾军的首领，斩杀了七千多人，正准备趁热打铁，这个时候却突然接到调令，代替董卓围攻广宗。

皇甫嵩一看就明白了，交到手上的又是一个烂摊子。张角虽然已经病死了，但他两个弟弟同样不好对付，尤其是张梁。

张梁手头有十万人马，仗着兵多将广，即便明知对方是名将，一点也不怕。中平元年（184）十月，黄巾军居然还主动出城迎战。一场血腥厮杀以后，双方居然打了个平手。

皇甫嵩可是一位十分高明的战将。这下他明白了，为什么卢植要用围困的方法拖垮黄巾军了。确实，面对有组织、有纪律的黄巾军，想要靠蛮力来打是不成的，得靠脑子。结果，任凭黄巾军在接下来的日子里反反复复地前来挑战，皇甫嵩就是闭门不出，并且下了死命令，有敢轻言出战者斩。

再来看黄巾军这边。连续这么长时间的围困，官军又连连换将，以为他们扛不住了，特别是张梁一来又打了个突围战，自家看起来胜券在握了，没想到一切又回到了原点。这一次次的反复拉锯下来，黄巾军被折腾得够呛，从将领到士兵个个疲惫不堪。这种疲惫不仅仅是身体上的，更是精神上的。

为什么这么说呢？一来，战场的情况起起伏伏让人的神经高度紧张。二来，更重要的是，黄巾军起义的基础就是宗教，被大家奉若神明的教主张角病死让他们对自己的信仰产生了怀疑。当一个人的理想没了根基的时候，整个人就容易垮掉。

这一切都没有逃过一双眼睛，这双眼睛一直在官军的营中死死地盯着。这双眼睛的主人皇甫嵩知道，黄巾军的大限已经到了。黄巾军不但疲惫了，而且防守也松懈了，这是犯了兵家大忌。看来，张梁也不是什么军事奇才。皇甫嵩等的就是这个机会。

于是，皇甫嵩在某天晚上连夜动员部署部队，并于次日凌晨出其不意地对广宗城发动了总攻。

总攻一开始，就呈现出一边倒的惨烈。仓皇应战的黄巾军始终没有掌握战场的主动权，且伤亡惨重。广宗城中的张梁眼瞅着大势已去，终于下令弃城，可是这一逃就逃成了死亡之旅。张梁在混乱之中被杀，他手下的黄巾军要么战死，要么被俘，要么葬身于滚滚的黄河水，只剩下孤苦无依的老弱妇孺。

这场激战最后以皇甫嵩的大获全胜结束。攻破广宗城以后，皇甫嵩并没有对先前病死的张角留什么情面。张角的棺材被撬开了，尸身被拖出来，头颅也被斩下来送到京城洛阳挂到城头示众。

广宗大捷的一个月以后，皇甫嵩又率队和巨鹿太守郭典在下曲阳消灭了张宝，或屠杀，或俘虏黄巾军十万多人。至此，张家兄弟全部死去，这场规模浩大的起义徐徐落幕。

由于连战连捷，皇甫嵩接到了左车骑将军、冀州牧的委任状，被封为槐里侯。一时之间，皇甫嵩的声势无人可挡，俨然成了东汉帝国的首席将星。而在他的光环背后，在下曲阳、在广宗，一座座大得可怕的小山拔地而起。小山里胡乱埋葬着数以万计的黄巾军将士的遗体。一将功成万骨枯，也许这正是乱世能带给后人唯一的警示了。

黄巾惨败

虽然黄巾军的主力已经陆续被歼灭，但是起义的余波仍在继续。这股没有熄灭的烽火在哪里呢？就在朱儁领兵前往的南阳郡。

南阳郡可是块风水宝地，它不仅是光武帝的龙兴之地，而且人口众多，战略位置十分重要，向北可以控制黄河、洛阳，向南可以直取荆州、襄樊，向西可以经过武关直取长安，向东就是富庶肥沃的中原大地。

黄巾军当然知道这个道理，所以南阳也是黄巾军重点经营的地块。当黄巾军主力在广宗、下曲阳一败再败的时候，另一支黄巾军的队伍依然牢牢地占据着南阳郡的治所宛城。南阳黄巾军的首领叫张曼成。

不过，等朱儁来到宛城的时候，张曼成已经死了。南阳的新任太守秦颉居然在没有援军的情况下打垮了黄巾军，杀掉了张曼成。

领教了官军战斗力的黄巾军全军退回宛城，拥立了新的元帅赵弘，打算固守待援。只不过，这些可怜的人并不清楚，他们的援军再也不会出现了。

尽管如此，由于宛城城高墙厚，粮草丰足，朱儁只能和荆州刺史徐璆等人率领着部队在外围望城兴叹。不过，朱儁很快就意识到皇甫嵩给自己的建议是对的，对黄巾军不能硬啃，只能死拖。于是，他干脆不进攻了，命令士兵把宛城团团包围，一只苍蝇都不准飞进去。

就这样，从六月一直拖到了八月，可宛城依然纹丝不动。虽然朱儁不断地派出小股部队骚扰黄巾军，但是战果很差。

这边前线没有战果，后方又开始出现不和谐的声音了。朱儁碰上的问题和卢植一样，也有人在背后打他的小报告了。有关部门上书皇帝，希望把朱儁调回京城，以畏敌不战的罪名加以惩处。

眼瞅着朱儁就要走上卢植的老路了，朝廷当中有个明白人站出来说话了，这个人就是司空张温。他一看皇帝又要犯糊涂，赶紧上疏。他在上疏中提到："陛下，阵前换帅乃是兵家大忌。以前秦国任用白起，燕国任用乐毅，都是经年累月方才克敌。朱儁将军在前线连连克敌，这一次率军南下，围困宛城，肯定是有自己的想法和谋略的，不如再给他宽限些时日，如果到时候再不能取胜，再治他的罪不迟。"当然，张温没敢说卢植的事就是前车之鉴。

令人意想不到的是，汉灵帝这回真的听进去了，取消了调令，同时严令朱儁必须抓紧时间，一定要限期破敌。汉灵帝的智商怎么突然提高得这么快？其实，是朱儁捡了个便宜。因为就在不久之前，汉灵帝刚在卢植的任用问题上吃了亏。也就是说，汉灵帝不是变聪明了，而是吃亏吃怕了。

尽管这番波折没有伤到朱儁，但很显然，朱儁感受到了前所未有的压力。在严令之下，朱儁必须发动更猛的攻势，必须立刻打一场胜仗，让皇帝高兴高兴。一场苦战下来，宛城被攻破了，连黄巾军的主帅赵弘也在混战当中被斩杀了。

正当朱儁松了一口气，以为终于完成任务的时候，没想到黄巾军的反应更快，他们立刻选出了新的主帅韩忠。韩忠率领手下卷土重来，一个反冲锋就把那些刚刚坐下来休息、屁股还没有坐热的官军又赶出城外了。双方顿时又陷入了僵持的局面。

这个变故把朱儁唬得一愣。这黄巾军还真不是一般人，打起仗来有条不紊，连主帅死了，都还能打反击战。看起来，用强攻真不是一个好办法，必须得智取！于是，朱儁命令手下的士兵在宛城的西南面挖土堆山。土山越堆越高，最后居然比城墙还要高。

建好了土山之后，朱儁命令手下的偏将军带领一部分士兵，登上土山，在山上擂响了战鼓，仿佛就是官军的主力打算利用居高临下的架势，一鼓作气冲到城里来。

韩忠心里直打鼓。这土山比城墙还高，别说冲锋了，光在上面射箭，城墙上的兄弟们个个都会成为活靶子！于是，他赶紧把大部分兵力调到西南角，严阵以待。

就在韩忠调动部队的时候，朱儁也开始调动了。他亲自率领五千精兵，悄悄地绕到了宛城的东北面。等黄巾军的主力一调动，这五千精兵立刻从东北角攀着城墙往上爬。果不其然，这里的守军非常少，抵挡一阵以后，就败退下来。在城下接应的官军一看先锋得手，就一拥而入。

而这个时候，黄巾军的主力在首领韩忠的带领下，正在西南角与那些擂鼓呐喊，仿佛随时要冲进来的官军对峙。突然，身后就有探子来报官军已杀入城内。韩忠一听，心知中计，大惊失色，不敢恋战，一声令下，带领黄巾军的主力撤入内城。

韩忠率领的黄巾军主力差不多有十万人，一下子全部涌入了内城。在这个弹丸之地，他能守得住吗？其实，韩忠一点把握都没有。算了，反正这段时间张角大哥那边一直没消息过来，这援军也不知道什么时候到，大丈夫能屈能伸，要不就先降了吧。于是，韩忠从手下选了一个能说会道的人，跑出内城，来到朱儁的中军大帐，请求献城投降。

朱儁的部下一看都松了一口气。就连司马张超、荆州刺史徐璆和南阳太守秦颉等，都觉得接受投降是个好选择。可是，所有人的热脸都贴上了朱儁的冷屁股，因为朱儁不同意。

他说："如今黄巾乱贼走投无路了，才想投降。他们是犯上作乱的逆贼，如果我们接受他们的投降，就不能给那些安分守己的百姓树立榜样。只有严厉的惩罚，才能达到惩治罪恶的目的。今天放过他们，将来他们缓过气来，又跑过来和我们打，这不是纵容贼子长期作乱吗？这绝对不是上等的谋略，不如一鼓作气荡平乱贼。"

黄巾军投降未果，只能固城自守。十万黄巾军知道，既不能投降又不能突出重围，唯一能保命的方法就是死守到底，把对方拖垮。万众一心，拼死抵抗，这力量绝对是惊人的。

对此，城外的官军一点办法都没有。苦恼中的朱儁带领部下，登上土山，往城里望过去。城里的黄巾军斗志高昂，大多数人眼里丝毫没有恐惧和慌乱。尽管吃不饱饭，又挤在小小的内城里行动困难，但是没有人退缩。还有人怒目而视，看到站在土堆上的朱儁，甚至拿出弓箭来想射死他。

站在土山上的朱儁看着看着，突然大声喊了一句："哎呀，我明白了！"大家都被吓了一跳。司马张超小心翼翼地问："将军可有破敌良策？"朱儁兴奋地指着城内："你看，黄巾贼子现在被团团围住，内城十分狭小，投降的请求又被我们拒绝了，想突围不能突围，只能拼死到底。万人一心尚不可抵挡，况且城中还有十万人，这危险性就更大了。"

说到这里，朱儁摸了摸胡子说："如今我们不如撤去包围，埋伏于外城城墙之下。韩忠见我们撤围而去，必定率众杀出。一旦黄巾贼子杀出内城，阵脚一乱，就容易击破。"说干就干！朱儁立刻下了土山，回到中军帐中，下令所有的官军撤出外城。

跟朱儁比起来，韩忠显然幼稚多了，他根本就没有想过为什么官军突然就撤走了。他只是在高兴，机会来了，此时不走，更待何时，于是率领手下呼啦啦地冲出内城，准备突围。

不用说，官军已经在城墙下等待很久了，就等黄巾军冲出来背后给他们来一刀。这一下，黄巾军被彻底打乱了，四处奔逃。官军挥刀直追，连追数十里，一路斩杀了一万多人。

韩忠一看大势已去，又派使者到朱儁那里请求投降。这次，朱儁很爽快地答应了韩忠的请降。

按理，到这里，南阳黄巾军就算被平定了，没想到节外生枝，南阳太守秦颉因为对韩忠恨之入骨，找了个借口把韩忠杀了。这就犯了大忌了。韩忠可是黄巾军的首领，他一投降就被杀，那投降的黄巾军会怎么想？

要知道，他们揭竿起义的时候，就在南阳杀过很多官员。现在他们投降了，他们的首领又被杀了，这能不让他们心惊胆战吗？这难道不是秋后算账吗？"我们的下场会不会和韩忠是一样的？"想到这里，黄巾军自然心生不快，立刻推举了一个叫孙夏的人当新的主帅，逃回宛城继续死守。

这一下，朱儁哭笑不得，只能再次攻打宛城。这次，他派出了已经担任别部司马的爱将孙坚。此时，黄巾军已经没有什么优势可言了。很快，身先士卒的孙坚就率领先头部队攀上了城头。官军再度攻下了宛城。

南阳黄巾军的新任统帅孙夏眼瞅着大势已去，率领残部突围。朱儁可不手软，一路追过去，一直追到了西鄂县精山，并在这里击溃了黄巾军残部，斩杀了一万多人。在乱军之中，孙夏也失踪了。

就这样，历时十个月，规模大得惊人的黄巾起义，最后失败了。不过，黄巾军并没有因此而被消灭。在未来的十几年里，黄巾余部依然活跃，最多的时候人数超过百万，仍然是一股不可忽视的民间力量。

第三章

曹操登场

曹操家世

轰轰烈烈的黄巾起义失败了，东汉政府再一次转危为安。但是，这只是帝国落幕前的回光返照。就在这次镇压黄巾起义的过程中，新的势力已悄然萌芽或形成，曹操就是其中的一员。

曹操，字孟德，沛国谯县（今安徽省亳州市）人。从名义上看，他出身于官宦世家，是相国曹参的后代，但实际上他的出身很复杂。当然，这种复杂不是由他造成的，而是由他老爸造成的。

曹操的老爸叫曹嵩，是十常侍的老前辈之一曹腾的养子。曹嵩所处的年代正是"党锢之祸"的年代。大量士人被宦官集团排挤出朝堂，或死，或逃亡，或流放。一时间，整个朝野风声鹤唳。与此同时，大量官位空缺。为了维护朝廷的正常运转，很多赋闲在家的人都被启用。曹嵩就是其中之一，他得到的官职是大司农。此时，除了感激皇恩浩荡，曹嵩还特别感谢一个人，那就是他的养父曹腾。

这是为什么呢？这就要从他的养父一生的经历谈起了。曹腾，字季兴，是曹节的第四个儿子。他自幼入宫当了宦官，年纪轻轻就当了黄门从官。永宁元年（120），邓太后命黄门令从黄门从官中挑选年纪小、性格温和、做事严谨的作为皇太子的伴读。曹腾幸运地中选了。皇太子很喜欢这位伴读，经常赐给他一些特别的饮食和物品。后来，皇太子继位，就是汉顺帝。皇帝陛下任命自己的这位伴读为小黄门。

汉顺帝去世后，汉冲帝、汉质帝相继称帝。曹腾继续待在皇宫，为皇帝们服务。由于汉冲帝、汉质帝都是幼年继位，需要人帮忙处理政事，于是太后临朝。可太后临朝也有一个弊端，那就是她跟大臣们沟通起来并不方便，因为要避嫌。这时，太后就需要在宫中找一个为自己向前朝传话的代理人，代表自己去和大臣们沟通。选谁好呢？曹腾就是个不错的人选。而曹腾因为性格温和、做事严谨也很快赢得了大臣们的尊重。

汉质帝去世后，曹腾和大将军梁冀一起拥立了汉桓帝。曹腾的身家也水涨船高，成为中常侍、大长秋，后又被封为费亭侯。曹腾的职业生涯迎来了高光时刻。不过，曹腾并没有沉溺于这些光环，依然兢兢业业，克勤克己，在沟通宫内和前朝这件事上做出了突出的贡献。更重要的是，他还为朝廷推荐了不少贤才，比如"凉州三明"之一的张奂、平定西凉之乱的张温等。

由于汉顺帝颁布了允许宦官养子袭爵的命令，曹腾就领养了曹嵩。自从成为曹腾的养子，曹嵩不仅跨入了贵族的行列，更自动拥有了曹腾的一切优势。比如声望，比如势力，比如人脉。之前，曹腾举荐过不少贤才；现在，这些贤才都在朝廷做官，自然想对曹腾有所回报。但是，提拔自己的曹腾已经是大长秋了，那就多给他的养子曹嵩提供一点方便吧！于是，曹嵩的人脉资源就越积越厚了。曹腾虽然是个宦官，却是位好父亲，总是想把最好的都留给曹嵩。除了人脉，曹腾还为曹嵩攒了很多真金白银。

如今曹腾虽然已经去世了，但留下的余荫足以让在家赋闲的曹嵩咸鱼翻身。上哪里去找这样一个人呢？既能得到宦官集团的信任，又不会被朝臣反感；既有丰厚的人脉，又有大笔财富傍身；非曹嵩莫属。这样一来，曹嵩回京出任大司农就顺理成章了。

大司农是个什么样的官职呢？竟然让具备诸多优势的曹嵩欣喜若狂？这可当真是个富得流油的官职，属于九卿之一，具体职责是掌握租税、钱谷、盐铁和国家的财政收支。用现在的话说，妥妥的财政部长啊！曹嵩生财有道，他在这个职位上供职几年后，曹家的财富就翻了好几番。而这一切最后还是要留给他的儿子曹操的。这就意味着，曹操天生就有成为一方霸主的基础。

问题少年

一看曹操的家世，我们可以肯定他是个含着金汤匙出生的孩子，要什么就有什么。不过，曹操小时候并不是好好学习、天天向上的三好学生，反而年纪轻轻就显示出不良少年的本色。除了大家眼中的正经事，他其他事都做得非常出色。

其实，想想这也是可以理解的。作为一个已到青春期的留守少年，没有长辈的管束，又衣食无忧，自然叛逆得要命。再加上曹操从小好奇心就重，喜欢追寻刺激，他自然就更无法无天了。为了寻求刺激，熊孩子小曹就做了很多令人哭笑不得的糗事。比如，跟少年袁绍一块儿去偷新娘子。对，就是那个后来当了关东联军盟主，又和曹操在官渡大战的袁绍。

不过，这会儿俩人都是让成人头疼的熊孩子。

　　话说有一次，小曹和小袁想做点刺激的事，正碰见有户人家办婚宴。别家孩子玩刺激，了不起就是听房，可这小曹和小袁一碰头，觉得这么玩太没新意了，就想了个损招：偷新娘子。小曹跑到那家人的院子里大喊一声"家里进贼了"。家里正在喜气洋洋地办婚宴，居然有贼来偷东西，主人家顿时气不打一处来，新郎带头抄起家伙就满院子找了。

　　就在这时，小曹和小袁贼头贼脑地溜到了新房外面。小曹先进去，小袁在外面放哨。走进屋子一瞧，屋子里只剩新娘子一个。于是，小曹就抽出刀来，命令新娘子跟他一块儿走。新娘子吓得直哆嗦。正在这时，小袁突然大声报告："主人家回来了，快走。"

　　小曹一听大事不妙，拉上小袁，就往外跑。大概太紧张，他们俩还迷路了。然而，这还不是最倒霉的。小袁看见主人家追过来，脚都软了，一个趔趄就跌倒在路边荆棘丛里了。更倒霉的是，他身上的衣服挂在荆棘上面，扣得死死的，走都走不了。

　　小曹在前面跑着跑着，回头一看，小伙伴跑丢了，仔细一找，发现小袁正在荆棘丛里挣扎。小袁看见曹操来了，可怜兮兮地伸出手去，让小曹拉自己一把。这时，追赶的人离得越来越近，要想把小袁拉出来估计是来不及了。小曹灵机一动，转过身扯开嗓门就大声喊："那个贼在这儿，跌倒在这里了！"

　　小袁一听，眼泪都快下来了。你这是救我，还是在坑我啊？情急之下，小袁一个鲤鱼打挺就跳起来了。虽然身上的衣服被刮得稀烂，但他惊讶地发现自己已经跳出荆棘丛了。

　　正在小袁嘚瑟的时候，小曹上去一把拽住，喝一声："你等死。"话音未落，他拉着小袁就跑了。于是，这两个熊孩子成功地逃脱了屁股开花或者腿被打断的惩罚。

对于留守少年曹操来说，寻找刺激、行侠仗义这些东西在他心中占有很重要的地位。但是，在大人的眼里，这曹操飞鹰走狗，游荡无度，一点正经事不干，是个标准的问题少年。这使得长辈们都非常讨厌他，而且讨厌他的人中就包括了他的叔父。

叔父看见侄儿如此胡闹，忧心忡忡，就经常跑到老哥曹嵩面前去告状，说哥，你再不对侄儿严加管教，咱们家早晚毁到他手上。曹嵩一听老弟的汇报，深感问题严重。于是，下一次看到曹操的时候，曹嵩就不问青红皂白收拾他一顿。估计棍棒教育什么的是跑不了的。

知道老爸家暴的原因之后，不用说，曹操恨死了这位叔父，下定决心要反击。有一次，他在半路上碰到了这位告状的叔父，立刻就把预谋已久的动作做了出来。其实很简单，就是直接把脸一歪，口吐白沫，做出中风的样子。叔父虽然讨厌曹操轻佻，但还是很在乎他，当时就被吓了一大跳："吉利，你这是怎么了啦？"

吉利是曹操的乳名。从这个乳名来看，长辈们还是很爱他的。可惜，吉利现在跟吉利一点也不沾边。吉利还特艰难地给叔父介绍他的情况："叔父，侄儿中风了。"要说，这位叔父真是个老实人，一听这话，叔父就慌了，急急忙忙地跑去报告他的老哥曹嵩："哥，快去看看你家吉利，他中风了，脸歪得差点儿连我都认不出他来了。"曹嵩一听，赶紧派人去叫曹操过来。

曹操来了，若无其事地站在那里，一点中风的痕迹都没有。看到儿子无恙，曹嵩很奇怪，但还是耐着性子问："吉利，刚才你叔父跑来告诉我，说你中风了，你这么快就痊愈了？"

中风哪有好得这么快的？曹操要的就是这个效果。一看老爸果然上钩了，于是立刻按既定台词开始表演了："我本来就没有中风，只是叔叔看我不顺眼，所以才看错了。"

曹嵩虽然担任朝廷命官多年，但是思维系统显然不如自己的儿子发达，他立刻就认准了是弟弟看自己的儿子不顺眼，故意搬弄是非。后来，曹操那位叔父再去告曹操的状，就再也不能发挥作用了。

在太学

建宁二年（169），十五岁的曹操遵照父命来到洛阳，进入太学深造，这匹没笼头的马终于被套上了缰绳。曹嵩为什么要让儿子进入太学学习呢？除了就近管教方便，更重要的是为曹操进入仕途做好准备。

作为东汉帝国的最高学府，太学不仅是理想的学习之地，更是预备役官员的培训学校。当时全天下的读书人都以进太学读书为荣。不过，太学不是想进就能进的。它的入学方式有两种：一是考试，二是保送。前者就是指天下十三州每个州下面的郡都可以推荐本郡的优秀学子到太学（当然是有名额限制的），考试合格后即可入学。后者就是指，品阶达到一定级别的官员可以送自家的一名子弟免试入学。

曹嵩官居大司农，属于九卿之一，品阶两千石，正好符合保送这条标准。于是，曹操就以保送生的身份进入了太学。只是来到这里，学习未必是曹操的唯一目的，他主要做了两件事：第一件，构建自己的朋友圈；第二件，在朋友圈里宣传推广自己，为自己打广告。

交朋友是曹操太学时期最喜欢做的。他在太学里结交的许多朋友，都在他日后事业发展的不同阶段起到了积极的作用。比如，会稽周氏的周昕兄弟在他败于董卓的部将徐荣后助他在扬州募兵，重振事业。又如，后来担任了庐江太守的刘勋，在袁术死后，主动北上归附曹操，不仅增加了曹操的兵力，还为曹操贡献了一位重要的谋士——刘晔。如果说这几个人不太有名，我们再来举几个大名鼎鼎的。

官渡之战时，不是有一个人从袁绍那里跑来投奔曹操，并且带来了绝密情报吗？曹操一听这个人的名字立马从床上跳下来，光着脚就出去迎接他了。这个人名叫许攸，而许攸正是曹操在太学里认识的同学。

支持曹操的太学同学还有张邈。尽管后来二人分道扬镳，但曹操打起反董旗号，迈出自主创业第一步的时候幸亏有张邈无私、全力的支持。

那么，是不是太学里所有的学生都买曹操这位大司农之子的账呢？还真不是。有一个叫宗承的人，就不爱搭理曹操。当然，无论作为太学里的学霸，还是作为普通人，宗承都有选择朋友的权利。可曹操不是这么想的。既然宗承是太学的学霸，我怎么可以不认识他呢？于是，曹操三番五次地找机会想认识宗承。可惜宗承就是不给曹操机会。

终于有一回，曹、宗二人都应邀出席同一个聚会。趁宗承起身的机会，曹操赶紧也起身跟出门外，并主动握住宗承的手，想和宗承聊一聊，套套近乎。可宗承根本没有搭理曹操的意思，甩开曹操的手扬长而去。曹操很尴尬，但也无可奈何。

正是因为有人看不起自己，曹操就琢磨该为自己营造出一个好名声。怎么才能为自己做正面宣传呢？得找个人来推荐自己，而且这人还必须是个名士才行。这就是曹操在太学要做的第二件事了。

找哪个名士推荐好呢？老爸曹嵩建议曹操先去找桥玄。桥玄，字公祖，梁国睢阳（今河南省商丘市睢阳区）人。他性格刚强，广有才略，见识高明，尤其以善于识人见长。桥玄曾任少府，主要掌管宫中的御衣、宝货、珍膳等，与曹嵩同属九卿，经常打交道。

等曹操来到太学，他老爸去拜访桥玄的时候就把他带上了。要知道，除了擅长理财之外，桥玄最出名的就是看相了。换句话说，桥玄很有包装方面的天才。等曹操这个小个子青年来到面前的时候，桥玄用眼睛仔细地在曹操的脸上扫描了一遍，说了一句"天下将乱，非命世之才，不能济也。能安之者，其在君乎"。这话什么意思呢？天下即将大乱，没有经纶济世才能的人，是不能使天下安定的。那个人就是你啊！天哪，桥玄对曹操的评价竟然这么高！

为什么桥玄对曹操会有这么高的评价呢？原来，桥玄不仅是名士中的"战斗机"，更是经历了宦海沉浮的成熟务实型官员。多年的基层经历告诉他，看似欣欣向荣的大汉天下实际上危机四伏，很可能一个火星出现，大火就会遍及帝国的整个角落。而一旦出事，没有曹操这种胆大心细又有办法的人出面应对，大汉江山危矣！

不过，桥玄对曹操的推荐并不止这一次，他还当众对一脸稚嫩的曹操说："吾见天下名士多矣，未有若君者也！君善自持。吾老矣！愿以妻子为托。"桥玄的意思很明确，曹操是天下名士中的佼佼者，自己百分之百信任他，愿意在自己身后把妻子、儿女托付给他。

这话实在太够分量了！名士说的话通常会传得飞快。不久之后，桥玄这句话就已经传遍中原了。于是，曹操的人气指数立马暴涨。

桥玄觉得自己的话可能还不够分量，他建议曹操去找许子将。许子将，本名许劭，子将是他的字，汝南平舆（今河南省平舆县）人。他为人清高，喜欢品评人物。开始的时候，许劭任郡功曹，郡里的人一听说是他为功曹，一个个都十分注意自己的言行。许劭和堂兄许靖都是名士，他们在家乡设坛开讲，臧否当时的人物。许氏兄弟的评人论坛与现在的沙龙有点类似。他们每个月都要更换评议的题目。

据说，他们评得很公正、很客观。谁的人品出了问题，他们就抡起板砖向谁的头猛砸，砸得你不敢在公众场合冒泡；谁要是做了好人好事，他们就力挺你。

而且，他们还有个规矩，那就是根据这些被评点人士的所作所为，每个月更改评语和排列的顺序。这些评论有一个非常好听的名字，叫汝南月旦评。也就是说，在每个月月初的时候，隆重推出人物品行排行榜。这有点像今天的大 V 向粉丝们推荐自己的观点。

汝南月旦评的权威性很高，整个朝野都相当重视。如果能得到许氏兄弟在月旦评中美言几句，这个人的仕途就会一片光明；如果得到的是许氏兄弟的板砖，呵呵，那就自求多福吧！官员们都特别怕这个月旦评，得到好评还好说，如果一个不小心吃了板砖，那就难看了。所以，每到月初的时候，官员们都诚惶诚恐地去看这个排行榜，大气都不敢出。

桥玄介绍这样的人给曹操，意思就是，能得到许劭的推荐，或者登上月旦评并获得好评，你的仕途就不用担心了。曹操一听，立刻就带上贵重的礼物去找许劭了。

由于曹操手握桥玄的亲笔介绍信，许劭勉强让曹操进了门。没想到曹操一进门，就直奔主题："许先生，您看我是个什么样的人呀？"

许劭一看曹操那副嘴脸，心里不舒服，就皱着眉闭着嘴不说话。作为月旦评的主持人，许劭难免会有些名士脾气，对出身宦官之家的曹操有点瞧不起。更何况这个年轻的小子放纵轻佻，名声在外，要真是捏着鼻子给他个好评，自己品评人物这碗饭以后恐怕就别吃了。

曹操并不清楚许劭的这些心理活动，他的想法很简单，就是拿一个许大师的评价回去。当然还不能是差评。否则不是自取其辱吗？

想到老爸的老同事桥玄伯伯对自己的鼓励，曹操顿时又有了勇气，他努力做出一副谦卑的样子，恳求道："许先生，劳您费心，看看小子到底是个什么样的人啊？"可是他逼得越紧，许劭就越不愿意说话，后来干脆连眼睛都闭上了。曹操心中无名火起，脸上就突然腾起了一股杀气。

许劭在那儿其实也用眼角瞄着曹操，担心曹操真要露一手狠的。要是这样，这月旦评恐怕就要换主人了。许劭吭哧了半天，终于蹦出一句话："子治世之能臣，乱世之奸雄。"说完了这句，他赶紧瞄了一眼曹操，担心曹操会现场发飙。

不过，曹操并没发飙，而是在思考许劭的话。虽然年纪还轻，但曹操并非只会追鹰逐兔的坏小子，他已经能明确地意识到自己生活的时代是和治世无缘的。既然注定要生活在乱世，那么成为乱世奸雄也未尝不可。这句评语，前半句就是废话，后半句才是精华。像他这样的杰出青年，就得配上这句话。于是，曹操大喜而去。

月旦评果然名不虚传，上了这个排行榜的人不想出名都很难！许子将关于曹操是"治世之能臣，乱世之奸雄"的评价一出，立刻迅速传遍四周。很多人对年轻的曹操都另眼相看起来。

除了桥玄、许劭二位，还有一位叫李瓒的名士对曹操推崇备至。李瓒虽然名声不及前两者，但他的分量也不轻。他是"党锢之祸"中遭难的士人领袖李膺的儿子。虽然李瓒是士人领袖之子，曹操是宦官之孙，但这并不影响李瓒对曹操的看重。他临死前吩咐儿子李宣等人："国家将要大乱，普天之下的英雄没有一个赶得上曹操的。虽然张邈是我的好友，袁绍是我家的姻亲，但是你们不要去找张邈或袁绍，一定要去找曹操。"

这可是临终遗嘱啊，分量何其重！李瓒对曹操的赏识可见一斑。到了后来，李瓒的儿子李宣还真的没有投靠袁绍、张邈，而是直接找了曹操，结果在乱世当中保全了身家性命。也许，在获得平安的那一刻，李宣非常感谢老爸李瓒的识人之明。

踏入仕途

转眼间，几年就过去了。当初到处寻求刺激的熊孩子已长成一名风度翩翩的青年。几年太学生活下来，朋友多了，名气有了，是时候大显身手了。于是，二十岁的曹操正式离开了太学，按照老爸曹嵩的安排准备进入仕途。

当然，身为大司农、费亭侯之子，曹操完全可以让老爸找找关系，通融通融，直接去做个官，文职不行就武职。但是，老爸曹嵩不是这么想的。在他看来，自家吉利，不，孟德，一定要走正途出身，举孝廉。

为什么有钱又有权的曹嵩一定要让儿子举孝廉呢？这跟东汉帝国的选官制度有关。众所周知，察举制是两汉时期重要的选官制度，而举孝廉就是察举制中重要的一种。通过举孝廉踏入仕途，不仅官场前途看好，更容易受人尊敬。也正因为如此，举孝廉也被人们视为进入仕途的正途。

曹嵩爱子心切，长子曹操从大学一毕业，他就立刻安排人推举儿子为孝廉。不过，成为孝廉并不等于已经当了官，只是具备了当官的资格。成为孝廉的人必须先去郎署当郎官，见习宫廷的日常行政事务，以及为官的礼仪。见习期结束后还要进行考核。通过考核的人才会被分配工作。至于他们的去向，可能留在朝廷，也可能分配地方。无论去向如何，他们的品阶都是差不多的，通常是四百石到六百石，相当于县长、县令。

很快，曹操的官员见习期就结束了，他面临着分配。朝中有人好做官，管分配的人也不会随便为难高官子弟。可曹操的志向太惊人了，他要求到洛阳县就职。苍了天了，一个才二十出头的小年轻就想做洛阳令，简直太不知道天高地厚了！

大家为什么反应这么大？原因有二。一来，洛阳县是东汉帝国的京城所在地，其重要性不言而喻。二来，洛阳令的品阶可不是平常的四百石或六百石，而是一千石。一个刚刚见习期满的职场新人，就想当京城的地方长官，这不是在开玩笑吧？

新兵蛋子曹操投下的这颗炸弹让河南尹司马防直犯嘀咕。河南尹是什么官职呢？他为什么要犯嘀咕？河南尹就是洛阳县所在的河南郡的太守。由于洛阳县的特殊地位，所以河南郡的地位也被提高。相应地，它的一把手就不称太守，而称尹。要是谁想担任洛阳令，需要先获得顶头上司河南尹的提名，再由分管二千石以下官吏任用的选部尚书敲定人选，出具任命书。

此时的选部尚书是大书法家梁鹄。梁鹄善写八分书，与草圣张芝齐名，是书法界的大咖，粉丝众多。恰巧汉灵帝也是梁鹄的粉丝。为了经常能近距离地看梁鹄的书法，汉灵帝就任命梁鹄为选部尚书。

那么，梁鹄对曹操的态度是什么样的呢？很简单，就俩字——拒绝！

为什么呢？以后再也不喜欢你的书法了。身为梁鹄粉丝的曹操很受挫。难道是因为自己在太学做的出格事？又或者嫌弃自己是宦官之后？曹操百思不得其解。

宝贝儿子找工作受挫，怎么办？当老爸的心里很着急，于是曹嵩就去找张温了。为什么要找张温？原来，张温早年受到曹腾的举荐才仕途顺利。曹家的知遇之恩是必须要报的。这回曹嵩上门了，张温当然不能拒绝了。

想了一会儿，张温说："就让小侄蔡瑁随令郎一起去梁大人府上吧。"张温想着毕竟自己现在是位高权重的人了，如果自己亲自出面为曹操说情，被人知道了对自己名声有影响；况且即便是自己亲自出马，梁鹄要是不答应，自己的面子往哪儿放？日后，要是在朝堂看见梁鹄，那得多尴尬啊！为今之计就是找一个跟曹操同辈的晚辈代替自己出面，这样即使被梁鹄拒绝了，也还有转圜的余地。张温想来想去，还是让侄儿蔡瑁出面比较合适。蔡瑁毕竟是自己夫人的侄子，本身又是襄阳豪族出身，梁鹄应该会给面子吧？

于是，俩小年轻上门求见梁鹄，可是梁鹄根本连门都没让他们进，直接让他们吃了闭门羹。曹操很喜欢书法，对梁鹄的八分书更是赞不绝口，可就是这位偶像居然拒绝让自己当官，这份心理落差实在是……这件事就这么僵住了。

到了最后，还是河南尹司马防出来打圆场了："洛阳令属于关键岗位，确实不适合新人去做。洛阳北部尉不是还空缺？京城重地，治安也很重要，就让小曹去试试！"就这样，一心想成为洛阳令的热血青年曹操最终成了洛阳北部尉。

　　洛阳北部尉是个什么样的官职呢？在东汉帝国的官制中，县尉是负责一县治安的官员。通常情况下，规模小的县，只有一个县尉；规模大的县，有左右两个县尉。洛阳县是个例外。身为东汉帝国的首都，洛阳县不仅人口众多，市面繁华，还有着全国县级单位最沉重的治安压力。因此，洛阳县有东西南北四个县尉。曹操担任的是洛阳北部尉，相当于洛阳北区公安分局局长，负责的是洛阳北城的治安，品阶四百石。

　　估计曹操的前任干得很差劲，曹操一到衙门就发现情况不太妙：衙门又脏又破，差役们萎靡不振，巡逻的装备简直没眼看……这真是自己待了好几年的洛阳城？洛阳城还有这么破的衙门？负责京城治安工作的，就是这么一个花架子部门，太搞笑了！不过，曹操并没有气馁，他决定要在洛阳北部尉这个实际情况很糟的起点上做出自己的事业来。

　　首先，曹操命人把洛阳北部尉衙门进行了一番修缮，又把城北的四座城门进行了加固。其次，曹操开展了他的特色治理——制作五色棒。五色棒做好后，在城北的每座城门左右都挂上了十几条，旁边还有温馨提示——有犯禁者，不避豪强，皆棒杀之。

　　挂在城门口的五色大棒非常显眼。看见这些五色大棒，百姓们的反应是怎样的呢？那些老百姓没被吓哭，反而个个都笑了，觉得曹操就是做做花架子，根本不敢动手。因为洛阳城是个高官云集的地方，很多人都是惹不起的。很快，百姓们的这些反应就传到曹操的耳朵里了。曹操很不服气。

　　撞到曹操枪口上的第一个人叫蹇图。如果单单从职务和级别上来看，蹇图算不上什么高级干部，但他有个厉害的侄儿——中常侍蹇硕。蹇硕身强力壮，还精通武略，完全没有一般宦官的柔弱之态。正因为如此，蹇硕深受汉灵帝宠信。

仗着侄儿的撑腰，蹇图根本就不把任何人放在眼里，明明知道曹操出了一个新规定，但他就不把这规定当回事，依然喜欢天黑了还在街上瞎晃悠。这天晚上，曹操正带着人巡街，碰到蹇图在街上瞎晃悠，蹇图也大老远地看到了这些夜巡的差役。不过，他很奇怪，每次差役们看到他，能躲多远就躲多远，这次怎么还主动往上凑？正在蹇图迟疑间，差役们拥上去，把蹇图捆得紧紧的，押到了新任领导曹操面前。

这下，蹇图反应过来了，大声吼道："小子，你吃了熊心咽了豹子胆，敢抓我？告诉你，老子叫蹇图，你不认识我？行，我再告诉你，老子是当今皇上的红人蹇硕的叔叔。识相的，快点儿把老子放了。老子会让侄儿在皇上面前替你美言几句，保你不死。"可是，话到了曹操那儿，却是像拳头打上了棉花，一点回音都没有。曹操就像听不见一样。

蹇图急了，大声喊："老子是蹇图，你的耳朵真的聋了？"这一下，曹操终于说话了："告诉你，我的听力好得很。我很明白你是谁，告诉你，打的就是你。"于是，曹操下令狠狠地打。不一会儿，嚣张的蹇图就断气了。

曹操打死了蹇硕的叔叔！第二天一大早，整个洛阳城立马传遍了。曹操的大名立刻轰动了京城的大街小巷。这下，大家都明白了，这家伙原来不是在作秀，而是真的谁都敢打。于是，京城里再也没有人在曹操的辖区内以身试法了。

官场失意

打死蹇图，声名鹊起之后，曹操得意扬扬地回到了京城的曹府，就等着把这件事跟老爸曹嵩汇报一番。可是，当曹嵩把这件事仔仔细细从头到尾听了一遍以后，脸上并不是兴奋得发光，而是扭曲得直发绿。老谋深算的曹嵩立刻闻到了一丝危险的味道。

看见老爸这种反应，曹操心里也有点慌了。棒打蹇大叔之后，他就一直提心吊胆地等着蹇硕来打击报复，可是蹇硕那边一直没动静。这回曹操又嘚瑟了，觉得正义的力量是无穷的，在正义面前，连蹇硕这种级别的中常侍也不敢轻举妄动。

蹇家真的对这件事一点反应都没有？当然不是，估计曹操跟曹家的祖先们都被蹇硕不知问候多少遍了。可是，毕竟蹇硕是个有脑子的人，能在皇帝面前如此受宠信，没两把刷子是不行的。

要知道，这件事仔细追究起来，确实是叔父蹇图违犯禁令在先，曹操是依法办事，而且办得很得人心。公开找碴儿陷害曹操，肯定会引起公愤。再说曹操还是老前辈曹腾的孙子，自己有所动作，说不定还会引发宦官内部的闲话，甚至导致皇帝反感。要是因此失去皇帝的信任，实在是得不偿失。所以，蹇硕虽然生气，但依然选择憋着。

从表面上看，这件事就这么过去了，没有掀起任何波澜。不过，很快私下心怀不满的就不只是蹇硕了。曹操的所作所为引发了洛阳城一干权贵的反感。在他们看来，曹操这小子太不懂事，必须得想办法让他滚蛋。

除此之外，另外一种议论更要曹操的命，那些议论来自羡慕、嫉妒、恨。他们认为，不把这个小子踹走，自己就永无出头之日。

年轻的曹操心情很不好，他想不明白，为什么明明自己一心为公，还有那么多人找自己的碴儿？这简直太没有天理了。这官到底该怎么当呢？不过，没等想通，他就升职了。熹平六年（177），曹操结束了洛阳北部尉的任期，以优异的成绩升任顿丘令。

从表面上看，洛阳北部尉官秩只有四百石，顿丘令则是六百石。没错了，货真价实的升职！可实际上呢？洛阳北部尉虽然官秩稍低，却是拱卫京城的京官，顿丘令却是兖州刺史管辖下的小小基层地方官。从中央到偏远地方，不是明升暗降是什么？更重要的是，一旦曹操在顿丘任上出现什么差错，就会受到严重的打击报复。为什么会这样？怪只怪他在洛阳北部尉任上太特立独行，同时得罪了宦官和士人集团。

不过，少年得志的曹操并未体会到其中的深意，反而觉得受到了朝廷的重用。于是，他信心满满地去了顿丘，准备在新的岗位上大显身手。就在曹操干得正起劲儿的时候，祸从天降，朝廷下旨免去了曹操的职务。

为什么曹操会被免职呢？原来，他成了宋皇后一案的受害者。宋皇后被诬告之后，与宋家有姻亲关系的曹家就跟着倒了霉，曹操也因此被免了官。

就这样，对仕途满怀憧憬的曹操第一次被迫离开了官场，才二十四岁的他回老家谯县赋闲去了。

成为骑都尉

不过，这种赋闲在家的生活并没有过多久。光和三年（180）七月，曹操在谯县老家接到了一道诏书，朝廷征召他入京为议郎。

曹操不是得罪了很多人？怎么还有人要提拔他？对。几乎所有人都不敢提拔他。当然如果这个人是皇帝，就没有人敢打板子。还别说，曹操此次被启用确实跟皇帝有关。更进一步说，跟皇帝的一个梦有关。

不久前，汉灵帝做了一个梦。在梦中，他见到了去世已久的养父汉桓帝。汉桓帝愤怒地指责他制造了宋皇后一家的冤案，罪大恶极。汉灵帝一下子就吓醒了，连忙找来宦官徐荣帮他圆梦。徐荣能说什么呢？实诚地说，只要脑筋不糊涂，谁不知道宋皇后是冤枉的呢？徐荣是个有心人，趁单独伺候汉灵帝的机会，为宋皇后说了不少好话。

这下子，汉灵帝彻底意识到自己做错了。可人死不能复生，自己又不能随便下罪己诏，再说也丢人，怎么办呢？那就补偿一下那些受宋皇后一事株连的倒霉蛋吧。这些倒霉蛋里也包括宋家的姻亲曹操。

为了不暴露自己的真实想法，汉灵帝做出了一副礼贤下士的姿态，命满朝公卿推荐通晓古学（包括《尚书》《诗经》《春秋》）的人。于是，曹操就借着这个名义当上了议郎，重返朝堂。

那么，议郎是什么样的官职？简单来说，议郎是郎官的一种，是光禄勋的属下，主要承担顾问、参谋之责，没有日常行政事务要处理。从表面上看，这个官职很重要，但实际上却可有可无。

为什么这样说呢？因为对于汉灵帝这样的昏君来说，根本不需要别人提醒指点。朕才是天下第一，你们算个啥呀？就算你是贤良方正之士，不也得听朕的吗？所以，平日里不要胡说八道，要谨言慎行，领好每个月六百石的工资就好了。当然，朕需要你开口的时候，你也不能装哑巴。总之，看朕的脸色行事就对了。不会看？也行，看看蔡邕就明白了。议郎蔡邕曾因为提议皇上远离宦官佞臣，就被流放了。

不过，曹操不是蔡邕，血气方刚的他还是一门心思地想做点事情。光和五年（182），曹操上书检举太尉许彧、司空张济等人与宦官勾结牟取私利。这次举报，曹操并不孤单，还有司徒陈耽跟他一起并肩作战。如果只有曹操一个人，汉灵帝完全可以因循原来的处理方式——置之不理。可这次出面的还有司徒陈耽。陈耽可是三公之一，如果皇帝不予理睬，估计影响会很恶劣。

于是，汉灵帝只好捏着鼻子调查。结果很快出来了，陈耽和曹操根本没说谎。汉灵帝不得不做点表面文章，狠狠责备了许彧、张济等人和宦官们。陈耽、曹操表示很满意，可宦官们表示很受伤。宦官们什么时候吃过这种亏啊？个个内心充满了悲愤。吃了亏就要找回场子。必须报复。陈耽，你个老不死的，你等着！

不久之后，汉灵帝就接到了宦官们针对司徒陈耽的举报信。上次太尉、司空犯事，皇帝陛下只狠狠地骂了他们一顿就算了。这次轮到司徒，陛下是不是仍旧雷声大雨点小呢？还真不是。汉灵帝直接把司徒陈耽送进了监狱。没过几天，陈耽就在狱中神秘死亡。

司徒陈耽的死带给了热血青年曹操深深的震撼。原来，这个朝廷，这个天下，已经到了不可匡正的地步了。从此，曹操沉默了，不再上书言事，但在内心里他却希望用一场风暴把朝廷上的污浊扫得一干二净。

风暴很快就来了，它没有让曹操等太久。两年之后，黄巾起义爆发了，一下子全国各地竟有数十万人造反。造反的人实在是太多了，朝廷根本腾不出手来平叛。于是，汉灵帝进行了全国总动员，鼓励各个地方的官员和民众贡献马匹和武器，而且特别规定了，公卿大夫可以推荐自己的子弟参加平叛，而小官、百姓也可以自己组团，带上自己的队伍，到官府报到，参加平叛，最后由官府统一分派战斗任务。朝廷许诺了平黄巾之后将会有重赏，有官的升官，没官的封官。

一时间，打蛾贼成为当时社会上的年轻人最喜欢讨论的话题。蛾贼是当时对黄巾军的一种贬称。在这波风起云涌的大潮当中，未来三分天下的势力纷纷冒头了。沉默寡言的议郎曹操变身骑都尉，领兵奔赴前线。孙坚带吴郡子弟兵追随名将朱儁。刘备也从涿县拉起队伍，投奔校尉邹靖。他们都将投入平定黄巾军的战场，开启自己不一样的人生。

此时身为二千石官骑都尉的曹操，终于离开了令人窒息的朝堂，奔赴颍川，与他的老同事皇甫嵩汇合。他麾下还有五千骑兵。在当时，骑兵可以称得上是战争中的王牌。头一次出征就带五千骑兵，可见这次曹孟德真的咸鱼翻身了。

为什么这个易得罪人的小子这回被如此看重？

一来，曹操属于年轻的京官中少有的、喜欢兵法的人。

二来，曹家积累的财富发挥了作用。曹家有钱有物，无论是贡献战马，还是募集兵士，在曹家这里根本没难度。

三来，曹家的人脉发挥了作用。颍川前线的指挥官皇甫嵩向朝廷郑重推荐了他。同在朝廷为议郎之时，皇甫嵩就对喜欢兵法的曹操印象深刻且颇有好感。再加上他是曹腾老前辈的孙子，自己就更应该帮他一把。

也许，皇甫嵩并没有想到自己的这次举荐很快就有了效果，曹操很快用实际行动回报他了。皇甫嵩和朱儁领兵打波才的时候，朱儁在路上被波才打了一个满地找牙，皇甫嵩接手的时候开始也吃不住劲儿，一路败退，一直退到了长社城。

就当皇甫嵩和手下的官兵们手持火把冲出长社城，把黄巾军烧得人仰马翻，又苦于兵力不足的时候，曹操率领手下五千骑兵杀到。广袤的平原正适合骑兵发挥自己的优势。黄巾军刚刚从火海里逃出来，眼瞅着就可以逃离苦海，没想到斜刺里杀出一支奇军。这支奇军赶上之后，二话不说，闪亮的刀锋像暴风骤雨一样砍下来，彻底粉碎了黄巾军的逃生梦想。率领这支骑兵的正是曹操。

最后一仗结束，颖川的黄巾主力被彻底摧毁了，余部不得不退往南阳。曹操骑在马上回望着如血残阳，以胜利者的姿态离开了。

曹操第一次来到了真正的战场，领略到了骑兵的爆发力和破坏力。在之后风云争霸的日子里，他一次又一次地把骑兵部队推到了前面，他的骑兵一次又一次地让敌人闻风丧胆。这一年，曹操三十岁。

就任济南相

打完黄巾军之后，似乎一切又回归平静了，曹操从前线归来，就任济南相。济南国属于青州辖地，大致包括今天山东省济南市及章丘、济阳、邹平等十几个市、区。现任济南王叫刘康。长久以来，刘康和国中的官员狼狈为奸，横征暴敛，鱼肉乡里。为了保证他们的贪污所得，他们还花巨资结交朝中受宠的宦官。于是，在一张强大的关系网下，无数英雄竞折腰。曹操的前任们往往只有两个选择：要么同流合污，要么被排挤得站不住脚，自行离开。

但这一次不同，这一次来的是曹操。曹操一来，这些地方官员都自动夹起了尾巴。为什么会这样？想想看，一个连蹇硕的叔叔都敢用乱棍打死的人，还怕咱们那些后台吗？所以，这些人一开始的时候是排着队来巴结曹操的。可是，曹操就是不吃这一套。他没有入这个关系网，也没有灰溜溜地离开，而是选择扯破这张关系网。

说干就干。曹操到任后的第一件事就是整顿吏治。接到新相国的命令，济南国的官员们都哈哈大笑，这怎么可能呢？这么多年来，就没人干成过。你曹操也不行。所以，在曹操有所动作之前，这些官员一直都很麻痹，根本没为自己考虑退路，反而替曹操操心。相国大人脾气这么急，以后怎么跟同僚相处呢？好吧，他们很快就不会为别人瞎操心了，因为他们自己大事不妙了。

曹操真的动手了，他派人整理了这些贪官污吏贪污受贿的材料，上奏朝廷，免去这些人的官职。一下子，济南国就有八个县的县令或县长被罢免。济南国一共才十几个，曹操一出手就拿掉了八个。顿时，大家打了一个寒战，原来相国大人不是说着玩吓唬人的。

随后，曹操又把整顿吏治的火烧向了更深处。一时间，济南国风云变色，不法官吏受到查处，那些作奸犯科的人提心吊胆地逃出家乡。还有人跑到京城向他们的主子告状。

最近，朝廷接到了很多关于曹操的投诉，但看皇上的意思，似乎并不讨厌曹操的做法。再加上曹操这么做，其实也有好处，算是为整顿吏治树起一个标杆，所以曹操的做法一开始甚至还获得了朝廷的嘉奖。

其实，就连汉灵帝本人，也暗自欢喜。汉灵帝的想法和我们是不一样的，他应该是这样想的："曹操这小子不愧是大长秋曹腾的孙子，太会揣摩圣意了。知道朕在卖官，一下子就免掉了八个人的官。四百石的县长就是四百万钱，六百石的县令就是六百万钱。曹操这家伙一下子就替朕挣了几千万钱，真是忠臣。"看到这一点，汉灵帝心里就乐开花了！

在当时，除了汉灵帝之外，其他高官也在做这个生意。要知道，汉灵帝不是人人都能说上话的。于是，那些想做官的人只好拐弯抹角地托关系，找到能和汉灵帝说上话的朝廷大官。在这种氛围的催生下，西邸（西园）也开始做卖官生意了。《后汉书·灵帝纪》中说，光和元年，初开西邸卖官，自关内侯、虎贲、羽林，入钱各有差。也就是说，光和元年的时候，西邸办公室就开始卖官，各种官位都有交易，价格各有不同。

这样一来，朝廷里那些参与卖官的朝廷大员也富得流油了。这些人也该对曹操心存感激。因为曹操一下子就帮他们腾出了八棵摇钱树。摸着日渐隆起的钱袋子，那些高官能不表扬曹操？

不过，曹操可不是为他们挣钱而来的，他做的是自己的理想，自己的事业。把那些腐败分子赶走以后，他又在济南开展了一场声势浩大的、破除迷信的严打活动。

原本，济南这个地方并不怎么迷信，之前给城阳王刘章立祠堂，也只是他的后人为了纪念他。不知谁先传出来的，刘章祠灵验得很，只要去拜一拜，总能心想事成。于是，大家都争着修建他的祠堂。很快，山东半岛到处都是刘章祠了，而济南在这方面又做得最为突出。根据有关部门的不完全统计，当地有六百多座刘章祠。

生意人和官员们一有时间就跑到刘章祠烧香磕头，求刘章保佑他们生意兴隆，财源茂盛，升官发财。但这并非全部。穷人们一看，原来生意人和官员们是积极来这儿烧香叩头才升官发财的。于是，穷人们也坐不住了，手里凑了几个钱，也立马跑过来求刘章大人让他们幸福起来……

事情越闹越大，虽然前几任官员都明文禁止，可到头来都是禁而不止。曹操一看，心里很不舒服，直接下令相关单位推倒刘章祠。数以百计的刘章祠被推倒，济南国那些人都快哭了，那些权贵又跑到朝廷高官那里告状了。要知道，这次曹操可没帮那些朝廷高官挣钱。这种破除迷信的事情，正好可以给曹操扣上一顶胡作非为的帽子。

曹操在朝廷任九卿的老爸曹嵩很快又听到了风声，了解到宝贝儿子又得罪人了，而且那些人打算报复。这可不得了。万一搞株连，整个曹家就完了。于是，曹嵩立刻命令儿子辞任济南相，以保全家平安。

曹操想不通，又很委屈，但他还是服从保全全家的大局，主动辞去了济南相，回到了洛阳。回到洛阳的曹操并不想待在府里做大少爷，就请求成为禁卫军的将领。可惜，他这次没有如愿。他得到的新职位是议郎。

一切又回到了原点。曹操惆怅了。经过平黄巾的金戈铁马和济南国的风起云涌，曹操再也不能忍受议郎这种木偶般的生活。与其在朝堂上装聋作哑，真的不如在家做大少爷。心灰意冷的曹操请了长期病假。

慈祥的老爸，是的，面对长大成人的儿子，曹嵩很少再横眉冷对，看到儿子如此颓废，赶紧找人联系西园办公室，给儿子买了个东郡太守，然后催着他去上任。

可是，曹操拒绝了。整个官场都糜烂了，东郡太守和济南相又有什么区别呢？如果按照自己的个性，势必会重蹈济南相时的覆辙。如果同流合污，又是自己不能容忍的。好事做不了，坏事又不愿意干。既然这样，还是回老家读书打猎去吧。于是，三十三岁的曹操告别老父，打马回乡。

第四章

刘备现身

刘备身世

同为在镇压黄巾起义中崛起的人，曹操官场失意辞职回家，孙坚在南方镇压区星，那么刘备在干什么呢？他正跟着老同学公孙瓒在北方平叛打张纯呢！

说起刘备，很多人都知道，刘皇叔嘛！不过，实际上他这个皇叔身份的水分是很大的。为什么这么说呢？这就要从他的身世说起了。

刘备，字玄德，涿郡涿县人，身高七尺五寸，一双手垂下来长过膝盖，回头都能看见自己的耳朵。他话不多，但为人谦虚，少年老成，喜怒不形于色，好结交豪侠，所以身边聚集了很多朋友。这些朋友中不乏一些有志青年。

刘备的身世很复杂，史书上说他是汉景帝之子中山靖王刘胜之后，世居涿县。不过，刘胜子嗣众多，又过了好几百年，考证起来很困难。关于刘备的身世，比较靠谱的说法是：刘备的爷爷刘雄曾经举孝廉，做过县令；父亲刘弘做过小官，只是在刘备小时候就撒手人寰了。幼年丧父的刘备不得不跟着母亲编草席、草鞋，用于换取生活所需费用。

虽然日子过得清寒，刘备却没有丧失生活的斗志。他是有自己的梦想的。他家的东南角长着一棵五丈多高的大桑树，这棵树不仅高大，而且外形奇特，树冠长得就像羽葆盖车。这个羽葆盖车还有什么讲究吗？当然有，那可是皇帝专用车辆。据说，涿郡一位善于观风水的人李定看见这棵树的时候，就断言："此家必出贵人！"

无独有偶，小刘备和族中的小伙伴经常在树下一起玩耍。有一次，刘备就说，自己以后一定要坐上这种羽葆盖车。苍了天了，这小孩儿太有先祖风范了！当初汉高祖看见秦始皇的巡游车队时也说过类似的话。可惜，刘备的老爸早逝，又不是太子，恐怕刘备这愿望不大可能实现了。虽然童言无忌，但把叔叔刘子敬吓得半死。他赶紧制止侄儿："别瞎说，会诛九族的！"看着脸都被吓绿的叔叔，刘备却不以为然，他觉得这只不过是自己的一个梦想而已。

在别人眼里，刘备这小屁孩有点不知天高地厚，但在他的母亲眼里却是一等一的好，母爱永远是最无私的。虽然老公早死，但刘妈妈很重视对刘备的教育。她早为宝贝儿子谋划好了前程——去缑氏山读书。这时，刘备才十五岁。

与公孙瓒同学

刘妈妈为什么要让刘备去缑氏山读书呢？要知道，缑氏山离京城洛阳不到一百里，离刘备所在的涿县可有千里之遥。去这么远的地方读书，难道成心找虐？当然不是。原因很简单，有个人在缑氏山，而这个人的名字叫卢植。

对，他就是那个镇压黄巾军时因拒绝贿赂宦官而被撤换的卢植。虽然经历了宦海沉浮，但在涿县家长的眼中，卢大人就是标杆式的人物。每当他们用各种不同形式教育自家的熊孩子之后，总不忘加上一句："爹娘不求别的，只求你像卢大人那样好好读书，出人头地。要是你也能像卢大人那样当个官，那简直是祖坟冒青烟啦！"当然了，最好能到卢大人门下去读书，听他言传身教，只可惜卢大人一直在外做官，这样的机会很少。

也许是缘分吧，熹平四年（175），众望所归的卢大人因病回家休养，不再外出为官了。于是，家长们纷纷动了心思。还没等家长们有所动作，病愈的卢大人就宣布在洛阳近郊的缑氏山开班讲学。这可真是一个好消息。于是，拜师的人蜂拥而至。刘备也是其中的一员。

不过，刘备差一点儿就失去了这个机会，因为他没钱交学费。可怜的孤儿寡母每日辛苦劳作，只够日常度日，根本没有读书的钱。眼看着光耀门庭的机会就要搁浅，这时同宗的叔父刘元起表示，他可以承担小刘备的学费，刘备可以和他的儿子刘德然一块儿去缑氏山学习。对于老公的急公好义，刘元起的老婆很不以为然，但刘元起坚持认为刘备是家族的希望之星，赞助学费让刘备去读书，这件事做得肯定没错。

学费解决了，那刘备有没有好好读书呢？还真没有。刘备与许多叛逆期的青少年学生一样，理想很远大，好奇心很强，却算不得一个好学生。虽然明白长辈对自己的期望，可刘备真的不喜欢读书。他喜欢的是玩狗，听音乐，穿华丽的衣服。

后来刘备的所作所为被刘家得知。长辈们目瞪口呆。刘元起的老婆瞪了老公一眼，刘备的老妈却不认为自己乖巧孝顺的儿子会做出这种事。

刘备到底是从哪儿学来这些东西的呢？对此，把这个消息带回家的刘德然肯定地说："玄德有个要好的同学叫公孙瓒，跟着公孙瓒什么学不会？"公孙瓒又是谁？

公孙瓒，字伯圭，辽西令支（今河北省迁安市）人。他是贵族之家的庶子，从小长得帅，而且声音洪亮，机智善变。一位太守看中了他，还把女儿嫁给他了。后来，这位太守岳父犯了法，被发配交州。公孙瓒乔装成士兵，沿途护送。按照当时的法律，他这样做如果被抓住是要杀头的。好在半路上，岳父就得到了赦免，两个人得以安全回家。

正因为公孙瓒如此有情有义，他很快就被推举为孝廉，并成为辽东属国长史。在这个职位上，公孙瓒的人生实现了质的飞跃。正因为有了与辽东游牧民族作战的经验，他后来才能成为一位豪迈勇猛的卓越将领。

此时，公孙瓒已经结了婚，当了官，正和刘备、刘德然同在卢植门下学习。刘德然愤愤不平地向家里投诉，公孙瓒把刘备带坏了。为什么这俩人会有共同语言？很简单，他俩都不爱读书。

跟从小跟着母亲织席子、卖草鞋的小屁孩刘备相比，大上几岁的公孙瓒大哥简直什么都知道。懂女人，有传奇的经历，还是个当官的，公孙瓒大哥简直就是小刘同学崇拜的榜样。不过，年纪尚小的小刘同学这时还不懂得，公孙瓒大哥来卢老师的辅导班，并不是真的为了读书，而是为了镀金，以便回去之后仕途更顺畅。

不过，这对形影不离的兄弟很快就要分开了。因为卢植老师被拜为庐江太守，又要外出为官了。当然，辅导班也只能解散了。

按理说，辅导班解散，大家没学可上了，应该很伤心，但事实并非如此。本来大家慕名来缑氏山读书，大部分人并非真的要传承卢老师的学术衣钵，而是为了有一个卢植门生的名头。为什么会这样？

原来，从汉武帝时开始，朝廷就规定了一项制度：郡守以上的两千石官员，必须要向朝廷推荐孝廉，否则就会以不敬之罪论处；但如果被推荐的孝廉不称职，举荐者也要受处分免官。所以，卢植在缑氏山举办了这个辅导班，并不完全是为了教书育人，更是为了发现人才。

缑氏山辅导班存在的时间不长，但从实用角度来讲，师生双方都达到了目的，所以辅导班解散也就没有什么好遗憾了。不过，卢老师的推荐名单里并没有刘备。刘备也很有自知之明，他也根本没指望被老师推荐。公孙瓒大哥有太守岳父加持，也只当了郡吏。自己这样的，还是不要白费心思了，回家静待时机才是上策。

关羽来了

回到楼桑村以后，刘备并没有四处活动，打着卢植的旗号去为自己谋求个一官半职，而是在劳作之余，四处结交朋友。

这是一个朝不保夕的乱世，焦虑、恐惧、无助等种种情绪常常萦绕在人们心头。但只要大家聚集到刘备身边，听他在大桑树下谈论时事，就会从内心深处涌起一股暖流，并交织成一种奇妙的安全感。时间一长，越来越多的有识之士喜欢在刘备家的大桑树下聚会。

没过多久，黄巾起义爆发了，朝廷鼓励民间武装起来，和张角他们作战。于是，刘备就利用身边的少年豪杰组织了一支队伍，浩浩荡荡地开往平叛前线了。这当中就有两个生死相随的兄弟，他们就是关羽和张飞。提起他们的大名，相信不知道的人寥寥无几。

关羽，字云长，河东解良（今山西省运城市盐湖区解州镇）人，家世不详。按照史书注重家世传承的传统，关羽的家世只字未提并非一个正常的现象。这说明，关羽的出身一定不高，也许只是平民。这样的家庭在那个时候能吃饱肚子就算不错了，更常见的情况就是为了活命，不断地在路上奔波。关羽一出现在史料当中，就是在逃亡。

不过，关羽也得感谢他这段经历。因为他从小没有条件读书，在逃亡的过程中遇到了他读了一辈子的书——《春秋》。也许，在读书之余，他会想：《春秋》里这么多英雄纵横驰骋，封侯拜将，难道我关某人的人生不应该就是如此吗？

很快，喜欢读《春秋》的关羽发现实现自己人生梦想的机会到了，因为朝廷发布了募兵公告，号召全国人民行动起来，共同打击可恶的反叛黄巾军。

阵前杀敌立功是每个时代有志青年的梦想。关羽也是其中的一员。可是到哪里去投军呢？关羽一路走，一路在思考。终于有一天，他"漂"到了涿县。离涿县县城不远处有个楼桑村，楼桑村有一棵超级出名的大桑树，它看起来像皇帝的羽葆盖车。大桑树底下那户刘姓人家的儿子为人谦和，爱交朋友，他还在当地贴出了一份告示，确切来说是征兵启事。

征兵启事的大意如下："本人刘备，是中山靖王的后代，现响应朝廷号召，准备成立队伍上阵打蛾贼（黄巾军），欢迎兄弟们加入！有意者，请到楼桑村大桑树下报名。"

刘备的征兵启事简单明了，关羽很快就读完了。他默默想了一会儿，然后下定了决心，向大桑树走去。

张飞来了

慕名来到大桑树下的，除了关羽，还有张飞。不过，这时的张飞还是个少年。某天，少年张飞决定去楼桑村拜会刘备。在路过涿县县城时，他被鼓楼上的女娲补天像迷住了，久久舍不得离开。可是，今天有要事在身，不能不走。"好吧，总有一天，我会回来把女娲娘娘的像画得更美，更鲜艳。"下定决心后，张飞纵马出了县城，直奔楼桑村而去。

很快楼桑村就到了。村里到处贴着征兵启事，号召大家加入队伍，投入全民平黄巾的爱国运动中去。张飞也正是为此事而来。

张飞来到了大桑树下，跳下马，正准备找个地方把马拴上，突然被一双手握住了。来人一边把张飞手中的缰绳交给身边的大个子，一边拉着张飞往里面就走。还没等张飞开口，那个人就先开口了："在下刘备，敢问壮士大名。"这个人就是刘备？张飞不由得打量了一番，大耳朵，双手过膝，没错，就是他！想到这里，张飞心头一热，回道："小弟张飞，字益德。"

随后，刘备又把大个子叫了过来，介绍说这是关羽。就这样，未来刘备集团的核心成员都聚齐了。

那么，这三个人到底有没有桃园结义呢？史料里并没有明确的记载。《三国志》只是说这两兄弟对刘备很尊敬，是真心实意视他为大哥，帮他带兵打仗的。而刘备对他们也很重视，"寝则同床，恩若兄弟"。也许流传甚广的"桃园三结义"就是由这段记载演绎而来的。

比起关羽的善读《春秋》，张飞的某些亮点便显得鲜为人知。据明代朱尔昌《画髓元诠》的记载，张飞擅长草书，还喜欢画美人。真没想到，一向以猛将形象示人的张飞，还有此等细腻的优点。

当然，能在万马军中取上将首级是张飞最大的优点。他不仅粗中有细，还懂得谦让。不过，在张飞的字典里，只有一件事不能让，那就是冲锋陷阵、杀敌立功。每次打起仗来，张飞总是大吼一声，第一个冲进敌阵，根本不会顾及谁的脸色，哪怕这个人是关羽。

"有这样一位，不，两位有勇有谋的豪杰，何愁我的事业没有起色？"刘备美滋滋地想。

投资也来了

有关、张二位猛将加盟，刘备自觉如虎添翼，底气颇足，于是就向涿县县令提出了给养要求。县令虽然心里觉得肉痛，但还是答应了。不过，县令也向刘备提出了一个条件，让他们大桑树保安队为县里做点事。

对此，刘备早有准备。他从怀中取出一幅书法作品，恭敬地送到县令面前。就你们几个土民兵，还整书法作品，不会是谁也看不懂的鬼画符吧？还不如老老实实送我把刀呢！县令强忍着笑。

但礼物又不能不收。县令硬着头皮收下了刘备递过来的字，心里还不住地犯嘀咕。不过，当这副字打开后，县令马上收回了他的怀疑。没想到，映入眼帘的是一手刚劲有力的草书，难道是当今的草圣张芝所写？刘备一看，就明白县令在想什么："大人，此字为我家兄弟张飞所书。"

县令一听，更惊讶了："张飞是谁？他跟草圣张芝是什么关系？"

刘备想：有什么亲戚关系？除了都姓张，还能有什么其他关系？瞧县令被我家兄弟的字给吓的，你以为这就是全部了吗？这才是刚开始。

接下来，刘备向县令提出了让张飞重绘鼓楼女娲补天像的请求。

这次，县令大人没有犹豫，很干脆地给出了答案——不行。他承认张飞的字写得不错，可谁说写字好的人画技也一定出众啊？再说鼓楼女娲补天像是本县的标志，万一画坏了，让他怎么向全县人民交代？

可这就是张飞唯一的目的。不知刘备用了什么方式劝说县令，反正张飞是如愿以偿了。更神奇的事情出现在画成的那一天。本以为可能是大型车祸现场，没想到凡是见过张飞重绘女娲补天像的人，都称赞这幅画实在是太棒了。近代《张飞庙里看涿州》一文，明确指出了涿县城内鼓楼上的女娲娘娘补天像就是当年张飞的画作。这一下，张飞在涿县出名了。

在张飞的鼎力协助下，刘备从县令大人那里领到了钱粮，但还远远不够。必须要想办法筹措更多的钱粮！于是，刘备把手伸向了商人。

也许，开始的时候，商人们交钱交得不那么情愿，但是很快就有两个人发现了其中的奥秘，决定主动资助刘备。这两个人是中山国的富商张世平和苏双，经常来往于中山国和涿县之间做贩卖马匹的生意。

作为成功的商人，张世平和苏双有一个最符合经济原则的方案，即在这个乱世里扶持某个武力集团，为自己的生意提供保障，而刘备正是理想的人选。又加之当时商人的社会地位非常低，张、苏二人要想在涿县站住脚，必须找一个有身份的合作者，而身为皇族后代的刘备正合适。

就在张、苏二人下定决心资助刘备的时候，关羽和张飞还在为队伍给养的问题发愁。远远瞅见张、苏二人正朝自己走来，关、张二人立刻停止了争论。没想到这两个商人居然是主动来送钱的，而且送的还是巨额财富，关羽和张飞顿时眼睛都瞪直了，嘴巴都张圆了，这真是天上掉下来的大馅饼啊！

刘备则淡定很多，望着张世平和苏双："不知二位需要我做些什么？"刘备很想估量一下，这马贩子需要自己做的事，值不值眼前这一大笔钱。被需要才会有价值，以前卖过草鞋的刘备是深深懂得这个道理的。

刘备正需要钱，张世平和苏双正需要被保护，双方根本无须谈判，很快就达成了共识。核心内容很简单，刘备负责保护张、苏二人做生意，张、苏二人负责提供钱财。只要安全能得到保障，钱的多少不是问题。

就这样，刘备不再缺钱了，他可以从容地招募更多的士兵去打黄巾军了，这是他人生的第二桶金。第一桶金就是当年在缑氏山学习时积累的人脉和名气。现在品牌包装有了，运营资金也够了，刘备可以正大光明地走出楼桑村，走向这个乱世，成为真正的时代英豪。

创业坎坷

刘备的团队成立了，有关、张两位兄弟和其他壮士的相助，有知名商家的友情赞助，正所谓万事俱备，当然可以投入轰轰烈烈的全民平黄巾运动当中去了。不过，师出有名只是第一步。自己的力量这么弱小，必须要找个厉害的将领做依靠才稳妥。找谁好呢？

这个时候，消息传来，朝廷刚刚任命了一位北中郎将在冀州一带平叛。这位北中郎将的名字叫卢植。卢老师是个不错的选择，不过他现在远在冀州南部，再加上他可能对自己没什么印象，于是刘备决定就近投奔校尉邹靖。

邹靖就一定会收留刘备等人吗？还真的会。这一切都归功于那个和刘备一样不爱读书的同学公孙瓒。邹靖是公孙瓒的战友，在某次追击胡人的战斗中被胡人围困，多亏公孙瓒回师相救才逃得性命。现在知道这个叫刘备的人是公孙瓒的同学，据说当年读书的时候跟公孙瓒感情还特别不错，邹靖二话没说就收下了刘备等人。

还别说，刘备在跟随邹校尉的过程中，取得了一点小成绩。就这样，在黄巾起义的烽火熄灭之后，他就凭借战功成了安喜尉。安喜隶属中山国，安喜尉就相当于安喜县公安局的局长。不管级别高低，反正总算是国家公务员了。刘备的艰险人生也就此开始了。

就在这个当口儿上，一个神秘的小道消息传来——皇上要巡幸安喜县了。真的吗？要是真的，怎么郡里一点动静都没有？再说了，刘备身为安喜尉，也没听到任何风声啊！事若反常必为妖。于是，刘备赶紧派人去打听，结果得来一句话——举当代汉，告天子避位，敕公卿奉迎。

这是什么鬼？原来不是当今天子巡幸天下啊！举，就是张举，曾任泰山郡守。他和中山相张纯一起造反了。张举自称天子，想让大家承认他的地位。举当代汉，意思就是说我张举要取代汉朝，当朝的天子，识相地乖乖把位子让给我。各地的公卿你们好好地跪下，来恭敬地迎接我。

原来所谓的天子巡幸安喜县就是叛军首领要来进行宣讲。故弄玄虚，实在可恶！不过刘备转念一想，又有人造反，这未尝不是一个机会。要是没有黄巾军，自己恐怕还在老家卖草鞋，哪里来的安喜尉？要是自己再次在平叛中大显身手呢？

不过，由谁推荐自己去征讨张纯、张举呢？不用说，还是找老同学比较靠谱。这时公孙瓒已经担任了骑都尉，归在幽州牧刘虞的麾下，也在征讨张举。听说自己的老同学、小老弟刘备对征讨张举这事儿也很热心，于是公孙瓒又帮了一次忙。

根据情报，青州刺史即将奔赴前线征讨张纯、张举。届时他将经过平原县。如果给刘子平打个招呼，刘备这事儿还是可以解决的。于是，公孙瓒写信给刘子平说明了情况。接下来，刘子平向青州刺史郑重地推荐了刘备，说"此君武勇兼备，可当重任"。

青州刺史一听，非常高兴。打仗这种事情，手下的人当然是多多益善了。来一个不怕死又能为自己卖命的，有何不可？于是，满脑子沙场立功、加官晋爵的安喜尉刘备加入了征讨张纯、张举叛军的行列。

然而，理想很丰满，现实很骨感。刘备在参加平叛大军之后正好赶上一场遭遇战。由于事出突然，官军毫无防备，最后以惨败收场，刘备更受了重伤。本来受重伤已经很倒霉，但还不是最坏的结果。很快，刘备将要接受更严重的考验——他丢掉了好不容易得来的安喜尉。

痛扁督邮

就在刘备回到安喜县不久，朝廷发来的一道诏书让他皱起了眉头。什么叫"其有军功为长吏者，当沙汰之"？

众所周知，长吏就是各州郡县长官手下的县级官吏。刘备的安喜尉就在其列。沙汰是什么意思啊？就是淘汰呀！言下之意，朝廷已经开始大规模地清理因为平黄巾战功而被封官的官吏了。

说白了，就是朝廷没想到，因为平黄巾居然涌出了这么多地方武装，封官太多了，必须淘汰一部分。当然，怎么淘汰，淘汰谁，由地方决定，具体做法是先由各个州郡派出督邮进行摸底，再汇总研究决定淘汰的标准和人选。

什么是督邮？督邮最早是在西汉中期设置的，大概相当于现在的纪委干部，主要职责是代表太守去督查下级部门，宣达政令兼司法等。当时安喜县的上级部门是中山国，所以来的督邮正是中山国属下的督邮。他来找安喜尉，言下之意就是，刘备，你就在被淘汰之列。

消息传到刘备、关羽、张飞那里，三个人顿时气得七窍生烟。在他们看来，刘备当的只不过是个区区小官，当今天子现在这样做就是过河拆桥、卸磨杀驴。

不过，生气归生气，刘备很快冷静下来。回头想想，尽管自己号称皇族之后，但实际上就是草根一族，全靠兄弟们浴血奋战才有今天。为了难得的事业，为了兄弟们的颜面，自己的面子已经不重要。于是，刘备拉下脸来去求见督邮，甚至准备贿赂他一下。

没想到这位督邮油盐不进。刘备拜见，督邮避而不见。刘备一看这情形就知道，自己肯定离下岗不远了，顿时大怒。看来，这督邮在劫难逃了。

曹魏时期有一部史料叫《典略》，曾经用一段话记载了刘备狠揍督邮的过程，是这么写的："备恨之，因还治，将吏卒更诣传舍，突入门，言'我被府君密教收督邮'。遂就床缚之，将出到界，自解其绶以系督邮颈，缚之著树，鞭杖百余下，欲杀之。督邮求哀，乃释去之。"

这是怎样一个场景呢？大体如下：

刘备很生气，后果很严重。他一怒之下带着人，就冲到督邮住的招待所门口了。

招待所门口的警卫一看刘备这个架势，就算怕也履行职责不让他进去。刘备也没客气，直接瞪圆了眼睛喊了一句："接太守密令，就地擒拿督邮，闲杂人等不得阻拦。如有阻拦以妨碍公务论处。"刘备话音未落，警卫们已经自动闪到两边。

当刘备冲进招待所的时候，督邮正在睡午觉。刘备一看，火就更大了，你这个家伙敢不接见俺，还在这里睡懒觉，于是三步并作两步冲上前去，一把把这个倒霉的家伙揪起来，捆得严严实实。捆好之后，又把督邮从床上拽下来，一路拖着向前走，直到安喜县的边界上。

刘备就在这里找了一棵大树把督邮绑了，掏出随身携带的安喜县尉的公章，套到督邮的脖子上了。做完这些动作之后，刘备又拿起鞭子抽到了督邮的身上，并且一口气抽了一百多下。到最后，还是不解气，甚至想杀了这个狗官。督邮一看事情不妙，急忙告饶。刘备也不想把事情闹得太大，就解开绳子，把这家伙放了。

刘备准备一走了之，他打算带上自己的两个好兄弟，寻找新的立足点。这一次，他的目标是京城洛阳。

辗转各处

刘备为什么会选择洛阳？因为皇上创立的西园军正在招兵买马。尽管黄巾起义失败了，却打开了潘多拉的盒子，全国各地的叛乱频频发生。

在关西地区，当地人杀死地方官，拥立边章、韩遂为首领发动暴乱，控制了凉州一带，直接威胁关中地区的安全。

在并州一带，黄巾军分支白波军在首领郭大的带领下攻打太原郡。

在冀州一带，张燕率领黑山军造反，据说超过了百万人。

在东部，青州和徐州的黄巾军再次壮大起来。

在西南，益州黄巾军在马相的带领下在绵竹县起事，杀死了益州刺史。

帝国遍地烽火的现状让汉灵帝异常焦虑，他老想知道造成这一切的原因。不过，鉴于他不是那种会自省的人，所以他最后把这一切都归结于刁民、反贼不知感恩。为此，汉灵帝决定建立一支新军，专门用于拱卫自己。

鉴于之前平叛时官军经常被叛军打败，汉灵帝决定要重视选择新军的将领。毕竟，兵熊熊一个，将熊熊一窝。一番考虑之后，汉灵帝决定以他宠信的宦官中常侍蹇硕为上军校尉。而这支新军也因指挥部设在西园得名西园军。

尽管汉灵帝对这支新军寄予极高的期望，但他并没有为招兵动用自己的小金库。聪明的皇帝陛下把招兵任务下发，并且规定谁招来的兵多，谁就能在西园军中占据高位。现在刘备一行人的目标就是加入西园军。

招募他们的人个子矮小，看上去长得一般，却敢把当红宦官蹇硕的叔叔乱棍打死，真是了不起。当然，这个人就是曹操。不久，因为兵源不足，刘备就随曹操回曹操的老家谯县去招兵。回到洛阳后，刘备很快又随大将军何进麾下的都尉毋丘毅去丹杨招兵。

没想到还没到丹杨，刘备他们就在下邳碰上了小股叛军。当时的朝廷称这些人为贼。不过，这场遭遇战却为刘备带来了好运。他因为杀贼有功被拜为下密县丞。后来，刘备又被任命为高唐尉、高唐令。

要知道，高唐令可是秩比六百石的地方长官了。可惜，刘备这个高唐令并没有做多长时间，就因被当地的造反势力打败丢了官。这下，刘备又要带上兄弟逃亡了。这一次逃亡，刘备心中有数，靠别人不如靠兄弟，直接给公孙瓒大哥打工去。

第五章
关西乱了

韩遂谋反

中平元年（184）冬，关西地区出事了。北宫伯玉和李文侯看见中原地区的黄巾军闹得风生水起，于是照葫芦画瓢，带领一帮盗贼也起义了，还杀死了当地的护羌校尉泠征。

北宫伯玉等人反叛的事立刻传到了凉州刺史左昌那里。左昌收到报告以后，第一个想到的字就是谈。怎么会想到这个字？因为当时各地都有叛乱，朝廷不得不投入大量的金钱来平叛，这就意味着军费非常庞大。这样一来，很多官员就想从中揩油，并且真的这么去做了。左昌也偷盗了军粮。不过，有人觉得这样不妥，就赶紧出来劝阻了。这个人就是盖勋。

盖勋，字元固，敦煌广至（今甘肃省瓜州县西南）人。他出身官宦世家，祖上都是两千石以上的官员。由于能力出众，文武双全，又出身显赫，盖勋很快就被举为孝廉，担任了汉阳长史。

这样一个聪明人出来劝左昌，可左昌不仅没有听，反而很反感，进而决定对盖勋痛下杀手。怎样做可以实现借刀杀人的目的呢？简单，派盖勋率军前往阿阳，与北宫伯玉率领的叛军决战，想借口盖勋作战不力而加罪于他。不过，左昌没有想到的是，盖勋却连连打胜仗。

北宫伯玉和李文侯实在扛不住，就调转马头包围了金城。结果，凉州督军从事边允和凉州从事韩约被绑架了。边允就是凉州名士边章，是朝廷派到凉州的官员。韩约是韩遂的本名。

韩遂，字文约，凉州金城郡（治所在今甘肃省兰州市西）人。光和元年（178），金城太守殷华在任上去世了，作为老部下的韩遂周到地处理了殷华的后事。从此，韩遂声名鹊起。中平元年（184），韩遂前往京城洛阳办理公务。大将军何进早就听说了韩遂的大名，特别约他见面。韩遂就劝说何进应该当机立断诛灭宦官，可是何进没听！韩遂于是要求回凉州。没想到刚回凉州，他就碰上了北宫伯玉的绑架事件。

盖勋一看大事不妙，赶紧劝左昌发兵援救，可左昌就是不听。这下糟了，金城郡被攻破，太守被杀。最糟糕的是，北宫伯玉对边章和韩遂不断地进行策反：“汉室无道，黑暗腐化，那个左昌只想贪钱，连你们的命都不救。跟着这种人，哪有前途？哪像我们，我们虽说名为盗贼，实际上还是为了百姓。”

边章和韩遂一想，确实是这个道理。这两个人最后都同意加入起义军。边章很快就成了这支起义军的领导，韩遂担任了他的副手。

攻下金城，起义军没有了后顾之忧。边章、韩遂更加无所畏惧，很快发兵东下，把左昌包围在冀县了。冀县当时是凉州汉阳郡的治所，也是一个军事要塞。对于左昌来说，冀县就是最后的护身符。

正当他盘算着自己能贪多少钱粮的时候，一转眼，叛军已经杀到城下了，领军的居然还是以前自己的下属边章和韩遂。这一下，左昌终于意识到，放弃救援金城就等于放弃了自己的生命。

现在，左昌面前只有两条路：一是突围，二是坚守待援。对于突围，左昌是不干的。因为突围要轻装上阵，没法带着自己心爱的宝贝。于是，左昌根本就没多想，直接选了坚守待援。他立刻派出传令兵向正在阿阳驻扎的盖勋、辛曾（汉阳郡从事）、孔常等人求救，希望他们能回援冀县。

收到求援信以后，盖勋二话不说，立刻率领部队回援。因为盖勋是个值得敬佩的人，还是老同事，边章立刻就停了手。

两军阵前，盖勋就骂边章他们，认为他们背叛朝廷。边章却说："左使君（左昌）若早听你的劝告，发兵救援，我们可能早就改过自新了。如今我们已经罪孽深重了，不可能再投降啦！"因为大家谁也不愿意面对面地厮杀，边章就率领部队撤离冀县，转攻其他地方。

虽然冀县之围最后解除了，但左昌很快发现，最大的威胁可不是这些叛军，而是汉灵帝。汉灵帝很快以左昌贪污军需为由将他召回，任命宋枭为凉州的新刺史。

新刺史宋枭很不错，不贪污，但他有一个更为要命的缺点，那就是笨。这个人是个十足的书呆子，他天真地以为凉州总是发生叛乱，不是因为官员压迫，而是因为凉州地广人稀，学术氛围不够浓厚，人们缺乏知识。对此，他提出要多抄一些《孝经》，分发到家家户户，让大家好好学习。

这样做真的能避免叛乱吗？盖勋听说之后感到哭笑不得，就去劝说这位新刺史："大人，过去姜太公被封到齐国，齐国后来出现崔杼弑君的事；周公的儿子伯禽被封到鲁国，鲁国后来也有庆父篡位的事。齐鲁大地是文化之地吧？发生这种事情，难道是因为这两国少了学者吗？如今大人您来了，不全身心地思考平定叛乱，反而仓促做这类不切实际的事情，一来老百姓很难接受，觉得多了个负担，会怨恨；二来传回朝廷，就是个笑话。在下认为，实在不可行。"

宋枭一听，脸都黑了，坚持要推行自己的措施。结果可想而知，朝廷下文痛骂他一顿，又把他召回了。

朝廷出兵

凉州战局糜烂，国库出现赤字，东汉政府不得不增加赋税。这时，朝廷内有一种意见开始甚嚣尘上，那就是放弃凉州。这种观点认为，凉州地处偏远，对帝国的贡献，除了版图之外就没其他的了。硬撑着保住凉州，会拖累帝国，影响朝廷镇压其他地方的叛乱，所以应该放弃凉州。持这种观点的人以司徒崔烈为首。对，就是那个曾经花五百万钱买下司徒官位的崔烈。

没想到崔烈刚把应该放弃凉州的话说出口，旁边立马有个人站了起来，厉声说："陛下，请立刻杀掉司徒，这样天下才能安定。"说这话的人是前护军司马、议郎傅燮。傅燮一说此话，全场立马就安静了。

过了好一会儿，尚书郎杨赞站出来说傅燮当众侮辱朝廷重臣，理当问斩。汉灵帝虽说昏庸，但还是分得出轻重缓急的。于是，他摆摆手，示意杨赞坐下，让傅燮继续阐述他的观点。

傅燮深吸一口气，不紧不慢地说："过去，匈奴单于冒顿冒犯吕太后，上将樊哙自称可以率领十万之众横行于匈奴之中。他在言语之间激奋昂扬，没有失去人臣的气节，差的只是计策可行不可行而已。即便如此，当时季布还说该杀了樊哙。如今凉州为天下要冲、国家屏障，高祖之时便派郦商前往平定陇右，而武帝时又设河西四郡，老百姓都认为这是折断了匈奴人的右臂。现在当地郡守刺史统御不当，致使凉州叛乱，四海骚动，陛下寝食难安。崔烈身为司徒，不思考平定大乱的良策，却要割去凉州万里之地。这是让臣下疑惑的地方。如果让异族盘踞此地，再发动大的动乱，那才是国家真正的大患。如果崔烈看不出这个道理，那是他太蠢了。如果他看出来了，却故意这么说，那就是不忠，请陛下圣裁。"

汉灵帝一听，觉得就是这个道理。自家的地盘怎么能拱手让给叛军呢？好，就听傅燮的，凉州不能弃，找个更牛的人去平定凉州就行了。找谁呢？这时，汉灵帝就想到了立下平黄巾大功的皇甫嵩。黄巾军几十万人都让皇甫嵩打垮了，不用他用谁？就让他辛苦一下，率部西进，镇守长安。

与此同时，汉灵帝还想到了另外一个人。这个人就是董卓。董卓虽然征剿黄巾军不利，却是凉州的地头蛇，找他来辅助皇甫嵩应该更有保障。于是，汉灵帝就任命中郎将董卓为副将，会同皇甫嵩共同镇压叛乱。

皇甫嵩接到任命以后不敢怠慢，清点好部队，马不停蹄地跑到了凉州。来到前线，他并没有对叛军发动进攻，而是用了老办法，驻扎下来打消耗战。可汉灵帝性子急，心里已经开始犯嘀咕了。

更要命的是，被皇帝视为父母的中常侍张让和赵忠一同上奏皇甫嵩作战不力，空耗军饷，请陛下撤换他。

张让和赵忠为什么要给皇甫嵩打小报告呢？事情的起因是这样的：之前平黄巾军的时候，张让曾经私下向皇甫嵩索要五千万钱，可皇甫嵩不吃这一套，坚决不给。后来，皇甫嵩率部经过邺城时，他发现赵忠的宅子规模大得离谱，就上奏皇帝，并且把这宅子没收了。皇甫嵩一下子把最受皇帝宠信的两个宦官都得罪了。

原本汉灵帝已经不耐烦，现在一看张、赵二人都出来说话了，就两个字——同意。皇帝陛下不仅真的将皇甫嵩撤职，还收缴了他左车骑将军的印绶，削减了他六千户的食邑。

不久之后，汉灵帝任命司空张温为车骑将军，执金吾袁滂为副将，率军西征，同时升任中郎将董卓为破虏将军，和荡寇将军周慎一起听命于张温。

张温发现，董卓、周慎他们虽然头顶着将军的帽子，但军事能力其实都是半桶水，光靠他们平叛是有难度的。所以，上任以后，他还专门向朝廷请求调幽州刺史陶谦、别部司马孙坚为参军，随同西征。

陶谦，字恭祖，丹杨郡（治所在今安徽省宣城市）人。父亲曾做过当地的县长，早年去世。陶谦少年时代就以性格放浪闻名乡里，十四岁时还举着一块布当旗帜，领着一大群小毛孩骑着竹马嬉戏，说是在行军打仗。

这种事旁人看了，顶多就是笑笑，但没想到曾经当过苍梧太守的甘公见到这领头的毛孩子陶谦就啧啧称奇，认为他相貌不同凡人。在聊过一番之后，甘公当场拍板决定要把自己的女儿嫁给陶谦。甘公的老婆知道这件事之后就开始埋怨他，可甘公对陶谦很有信心："夫人，此儿容貌非同一般，成人之后必有作为。"到了最后，甘公还真的把女儿嫁给了陶谦。

甘公真没看错，成婚之后的陶谦立刻像换了一个人似的，变得非常好学，很快成了郡里的小官。不久之后，他又被举为孝廉，历任卢县县令、舒县县令，后来升任幽州刺史。

早在皇甫嵩奉命平叛西凉的时候，陶谦就受到了皇甫嵩的推荐，被朝廷任命为扬武都尉。皇甫嵩被免职以后，张温也要求陶谦来帮自己。于是，陶谦又被任命为参军。

有了副将，有了参军，有了兵马，西征队伍搭建完毕，张温可以浩浩荡荡地一路向西了。

张温吃闷亏

官军总指挥车骑将军张温来到长安，刚一上任，还没等做事，就碰到刺头董卓。

鉴于董卓的名气和官位，张温当然要第一时间召见他了。没想到前去召唤他的使者好久都没回来，张温快等得不耐烦了，董卓才大摇大摆地来。当然，张温也是有脾气的，一看董卓来了，就吐槽他以前平黄巾军的时候作战不利。

董卓岂是好惹的？对，以前打黄巾军的时候，我是人生地不熟；现在到了我的地盘，我董卓的名头比你们要大得多，我说的话要比你们好用得多。所以，张温说一句，董卓就顶十句。

正巧这时孙坚就在旁边。对于董卓这个人，他早已经耳闻，这回算是头一次见。真是百闻不如一见，董卓真的目中无人，十分嚣张。于是，他在张温耳边轻轻地说："将军，董卓此人不惧朝廷怪罪，反而张牙舞爪、口吐狂言，实在可恶至极。况且他不按时来军帐报到，将军可依军法将他斩首。"

张温倒没这么想过。虽然他也看不惯董卓，但现在大敌当前，正是用人之际，董卓嚣张，也是因为他对这里熟悉。张温沉思了一下，说道："董卓此人素来在陇西享有盛名，如今我若依法将他斩首，恐怕我军西进就没了依靠。"

孙坚一看急了："大人，您亲自率领朝廷大军威震天下，何必指望一个董卓？我看董卓此人根本就没把大人您放在眼里，轻视上级，无礼至极！此为第一条大罪。边章、韩遂他们的叛乱已经持续近一年，理当及时进剿，董卓却说不可，刻意迁延时日，影响士气、军心。此为第二条大罪。董卓接受朝廷任命以来没有战功，大人召见他又拖拖拉拉，来到之后又目中无人。此为第三条大罪。我听说古时代表皇帝出征的名将，没有哪个不是依靠杀伐来树立威信的。这也是司马穰苴当年果断斩杀庄贾、魏绛杀死杨干的原因。大人，如今若屈从于这董卓，不将其果断诛杀，将会损害您的威严，还会影响军法的效力。大人，斩了董卓，树我军威，一切全在于此。"

张温不同意，反而说："孙将军，你暂且退下。要不，董卓会起疑心。"孙坚一听，轻叹一声，就退下了。

当然，这只是张温清点部队过程中的一个插曲。经过一番清点，张温发现，自己手下已经聚集起十多万人，心中有底了。于是，大军迅速推进到美阳，并在这里碰上了边章、韩遂的部队。

两军一见面更不答话，立马抡刀就砍，没想到就算人数多，官军也打不过叛军。官军屡战屡败，就连孙坚的别部司马印绶都在混战当中丢了。

眼瞅着这场军事行动就要失败了，没想到老天爷帮了一个小忙。就在当年十一月的某天晚上，天上突然出现了一颗明亮的流星。流星这东西对于老天爷来说，只是很轻松的一件事，可是对于凡间的生灵来说，就是头等大事。先不说人，光是边章和韩遂军营里的那些骠马，看到这颗流星以后，都被吓得够呛，在那儿拼命地嘶叫。

现代很多人都说流星出现是福气，但在古代，人们不是这么想的，流星的出现对于他们来说是祸患。边章、韩遂他们觉得特别不吉利，觉得这是老天爷发了个信号弹，催促他们赶紧撤退。于是，他们开始商议撤退的事宜。

撤就撤，其实没什么太大问题。毕竟是连打胜仗之后撤退，只要按计划走，还是可行的。没想到消息泄露，而且被传到董卓那儿了。董卓一听，就知道是天赐良机。于是，第二天，董卓率领部下和鲍鸿等人合兵一处，追上叛军的尾巴就开打了。

这一下，叛军乱了。原本是撤退，没想到还要打仗，突然被董卓杀了个猝不及防，结果被斩杀了数千人。边章、韩遂一看情势不妙，赶紧率领余部逃到了榆中。

没想到连吃败仗以后，董卓竟然大胜一场！统帅张温的心情自然是好得不得了。他决定趁热打铁，派周慎率领三万兵马一路穷追，打算在榆中消灭边章和韩遂。

这一下，董卓不高兴了。这场仗可是我打开局面的。现在你不派我去追，却派周慎去追，你这不是有意阻止我立功吗？你这不是眼红吗？你不让我当先锋，也成，我又找另外一件事敲敲边鼓，总之这件事没我董卓是不行的。

于是，董卓向张温建议让自己率领本部人马作为周慎的后援，可张温没听。他觉得现在边章、韩遂已经吃了败仗，实力大减，陇西局势即将安定，周慎就够用了，让董卓也跟着去，就是画蛇添足。不用说，张温的这种考虑，对于董卓来说，实在是个令人郁闷的坏消息。

董卓的建议被拒绝了，周慎却吃了一记当头闷棍。原本形势很好，取得最后的胜利不难，可这周慎确实不适合当战场指挥官，自己没什么水平，又听不得有水平的人的建议。

孙坚之前和边章、韩遂他们交过战，还吃过大亏，所以他对对方的实力是很清楚的。他建议说："敌人城中没有粮食，因此需要从城外转运粮草。将军，在下不才，愿意率领一万人切断敌人粮道。将军率领大军紧随我后，叛军必定因为缺粮而不敢出城作战。只要把他们的生命线控制住，他们就会失去战斗力，只能退回老家了。到时候，我军各部再合兵一处，直接往死里打。若如此，一战可定凉州。"

孙坚这个建议绝对是个好建议，而且是可以取得彻底胜利的建议，可惜周慎没听，反而派出大部队集体推进，打算把敌人全面包围，然后一举全歼。

对，没错，想法是很好，但问题是韩遂也不傻。他们不但知道自己的粮道很重要，更知道周慎的粮道更要命。于是乎，孙坚的断粮计划没有实施，边章、韩遂却分出了一部分军队驻扎在葵园峡（这个地方在榆中的东北方向），切断了官军的粮道。

这一下，周慎彻底傻眼了，慌慌张张地下令全军轻装突围。到最后，命是捡回来了，可惜所有的军用物资统统留下了，变成了边章、韩遂的战利品。

接到前线的败报之后，张温非常生气，想来想去，还真是董卓比较好用。于是，他命令董卓带领三万人马去打叛军！不过，正如孙坚所说，粮草始终是大问题，董卓的三万人马没有带多少粮食，又不敢速战速决，所以断粮的问题又被提上台面了。

这个时候的董卓被数万先零羌和湟中的胡人包围在望垣峡谷以北的地区，形势非常严峻。原本董卓打算用相持的战术，可他有耐心，士兵们没有啊！因为过不了几天，后勤部门前来报告说军队就要断炊了。董卓心里很清楚，军中无粮草，迟早要被消灭！

董卓的军事能力和周慎差不多，但心理素质却比周慎强大。他没有向周慎学习，一听说要断炊了，就立刻下令让大家毫无秩序地撒开脚丫子乱跑，而是想了一个小诡计……

很快，围困董卓的联合部队发现，董卓毫不掩饰地派小股部队出去寻找撤退的道路。他们一看就笑了："董卓，你想跑，是不是？重重峡谷之中你怎么跑？你能跑到哪儿去？就这种形势，你能跑出去？"于是，这些人也没着急，就眼睁睁地看着董卓的部队四处寻找撤退路线。

撤退的道路很快就找到了，但是有个问题——撤退途中要经过一条河。不过，这条河不算太深，人马带着辎重可以蹚过去。董卓没有下令立刻渡河，而是在打算渡河的地方开始挖土修筑围堰。

这时候，羌胡联合部队还是没有着急，继续冷眼旁观外带嘲笑："这个董卓是怎么回事？要修鱼塘？军中无粮了？"

还真给他们猜中了，董卓真的派人去捕鱼了。羌胡们就更得意了："瞧，就这么点智商，董卓还真去捞鱼。行，我就看你捞多少，就看你靠吃鱼能撑多久。"于是，他们依然笑眯眯地围观着。

众所周知，钓鱼最需要耐心。一旦开始钓鱼，时间通常会拖得很久。钓着钓着，通常都是看钓鱼的人不耐烦了。果不其然，一直围观的羌胡们觉得实在闷得很，慢慢地就放松警惕了。

就在这时，董卓觉得捕鱼行动应该结束了，悄悄地传令下去，让三军抛下所有的辎重，后队改前队，火速渡河撤退。那边的羌胡们一看，董卓居然骗我们，立刻在后面发狂地追。

董卓很机灵，他早就预料到这点，等部下全部渡河以后，就命令后卫部队掘开了堤坝。这下，河里的水一下子涨得老高。追兵一口气跑到河边发现根本无法渡河，只能恨恨作罢。就这样，董卓全军安全撤出了险地。

当时官军兵分六路西征，除了董卓这一路，其他五路全部战败了。于是，董卓被封为前将军、斄乡侯，驻扎在右扶风。

马腾从军

从中平二年（185）张温率兵对边章、韩遂进行讨伐，到中平三年（186）双方陷入僵持，一来一往，折腾了整整一年。这一回，汉灵帝还是挺有耐心的。也许，他觉得之前把皇甫嵩撤回来实在太草率了。到这一年的年底，汉灵帝终于忍不住了，还是把张温调回了京师。

不过，张温这一走，叛军反而出事了。没过多久，边章、韩遂闹起了别扭，而且越闹越僵，最后发展成动手了。在激烈的内斗当中，韩遂把边章、北宫伯玉和李文侯三个人都杀了，牢牢地掌握了叛军的绝对权力。

经过一年的休养生息，叛军内部的矛盾解决得差不多了。更重要的是，现在凉州地区已经没有官军平叛的主力，张温也已经回京。于是，韩遂卷土重来，带领十多万人把陇西郡团团围住。陇西太守李相如，一看韩遂兵势盛大，没坚持多久，就半推半就地投降了。

当时的凉州刺史叫耿鄙。耿家先人出了一代又一代的名将，比如耿弇、耿勋、耿恭等，到了耿鄙这儿却有了变化。这个家伙是个十足的混账人物，头脑很不清醒，一看韩遂来了，马上召集六个郡的郡兵，一起来讨伐韩遂。

汉阳太守傅燮觉得耿鄙这行动太过匆忙了，就出来劝说他。这个傅燮是当崔烈提出要放弃凉州的时候，站出来说要杀掉崔烈的那个人。傅燮对耿鄙说："使君您刚刚来到本州，对百姓不太了解。现在您要率领这些不熟悉的人去讨伐韩遂他们，百分之百会遇到危险，而叛军听说我大军将至，必然齐心协力。毕竟他们长期居住于边地，骁勇善战，而我军是新招募的军队，还需要磨合。如果匆忙上阵，万一出现内乱，再后悔就来不及了。如今不如暂时养精蓄锐，严明法纪。叛军见我们没有出战，必然觉得我们胆怯，他们内部也会再起矛盾，相互争权夺利。到时候，大人再率领训练有素的军队前去讨伐离心离德的叛匪，必可一举成功。"

平心而论，傅燮的主张实在太有道理了。可偏偏耿鄙听不进去，非要率领大军强硬地向前推进。就在第二年四月，耿鄙的大军推进到了狄道。情况真的被傅燮说中了，还没开战，官军内部就发生了骚乱。

这乱子是耿鄙手下一个叫程球的人引起来的。程球是耿鄙的心腹，但他是个贪得无厌的人，弄得凉州军民个个对他恨之入骨。于是，官军内部就有人暴动了，暴动者杀死了程球和他的主公耿鄙。

此外，耿鄙宠信程球，还让当地的少数民族部众有了反叛的想法。氐族、羌族等部落公开宣称与中央政府作对，韩遂的部队也趁机一拥而上，包围了傅燮所在的汉阳城。

当地的政府官员一看，前来镇压的朝廷军队都被弄得如此狼狈，心想我们也就别指望他们了，干脆自己征兵。有位猛士看到征兵启事，觉得这是个好机会，可以施展自己的抱负，于是报名参军。这个投军的人叫马腾。

马腾，字寿成，扶风茂陵（今陕西省兴平市）人。据说，他是伏波将军马援的后代。他的老爸曾经担任天水兰干尉，娶羌女生下了他。史料记载马腾"长八尺余，身体洪大，面鼻雄异"。八尺余是多高呢？大约是一米八五。光从相貌上来看，可以说马腾是天赋异禀的一代猛男。又加上他为人厚道，大家都很敬重他。

招兵的领导一看马腾就知道这是一块打仗的好料，简单面试一下，就让他做了军从事。做了这个官，他就能自己带领一支小部队了。还真没让当地政府领导失望，马腾还真有两手，带着小分队，没几天就立了大功，被提拔为军司马，后升任偏将军。

耿鄙死了以后，凉州乱了套。马腾一看形势，决定弃官不做，加入叛军的行列，并且和韩遂结成了统一阵线。马腾的加入令叛军的力量大增，韩、马二人再加上前任陇西太守李相如，三者的部众凑成了一支实力超强的叛军。这三个人各有来历，而且实力都很强。选谁当首领呢？要是选错了，可能又会重蹈之前内讧的覆辙。三个人想来想去，最后决定推举汉阳人王国做领袖。

关西稍定

早在马腾加入之前，韩遂、李相如的联军就包围了汉阳。当时的汉阳太守就是傅燮。从他一直的表现来看，这是一个非常正直的人，宁折不弯。

虽说汉阳城里兵少粮尽，但城中军民在傅燮的领导之下就是坚守不降，声势浩大的叛军居然一时拿他们没办法。几天之后，汉阳城下出现了非常戏剧性的一幕。

汉阳城头的官军突然发现，城下来了一支胡人的骑兵部队，人数还不少，有几千人。看到这架势，官军有点摸不着头脑。攻城用得着骑兵部队吗？虽然觉得不合逻辑，但他们还是个个刀出鞘，弓上弦，做好打防御战的准备。可是，这支胡人的骑兵似乎并没有进攻的意思，来到城下以后，居然纷纷放下手里的刀枪、弓箭，然后集体下马，整整齐齐地跪地叩头。这一下，官军就更蒙了。

还没等他们反应过来，城下领头的胡人就向着城墙上大声喊："城里的兄弟们，我们不是来攻城的。我们一直都知道，汉阳太守正直贤良，待民如子，对我们也有恩。我们实在不忍与之刀枪相见。我们反叛的只是那些奸臣，不是反傅太守。我们恳请太守不要再刀枪相见，只求太守能够安然返乡，就心满意足！为了保证太守平安，我们这几千人是特别来护送他的。恳请太守三思！"

城里的士兵一听，赶紧把傅燮给请出来了。跟着傅燮一起来的还有他的宝贝儿子，当年只有十三岁的傅干。

来到城墙上，父子俩听明白了胡人的来意之后，傅燮没吭声，他的儿子开始说话了。"父亲，如今城内士兵不足以固守，突围虽然可行，但正如他们所言，现在朝廷腐败混乱，即便突围而出，恐怕父亲大人也无法回朝容身。相反，可能会被朝中奸臣陷害！"

听儿子这么说，傅燮默然不语，缓缓地抬起头来，仰天长叹一声。

傅干似乎感觉到父亲已经有所动摇了，于是扑通一声跪倒在地："父亲大人，请听孩儿一言。如今坐困危城，必死无疑，不如听从羌胡们的恳求，回乡。等将来有圣明的天子出来，我们再为朝廷效力不迟……"

可没等傅干说完，傅燮就厉声打断了："放肆！你以为我一定要死吗？身为臣子，最高贵的就是完成使命，次之就是坚守立场。从前商纣王虽然暴虐，但后来伯夷依然不食周粟而死。孔夫子都认为他很贤能。当今皇帝并不比商纣王暴虐，我难道就赶不上伯夷吗？尽管遭遇乱世，我不能养成浩然正气，但我能一边吃着朝廷的俸禄，一边想着逃避责任吗？我又能到哪儿去呢？必然死于此地。儿子，你有才华，有智慧，一定要好好努力。主簿杨会，就是我的程婴，他会尽力照顾你的。"

傅燮说的程婴，是赵氏托孤的对象，他用尽全力保护了赵氏孤儿。傅燮这样说，就是请杨会在自己死后照顾自己的儿子。

叛军还在做最后的努力。王国派出了一个人前来劝说，这个人就是前任酒泉太守黄衍。黄衍来到两军阵前，大声劝傅燮："太守，汉朝已丧失天下民心。您现在坐困危城，正所谓识时务者为俊杰，大人是否有意加入我等，并成为我等的头领呢？"

可是，这一套在傅燮那儿一点作用都没有。他只是手握宝剑，厉声呵斥："黄衍逆贼，你身为朝廷命官，不想着为君分忧，难道现在还来充当叛贼的说客吗？"

黄衍一看，知道没戏，只好面红耳赤地退了回去。叛军看到傅燮如此强硬，一心求死，放弃了一切招降的手段。傅燮带领仅有的士兵冲出城去，一场血战之后，傅燮和手下大部分将士血染沙场，战死殉国。

中平五年（188）十一月，凉州叛军总首领王国带领韩遂、马腾等人包围了陈仓。对，就是"明修栈道，暗度陈仓"的那个陈仓。它是西部地区的战略重镇。

这时，东汉帝国仍然烽烟遍地，西、北、南三个方向都在打仗。担任车骑将军的中常侍赵忠在军事上完全就是个门外汉，万般无奈之下只能上奏汉灵帝，还是把皇甫嵩叫回来，拜为左将军去征讨王国。另外，再拜辽西人公孙瓒为骑都尉去征伐北边的张纯。

任命皇甫嵩，其实汉灵帝是很有疑虑的，因为在宦官的嘴里皇甫嵩是个很差劲的将领。但问题是当时名将凋零，凉州又闹得这么凶，几次派人去讨伐都是连连吃苦头，可以用的人不多。再乱打一气，国库又要亏钱了。汉灵帝觉得再也不能放任下去了。皇甫嵩就皇甫嵩，给他派四万部队前去平叛，同时让前将军董卓辅助他。

于是，皇甫嵩和董卓一同西进。不过，他们很快就会发现，这一次携手西征，又是两个人之间仇恨的开始。

陈仓被包围了，所以本次西征似乎第一个目标就是解围。前将军董卓自视甚高，他对皇甫嵩说："陈仓危机，请将军速速赶往援救。不然，等叛军攻下陈仓，一切就为时已晚了。"

对此，皇甫嵩有不同的看法："此言差矣。百战百胜不如不战而屈人之兵。陈仓虽城池小，却异常坚固，我料定叛军一时难以攻下。这样一来，其部众就会疲惫。等敌人疲惫之时，我军再发起攻击，此乃全胜之策。所以，董将军不必急着救援。"

对皇甫嵩这种观点，董卓不置可否，但皇甫嵩是自己的顶头上司，只能从命。

那么，皇甫嵩说对了吗？真的对了。王国带领叛军强攻陈仓八十多天，最后无功而返。中平六年（189）二月，王国开始撤军了。

一看计策成功了，皇甫嵩大喜，下令全军出动尾追而上。这个时候，董卓又出来发表意见了："将军不可！兵法说，不要追赶走投无路的敌人，不要追击折返回家的敌人。此番王国撤军，恐其中有诈。"

皇甫嵩说："此言差矣。前不久我不让你进攻，是为了避开敌人的锋芒。如今我下令进攻，是因为机会已经到了。我们所打击的是疲惫之军，不是折返的军队。王国的部队是在逃走，早已没了斗志。我们以整齐的军队去进攻军心大乱的敌人，而不是走投无路的困兽。"

董卓这一回却不依不饶，偏要坚持自己的意见，搞得皇甫嵩最后只好率领自己的本部人马进攻王国，让董卓的部队当后卫。不出皇甫嵩所料，官军追击而上，连战连胜，大破王国，斩首上万人。

董卓过去一向自视甚高，但是这回却几次自作聪明，狠狠地在皇甫嵩面前丢了人。打完了仗，在皇甫嵩面前，董卓抬不起头来，既是羞愧，又是嫉妒，臊得无地自容。从那以后，董卓的仇家黑名单上又多了三个字，皇甫嵩。这个仇将来肯定是要报的。

不管怎么说，在汉灵帝来看，这一仗打赢了，皇甫嵩立功了，董卓是皇甫嵩的部下，当然也有立功，对不对？所以，都赏，都赏。就因为这一仗，汉灵帝把董卓封为并州牧。从此以后，董卓走上了独霸一方的道路。

至于叛军那边，吃了败仗以后，韩遂他们就废掉了王国，另立前任信都令阎忠作为新的头领。不过，没过多久，阎忠就病死了。这下群龙无首了。没了统一的领袖，叛军头领又开始内讧，势力一下子就削弱了。相应地，关西方向对中原的威胁也就变小了。

第六章

平定南北

平区星

在凉州战乱正酣之时，中平四年（187）十月，在东汉帝国的南方，长沙有个叫区星的人，自称将军，率领一万余人起义了。其实，这个区星不是从石头缝儿蹦出来的，他原本就是黄巾军，当时在长沙一带发展教徒。尽管当时黄巾起义已经失败，但区星的事业并没有受到影响，他还打败了长沙周围的各路围剿大军。

消息传到京城，朝廷震怒，就质问长沙太守："你是怎么管事的？"长沙太守无奈得快哭了，辩解说："这个区星真是太难对付了！"朝廷一听就不满意了："一个小小的黄巾余党你也搞不定。成了，你说难对付，那就换一个认为区星好对付的人去做长沙太守。"

可是选谁好呢？皇帝左思右想之下，一个人的身影突然进入了视线，这个人就是孙坚。

孙坚之前跟着张温去平凉州叛军，出征归来后被拜为议郎，这时正在洛阳任职。很快，孙坚就被任命为长沙太守，奉命征讨区星。

孙坚确实有一套，不是直接喊打喊杀，而是非常冷静地观察对方的情况再做出判断。他发现，区星之所以能聚众造反，也是因为当地百姓过不下去了，官逼民反。如果百姓能吃饱肚子，谁想把自己的脑袋别在裤腰上造反玩？

弄明白了这一点，孙坚觉得首先应该安抚百姓。于是，他先按自己的想法整顿当地的风气，把那些明目张胆欺压百姓的贪官污吏该杀的杀，该免的免，大刀阔斧地任用那些正派人士。等办完了这些事，当地百姓心里都舒服了，孙就亲自率领手下士兵和区星展开了大战。

孙坚的料想没有错，失去了群众基础的区星根本什么都不是。在头脑和四肢一样发达的孙坚面前，造反队伍没有一点抵抗能力。不到一个月的时间，区星就彻底惨败，他本人也被孙坚斩杀。

不过，区星团队覆灭并不代表万事大吉了。当时烽火已遍及东汉帝国的各个地方，造反似乎已成为一种时髦的潮流，谁要是不去造反，简直就落后于时代。临近长沙郡的零陵、桂阳就有周朝、郭石响应区星。周、郭二人率军猛攻宜春。宜春县令虽是江东名士陆康的侄子，但在守城方面实在不擅长，就赶紧向平定区星的长沙太守孙坚求救。

收到陆县令的求援信，孙坚的主簿脸色很难看，心里一直在问候陆家的长辈。本来嘛，按照当时的制度，身为长沙太守的孙坚没有上级的许可，是不可以越界作战的。

没想到孙坚却说："本太守没有什么文德，就要立战功，如果以此获罪，我无愧于天下。"在孙坚眼里，建功立业才是第一位，其他条条框框、繁文缛节，统统不在乎。大丈夫事业第一，于是孙坚二话不说，立刻率领本部浩浩荡荡地直奔宜春。

孙坚要来的消息很快传到起义军那边，大伙都吓傻了。听说孙坚生出来就不同凡响，十几岁就敢一个人去砍海盗，在与黄巾军混战当中被射下马都没死，他杀死区星就像吃盘小菜那样容易。别打啦，别打啦！对付这种人，最好的办法就是赶紧开溜。于是，他们撒腿就跑。史书上对这件事情的记载只有四个字——贼闻而走。

这一下，孙坚基本没费什么力气，就把零陵和桂阳的叛军打垮了，并由此声名鹊起，很快成了南方第一牛人、第一实力派偶像。也因为这件事，孙坚被封为乌程侯，这也为他将来的发展奠定了坚实的基础。这一年，孙坚三十三岁。

平张纯

就在孙坚平定区星的第二年，公孙瓒被任命为骑都尉，去平定在渔阳郡造反的张纯。说起来，张纯还是公孙瓒的老同事，而且是和他有矛盾的老同事。

他们俩的矛盾还得从征讨凉州的时候说起。当时，公孙瓒正跟随张温讨伐凉州叛军。张温的部队里有一支外族雇佣军，那就是三千乌桓骑兵。由谁来率领这支部队好呢？

中山相张纯觉得乌桓人一直以来都在自己的地盘上活动，自己对乌桓人的脾气比较了解，所以主动请缨。没想到申请递上去了，张温却没答应，而是任命了另外一个人。这个人就是涿县县令公孙瓒。公孙瓒高高兴兴地去上任了，张纯却很生气，这口气他怎么咽得下去？从此，张纯和公孙瓒之间就有了隔阂。

公孙瓒带着这支乌桓骑兵来到冀中地区，发现粮草不够了，只能边走边筹集粮草，具体由当地的郡县提供。可问题是大家都自顾不暇了，给这么一支庞大的军队提供粮草更是难上加难，所以这供应就时断时续。时间一长，乌桓人就成群结队地跑回老家去了。

很快，这个消息就传到了张纯的耳朵里。一直以来，张纯对乌桓的情况非常了解，他知道这种情况延续下去，迟早要出乱子。既然本身就要出乱子了，干吗不由自己来挑起这个乱子呢？于是，他就找到了自己的老乡、泰山太守张举。

张纯说："乌桓人屡屡被朝廷调发，伤亡惨重，如今已经打得疲惫不堪，心里颇有怨言，他们人人心里都愿意造反。西面凉州叛乱，朝廷已经无力平定，堂堂大国居然要调外族人帮自己打仗，这不是可笑得很吗？另外，我听说，京城洛阳城里有妇人生下了怪胎，脖子上有两颗脑袋！这是什么？这是异象，老天爷都预示我们，汉室将倾，天下必定要出现两个君主。如果府君你与我一起率领乌桓之兵，共同起事，一定可以成就一番大事业。"

说来也巧，泰山太守张举和张纯一样，也是官场失意之人，一听有人想率领部队来帮自己一起造反，那干吗不干？于是当场表示同意！达成共识后，两个人就开始各种努力，借机煽动乌桓人的不满情绪。

乌桓有个首领叫丘力居，也觉得这汉朝政府不地道，一看现在有汉族人联合自己造反，好，干呗！于是双方一拍即合，纵兵抢掠，杀死了当时的护乌桓校尉、右北平太守、辽东太守等地方长官，聚拢了十几万人，屯兵在肥如。张举自称天子，张纯自称弥天将军、安定王。

起事以后，张举向东汉各地发出檄文，说自己即将取代汉朝，并且要求汉灵帝退位，公卿大臣们必须叩迎自己。这份檄文，就是当时刘备在安喜县尉任上看到的那份檄文。为了显示自己不是说着玩的，张举又命令乌桓峭王带领五万步骑兵进入青州、冀州，攻破清河郡、平原郡，屠杀当地官民。

张举、张纯这些人的造反和黄巾军的造反又不一样了。

一来，造反的人原先是官员，对于官场的运作制度是清清楚楚的，这一点比黄巾军的眼界要开阔很多。

二来，他们率领的部队是外族部队，是乌桓人的骑兵。乌桓骑兵可不是乌合之众，战斗力相当强悍。

这下麻烦了，中原的核心地带出了这样一颗超级炸弹。如果说西面韩遂他们的叛乱远隔千山万水，汉灵帝还有喘息的机会，张举、张纯他们的叛乱就近在咫尺了。这把火烧起来，如果不及时扑灭，就可能烧死自己。汉灵帝的神经再大条，也知道这件事是不能拖的，必须马上提拔优秀的将领平定叛乱。

就在张纯举兵的当年九月，东汉政府命令中郎将孟益率领骑都尉公孙瓒去讨伐张纯等人。公孙瓒接到命令以后，认真分析了一下局势，发现张纯他们的叛乱之所以搞得这么大，其中一个重要的原因是借助了乌桓人的力量。这帮人实力太强了，打起仗来，那不是一般人能够抵抗得了的。所以，官军要平叛，第一个要打的就是乌桓人。

想明白了这事以后，公孙瓒就带领手下的精锐部队白马义从出征了。一番激战之后，乌桓人居然被公孙瓒打败了。张纯一看不妥，如果乌桓人失败了，还造什么反，于是立刻率领本部来救援，和乌桓首领丘力居合兵一处。双方在辽东属国石门展开了决战。

一仗下来，张纯等人大败，张纯本人也抛弃妻子儿女，连滚带爬地逃走了。张纯之前虏获的一些财物、人口统统被公孙瓒接收。一看叛军原来也挺不经打，公孙瓒开始得意忘形了，人一得意忘形有时候就容易犯糊涂。于是，他也没多想，独自率领本部人马乘胜追击。

乌桓人虽然吃了败仗，但不等于说他们傻。他们在首领丘力居的率领下突然杀了个回马枪，把公孙瓒的部队包围在辽西的管子城。公孙瓒这次完全失算了，本部人马一个都没逃出去，只能就地坚守。这一守就守了两百多天。

如果这两百多天光打仗也就算了，有时候战死沙场还是件痛快事，可问题是你是来追人的，不可能带上大批辎重粮草，能吃的东西只会越来越少。当公孙瓒和手下人把所有能吃的东西都吃得差不多了时，他们还是没等来援军。

公孙瓒也知道援军不可能来了，因为朝廷根本就没有援军，这么多地方都在造反，能从哪儿抽兵出来呢？真能抽兵也不会调集这些外族人前去平叛了，况且自己的部队也没那么重要，实在很难想象朝廷愿意兴师动众来救自己。算啦，靠人不如靠己。于是，公孙瓒决定和部众一起化整为零，分头突围，尽管过程艰险，但最后还是逃出来了。

不过，他能逃出来不仅仅是因为他和属下的英勇，还因为乌桓人也撑不住了，饥饿困乏，于是远走柳城了。

到了第二年（189）年初，幽州牧刘虞来上任了。到任以后，他派人到鲜卑部落晓以利弊，拿出重赏，要求这些人送上张纯、张举的人头。

这个消息传到了乌桓首领丘力居的耳朵里。上一次打仗已经知道朝廷大军实在不好对付，现在又来了一个新官，也不知道带来多少军队。于是，他主动派人前来拜见刘虞请求投降，要求回到关内。

张纯、张举的造反原本就是依附于乌桓人的，现在连乌桓人都归顺了，他们不得不逃往塞外。刘虞一看，贼首已经逃走了，就把边塞上其他部队都遣散了，只留下已经升任为降虏校尉的公孙瓒率领一万步骑兵屯住在右北平。

三月，张纯的属下看着张纯大势已去，门客王政偷偷地找了个机会杀了张纯，把脑袋割下来献给刘虞。张纯之乱就这样画上了句号。

派出了幽州牧，就把幽州造反这把火扑灭了，汉灵帝当然非常高兴。于是，为了表示嘉奖，汉灵帝派人前往幽州，拜刘虞为太尉，封容丘侯。当然，之前浴血奋战、奠定胜利基础的公孙瓒也没有被亏待，升为中郎将，封都亭侯。

粉碎废立阴谋

东汉帝国遍地烽烟，同时朝堂内部也不太平，有人想要废掉汉灵帝，另立新君。这是怎么回事呢？

当时，王芬正担任冀州刺史，他有几个好朋友，比如占卜师襄楷、前任太尉陈蕃的儿子陈逸。由于陈蕃在"党锢之祸"中遇害，所以陈逸跟宦官是有杀父之恨的。

某一次聚会，襄楷说："我夜观星象，星象显示对宦官不利。以我推算，这次宦官真的是要被灭族了。"这番话一说出来，陈逸当然很高兴。冀州刺史王芬同样也很高兴："如果真是如此，我愿充当急先锋。"

于是，王芬就开始联络冀州当地豪强，比如南阳人许攸等。对，这个许攸就是曹操的同学，在官渡之战投降曹操的那位。他们联合后，上书朝廷，谎称当地的黑山军劫掠郡县，需要本地政府自己招兵买马平叛。上书以后，王芬就开始集结军队了。

正巧这个时候传来消息说，汉灵帝打算回自己的老家河间看看。为什么汉灵帝的老家是河间呢？他不是皇帝的儿子吗？原来，汉桓帝没有亲生儿子，于是就过继了解渎亭侯的儿子刘宏，作为皇位的继承人。而要回河间，就要经过冀州。

"真是天赐良机，既然那个昏君要经过我们的地盘，那干脆一不做二不休，做一件惊天大事。在半道上把这昏庸皇帝绑了，诛杀他身边的常侍和黄门，进而废掉皇帝，然后另立合肥侯为新的皇帝。"王芬们如是想。

做这种事情，当然帮手越多越好。为了找到更多的帮手，王芬写了一封信，把计划告诉了仕途不如意、在家赋闲的曹操。为什么别人不找，偏偏要找曹操呢？这是有理由的。

就因为许攸跟曹操是太学同学、多年好友？当然，这算一条，但并非主要的原因。曹操本身敢作敢为，疾恶如仇，看不惯朝廷的黑暗面。再加上他无缘无故被昏君罢官，如果让他参与到计划中，简直可以说不费吹灰之力。更何况曹操还是当朝太尉之子，人脉深厚，招牌闪亮，号召力自不必说。

不过，上面这些都是王芬等人的一厢情愿，他们并不真正了解曹操。出身连接宦官和士人集团纽带的曹家，使得曹操比同龄人更加理智、务实，并不会因为天花乱坠的计划而动心，不会一拍脑门就去做事。曹操回信了，信中说："废立之事是天下最大的灾难。古人权衡成败，掂量轻重，然后才去施行废立的，只有伊尹、霍光二人。他们两人都怀有赤诚之心，又居于宰相之位，手握大权，顺应了人心才能成功。现在你们几位只看到人家事成之后那么容易，殊不知做起来是难上加难的。硬要去做，其实就是自不量力，莽撞行事必然会导致危险。"

曹操说得有道理吗？太有道理了，直接就点出了王芬他们计划的不足——没权，没支持者。事情的后续发展正如曹操所料，王芬他们根本没有动手的机会，因为北方的天空当中夜里出现了一道红色的雾气，东西纵贯整个天际。于是，太史上奏，告诉皇帝北方必有阴谋，不宜北行。汉灵帝相信了太史的话，立刻打消了北巡的计划，并且征召王芬入朝。王芬以为阴谋败露，干脆自杀了事。

重置州牧

这次废立阴谋被粉碎不久，汉灵帝就病重了。这时，他做了一件影响深远的事，那就是重置州牧。

汉灵帝为什么要重置州牧呢？这是有原因的。按照东汉的制度，朝廷通过向全国十三州派遣刺史来了解天下。为什么中央政府要派遣刺史呢？这个刺史是干什么的？各地不是有自己的郡守（又称太守）吗？这些郡守才是当地的 CEO，派个刺史过去，是打算搞两套班子吗？

当然不是。开始的时候，刺史只有监督权，并无行政权。他扮演的只是代表中央朝廷巡视、考察地方政务的角色，跟现在的纪委很像。汉灵帝在位期间，东汉帝国危机四伏，战火遍及整个帝国。汉灵帝不反思自己，反而觉得这一切都是郡守无能造成的。

不过，好像派遣刺史并不能解决问题，全国的叛乱还是那么多。怎么办才好呢？正当汉灵帝挠破头皮的时候，一个人站出来提了一个建议，这个人说起来还是皇室宗亲（其实只是远亲），名叫刘焉。

刘焉，字君郎，江夏竟陵（今湖北省天门市）人，当时在朝中担任太常。他眼瞅着朝廷政局糜烂，王室多难，就上书汉灵帝："陛下，现在四方盗贼兴兵作乱，而各地的刺史、太守根本就没有威望。他们当中的大多数都是靠行贿得到官职的，上任以后只会盘剥百姓，逼得民众起来反抗官府。建议朝廷选派像公卿、尚书这样的一些清正廉洁、德高望重的重臣，让他们到地方上担任州牧。这些人名望大，一方面可以安抚百姓，另一方面可以剿灭盗贼。这样，天下才能太平。"

刘焉说的话是不是事实呢？当时，益州刺史对老百姓征收苛捐杂税，并州刺史被当地的起义队伍杀死，凉州刺史也被韩遂的叛军杀掉。这些事实不都印证了刘焉说得没错吗？

汉灵帝对与自己利益相关的事情还是比较上心的，既然刘焉说得这么有道理，就让州牧替代刺史吧。从那以后，州牧就开始管理本州的军政，成为手握重权的地方实力派人物。

客观地讲，州牧制是没有错的，是针对当时乱哄哄的政局推出的一种新的改革举措。但问题是矫枉过正了。一个人掌握很大权力，要他一定不变质，这谁都保证不了。千万不要考验人性啊！总有一些人立场没那么坚定，他们一旦发现自己手中的权力足够大，又不必被人监督，就会逐渐成为真正的土皇帝。

这种情况愈演愈烈，以至于以后只要有实力拥兵一方的人为了让自己的统治披上合法的外衣，就会先弄上一顶州牧的帽子。这看上去就名正言顺，至少在形象上不会被别人指着说"你是地方的土皇帝"。可以说，州牧制的推行直接催生了东汉末年群雄并立及之后三国鼎立的局面。

不过，后面的事情汉灵帝并不知道，事实上他也不可能知道。就现阶段来看，汉灵帝觉得州牧制挺好的，可以推行，那么先找谁试水呢？他马上想到了三个人，这三个人里面有两个是皇室宗亲，第一个是来提建议的刘焉，另一个是刘虞，第三个是黄琬。

　　汉灵帝选刘焉、刘虞去试水，好理解，毕竟这俩是皇室宗亲。黄琬是什么人，怎么会受到皇帝这么大的信任？原因很简单。黄琬是当时德高望重的权威人物。

　　汉灵帝的眼光真是不错。豫州牧黄琬到任之后，一举荡平了豫州境内的盗贼，政绩卓然；幽州牧刘虞收服了乌桓人，平定了张纯之乱；益州牧刘焉采取宽松的政策，把饱受叛军蹂躏的益州治理得很好。

　　其实，刘焉开始并不想做益州牧。他想的是远离让自己失望的朝廷，远离兵灾，给自己找一块地方养老。因此，他所求的就是"我远远地当个交趾牧就可以了"。交趾在当时的朝廷来看就是远在天涯海角的地方，到那个地方做官跟到西天取经简直没有什么区别了。从这个角度看，刘焉对当时的朝政失望到何等程度。

　　就在这时，刘焉的一个朋友来劝他了。这个人的名字叫董扶，当时正担任侍中。董扶找到刘焉："京城要出乱子了，听说益州之地有天子之气，将来必有皇帝出现，只是不知会应到谁的身上。"而且，就在不久之前，益州刚刚传来了警报，说当地的黄巾军在首领马相的率领下杀死了益州刺史，正在搅乱巴蜀一带。

　　于是，刘焉趁机又上了一个奏折，要求汉灵帝把他派到益州平叛。汉灵帝一想，现在这么积极为朝廷着想的人不多了，就拜刘焉为益州牧，封阳城侯，让他到西南去平叛。刘焉领命。

刘焉求为益州牧这件事虽说有明确的史料记载，但实际上还是有些荒唐的。刘焉真的不想当官吗？他往益州走，难道就没有野心吗？想想看，刘焉在荆州经营多年，本身又是荆州人，为什么偏偏要选择相对偏远的益州呢？

就因为"益州分野有天子气"？虽然有史料记载是侍中董扶对刘焉说的，现在看起来也许不那么靠谱。也许是董扶为刘焉考虑放的烟幕弹，也许是后人写史时为称霸一方的人造势而已。

比起"益州分野有天子气"，以下几点似乎更为靠谱。

首先，相比于其他平原地区，益州或是更加偏远的交州（交趾）更加适合于地方军阀的割据。刘焉选择了益州，是因为益州东部有三峡天险，北部有崎岖的蜀道。来到这里，就等于进了一个易守难攻的堡垒。

其次，巴蜀地区富饶，号称天下粮仓。在这种地方发展自己的势力，不愁给养问题，绝对会茁壮成长。

相比于被黄巾军和政府军打得一塌糊涂、蹂躏得不成样子的中原，益州简直就是世外桃源。想当年，刘邦就是从益州起家成为汉高祖的，公孙述也是凭借益州之地跟光武帝刘秀分庭抗礼了十几年的。很显然，益州就是最好的根据地。

益州优点如此之多，要说刘焉不动心，估计鬼也不会相信。不过，当时益州的形势却非常严峻。益州的前任刺史因为盘剥百姓，逼得马相他们起兵。起义军首先杀死了绵竹县令李升，之后势力迅速扩大，聚兵数万，最后杀死了益州刺史，趁机进攻了蜀郡、犍为郡。马相自称为天子。

一路走来，刘焉也在头痛，怎么扑灭这么凶猛的造反势力？可是，很快他就发现，不用自己想了，已经有人帮自己解决了。

可能刘焉运气就是好。没等他赶到益州，益州从事贾龙在犍为郡东部收拢了官军残部一千多人，对马相发动了进攻。要知道，马相手下有几万人，一千多人去打几万人，这不是找死吗？但是，马相率领的几万人居然拼不过这一千多人。几天之内，马相的部众被彻底击溃了，马相本人也不知所终。

等刘焉来到益州的时候，他发现迎面而来的不是叛军，而是贾龙率领的当地官民。这幸福来得太突然了！

当初给他出主意的侍中董扶也坐不住了。他请求汉灵帝也把自己派到蜀郡去。汉灵帝很激动，刘焉、董扶是哪里最困难，就要求去哪里，真是忠臣啊，然后欣然批准了董扶的请求。于是，董扶就高高兴兴地到了益州，做了刘焉手下的参谋。

军队、地盘和参谋都有了，刘焉就开始经营益州了。他做的第一件事就是把益州的治所从原来的地方迁到绵竹。随后，他还接受叛军的投降，实行宽松的政策，收揽民心。经过一系列的努力，刘焉在益州站住了脚，并以此为基础走上了一方霸主的道路。

第七章

外戚何进掌权

大将军何进

　　天下局势稍稍缓和，益州、凉州、幽州都不再是问题了，就在这个节骨眼儿上，汉灵帝病了，而且病得很重。但是，他还有一件事没做好，那就是到底立哪个儿子为接班人。

　　他想立小儿子刘协，只是废长立幼与祖宗礼法是有冲突的。这倒是小事一桩，国家都是自己的，自己想怎么样就怎么样，改掉一个破礼法，还不是举手之劳吗？

　　不过，可别忘了，刘辩可是有坚强后盾的，刘辩的舅舅是大将军何进。汉灵帝活着的时候，当然不怕何进了；一旦汉灵帝去世了，小儿子当太子，何进能答应吗？

　　除了汉灵帝有这样的顾虑以外，宦官们也并不支持刘辩当太子。想想也对，刘辩当了皇帝以后，他老妈何皇后不就可以以太后的名义临朝了吗？虽然她和宦官集团关系还可以，可交情再好，能好得过亲情吗？重要的是，最后权力要落入外戚集团的手里，确切来说，会落进大将军何进的手里。

相反，如果把刘协立为太子，他的母亲地位低，而且已经去世了，也就意味着不可能有新的外戚集团出现了。那么，政治权力还不是最后牢牢捏在宦官手里吗？于是，这些宦官瞅着机会就找汉灵帝，要压制何进的权力。

众所周知，东汉中后期，由于即位的皇帝年龄小，朝政实际上不是掌握在宦官手中，就是掌握在外戚手中。宦官集团和外戚集团平时就不断地进行争斗。现在皇帝听了宦官的意见，想要压制外戚集团的势力。怎么办呢？

汉灵帝自以为想了个好办法——分权。在这个思想的基础上，他创立了西园八校尉。简单来说，就是将京城的守备部队分成八个人统领。更重要的是，这八校尉的首领是宦官蹇硕，连大将军何进都要听命于他了。这就是赤裸裸的削权。

难道何进对这件事就不敢反抗了吗？他还真的不敢。道理很简单。因为何进刚刚坐上大将军的位子，虽然可以不怕蹇硕，但是蹇硕背后的宦官集团，无论如何是不能轻易得罪的。

至于蹇硕，虽然成了八校尉之首，但还是心里发毛。何进可是外戚，自己和何进不是同一个重量级的人物。

怎么做才能阻止何进呢？蹇硕和他身后的宦官集团想出了一个主意——一定要把何进调离京城。只要他一走，事情就好办了。

灵帝去世

怎么才能让何进名正言顺地离开京城呢？正巧这个时候，凉州资深造反专家韩遂又出来闹事了，而且还闹得很厉害。于是，宦官们就去找汉灵帝："陛下，现在西凉战事闹得这么厉害，除了大将军何进，恐怕朝中无人是对手。"蹇硕也说："陛下，还是让大将军去平韩遂，他应对这类事件最有经验。"汉灵帝根本就没想太多，只是觉得心烦，然后就同意了。

何进通过宫中的耳目很快就知道了这个消息。他很生气，当然知道宦官们在打什么主意。在立太子的节骨眼儿上，自己可不能走。自己一旦离开京城，手下那些人就没主心骨了，到时候肯定要被宦官们收拾，所以坚决不能走。可是，皇上都说让自己去西边平叛了，自己也不能明说不去，怎么办？

因为情报工作做得好，何进动作很快，趁着汉灵帝还没有下正式文件的时候，立马写了份奏章递了上去。奏章大致的内容是说："陛下，打西边没问题，可是离我们更近的徐州、兖州还有黄巾余党。我手下有个得力干将叫袁绍，带兵打仗很有水平。这样，先把他派到徐州、兖州去平定黄巾。等他胜利归来，顺便也可以把军队调动回来，到时候集中精力打西边，绝对能够一战平定韩遂。"

明眼人一看就知道，何进就是在搞缓兵之计，关键是汉灵帝懂不懂这个道理。这时的汉灵帝已经病得很重，根本就没有多余的大脑空间去考虑。既然他说等袁绍，那就等袁绍，等他回来以后再出兵不就成了？于是，派何进到西面去的计划就这么拖延下来了。

蹇硕他们当然也知道当中的奥妙，可是皇帝已经说话了，只能退一步，等待下一个机会。宦官们可以等，何进更愿意等，唯独汉灵帝等不下去了。

本来汉灵帝也想再等一段时间，看看能不能找一个好办法来处理这件事。可是好办法还没出现，重病已经把他打倒，连他自己都知道人生之路要走到头了。

这时，汉灵帝仍然非常想把自己的位子交给刘协。最后，他把刘协托付给了蹇硕。汉灵帝觉得蹇硕人长得强壮，是八校尉之首，而且又是个宦官，没有后代，没有家族势力，以后不可能出现外戚专权这种状况。所以，由蹇硕来当刘协的监护人绝对没问题。

真的没有问题吗？当然有，而且是个大问题。不过，有没有问题已经不是汉灵帝能关心的问题了。中平六年（189）四月，汉朝最荒唐的皇帝汉灵帝刘宏驾崩于南宫嘉德殿。

逃过一劫

皇帝走了，宦官们纷纷伤心地向曾经的这位好领导告别。这时候，他们的泪水大约是真诚的。毕竟从汉灵帝一登基，这些宦官就围在他的身边。在外人眼里，汉灵帝是他们的主子；但在他们的内心里，汉灵帝更像是自己亲手养大的子侄一样。现在朝夕相处的人说没就没了，说不伤心那是假的。

不过，宦官们很快意识到了，现在伤心还不是时候。汉灵帝死之前，既然已经把小儿子刘协托付给了蹇硕，蹇硕当然就不能辜负汉灵帝的一片心意。在公来说，是遵从先帝遗愿；在私来说，如果立了刘辩，何进的外甥就是皇帝，外戚集团肯定就掌权了。

既然双方的矛盾不可调和，蹇硕就立刻着手部署，准备先杀了何进，再立刘协为帝。

遗憾的是，蹇硕并没有王甫、曹节的智商，他的计划是在宫里埋伏刀斧手，然后把何进请过来商量事情，等何进一进来，自己一声令下把何进砍死。

这边汉灵帝刚刚咽气，那边蹇硕就立刻派人请何进进宫，说要商量大事。大将军参与宫廷大事，也是惯例。当时，何进还不知道自己可怜的妹夫已经变成尸体，接到会议通知，听说有大事要办，也没多想，带上几个随从就来了。

何进一离开大将军府，蹇硕就收到了消息，心想这下大事可成了。可惜，不管计划如何完美，都经不起两个字——泄密。蹇硕不知道自己的手下有一个人是何进的好友，而偏偏这个知道内情的人被他派出去到宫外迎接何进。这个人就是司马潘隐。

潘隐知道了蹇硕的计划以后，心里十分焦急，眼瞅着自己的老朋友要被骗进宫来杀了，可是自己没办法通风报信，只能忧心忡忡地跟着一大帮人跑到宫外去迎接何进了。

何进来得很快，已经到了宫门外。迎接的队伍客客气气地迎上来这个时候，潘隐觉得最后的机会来了，再不通风报信，何进的脑袋肯定就保不住了。可是又不能明说，怎么办呢？潘隐想了个主意，慢慢地把自己的马往何进那边靠。等蹭到何进身边了，潘隐就一边有一句没一句地跟何进聊天，一边向何进眨眼。

在这一瞬间，何进突然明白了："哎呀，大事不妙，老潘那反常的表现就是暗示我，其中有诈。"再仔细一想，蹇硕在这个时候莫名其妙突然请自己进宫，绝对没什么好事。莫非蹇硕这阴人想加害于我？

想到这里，何进没再犹豫，立刻命令自己的车夫调转马头，驾着车子一路狂奔，一直逃到自己掌管的兵营里。直到坐在大帐里，何进才缓过一口气，终于逃过一劫。随后，他上了道奏折，声称自己有病，不能进宫和上朝了。

找帮手

何进一跑，蹇硕的计划就彻底破产了。接下来，刘辩即位（他就是汉少帝），何家外戚更是大权独揽了。何进手上有了权，又怎么可能容得下一个曾经想杀自己头的宦官呢？必须报复！而要做到这一点，就需要先找到几个好帮手。找谁好呢？没等何进想好，帮手就自动上了门。这个人就是袁绍。

袁绍，字本初，汝南汝阳（今河南省商水县）人，出身于四世三公之家。什么是四世三公呢？就是袁家祖上四代都做过三公（东汉王朝以太尉、司徒、司空为三公）。三公主管的是国家的军队、人事、经济建设等，袁家祖上四代都做过三公，该有多么显赫！当时，有一句话形容袁家非常贴切，那就是"门生故吏遍于天下"。

成长在这样的世家大族里，袁绍可谓得天独厚。又加上本身就是帅哥一枚，袁绍就更志得意满了。不到二十岁，他就成了濮阳县长，有清正能干的名声。不久，接连遭遇父母之丧，回乡守孝。之后，他屡次拒绝朝廷征召，隐居洛阳，但在暗地里经常帮助"党锢之祸"中受到迫害的士人。直到黄巾起义爆发，袁绍才接受大将军何进的辟召。这时，他正担任西园军的中军校尉。

虽然袁绍是西园军的军官，但他还是大将军何进的心腹，他也早就有了诛杀宦官的计划。袁绍为什么这么痛恨宦官呢？

首先，他出身于名门望族汝南袁氏，可即便是袁家这样的势力，也得对宦官卑躬屈膝。这口气实在让人咽不下。

其次，袁绍本人名气大，可即便是这样，他也得在蹇硕的手下当差。袁绍是西园八校尉之一，可校尉之首是蹇硕。换句话说，袁绍的直属上司是一个宦官。这不是丢脸吗？

现在宦官又想杀了何进，这不是给了袁绍一个天大的好机会吗？当然，袁绍来了也没直接说，而是找了何进手下的一个门客张津去劝何进。张津对何进说："大将军，宦官掌权已久，天下莫不痛恨。您一定要选取正直的大臣，整顿吏治，为天下除害。"何进一听，大喜，赶紧问："怎么会出这样的主意？"张津自然也就透露这是袁氏兄弟的意见。这里说的袁氏兄弟就是指袁绍和袁术兄弟俩，他们都是司徒袁逢的儿子。

袁术，字公路，是袁绍的异母弟，总仗着自己嫡出的身份看不起庶出的哥哥袁绍。袁术从小就贵公子习气十足，平时喜欢田猎游玩，以行侠仗义出名，后来有很大的改变。当然，他走上仕途也并不难，先是被举为孝廉，后来历任折冲校尉、河南尹、虎贲中郎将等。此时，他正担任虎贲中郎将，掌管着禁军。

原来，袁氏兄弟也站在自己这边！于是，何进胆子就更大了。不错，有底气了。听取意见的何进赶紧向天下士人抛出了橄榄枝，一口气就征召了二十多位名士，并任命何颙做北军中候，荀攸做黄门侍郎，郑泰做尚书。他们都被何进当成了心腹。

杀蹇硕

自从谋杀何进的计划失败以后，蹇硕就一心想夹着尾巴做人了。就这样，他每天晚上还是担惊受怕，生怕何进等着汉灵帝发丧完毕就会来杀自己。

其实，这是迟早的事情。为了自保，蹇硕必须找人帮忙。何进出了问题找门客、找智囊，蹇硕找谁？当然去找自己可以信得过的人了，这些人就是十常侍。

于是，蹇硕就给自己的同事，也是十常侍之一的赵忠写了一封信。他在信里是这么说的："现在何进手握大权，独断专行，最想做的就是把咱们这些人统统打翻在地，然后彻底消灭。只是因为我蹇硕手里有枪杆子，所以他才不敢随便动手。现在咱们应该一起动手，趁他迟疑的时候把他宰了。"

要说蹇硕这个主意还多少有些靠谱，将自己的安危说成整个宦官集团的安危。况且，之前发生的宫廷政变，宦官诛杀梁冀、窦武，都是用这个法子。不过，这个法子得有个前提，那就是得让人猝不及防，无法调动兵马自卫反击才能成功。

但是，现在这个前提有吗？基本等于没有，因为何进天天待在军营里，你想打他一个措手不及，你想让他无法调动军队，简直做梦！不过，蹇硕却以为自己的主意很不错，这封信发到十常侍那里肯定会集体鼓掌通过的。可是，事情的发展远远超乎蹇硕的想象。

当张让、赵忠和其他宦官在一起商议的时候，大家很快就弄明白了：其实，蹇硕这计划连基本前提不存在。何进现在在军队的重重保护之下，怎么可能杀他个措手不及？宦官们发现何进的权势不可阻挡，现在最好的办法是自保，而不是保蹇硕。不过，这只是放弃蹇硕的第一个理由。

要知道，十常侍原本就是张让和赵忠说了算，他们俩才是宦官集团无可争议的首领，可蹇硕却后来居上，手握重兵。如果说张让和赵忠对他有好感，那真是勉为其难了。这个时候何进和蹇硕闹矛盾，为什么不借何进的手，把这个不可一世的蹇硕直接铲除了？这就是放弃蹇硕的第二个理由。

然而，这还没完，还有第三个理由。十常侍并不是铁板一块，其中有个叫郭胜的，直接出卖了蹇硕。

郭胜为什么要这么做？因为郭胜和何进是老乡。再加上何进当上大将军，靠的是自己的妹妹，而何皇后成为皇后之前多亏郭胜的关系才能得到汉灵帝的宠爱。因此，郭胜和何家关系不一般。

尽管成为国舅、大将军的何进在心里未必瞧得起郭胜这个宦官，但郭胜对何进这层关系肯定是不愿意放手的。于是，知道蹇硕要杀掉何进之后，郭胜心里立刻就有小算盘了。

会议一结束，郭胜立马跑到何进那里告密去了。何进一听，差点儿没直接跳起来。原本他还只是在推敲怎么动手，什么时候动手，现在知道了蹇硕的计划，又得到了十常侍的全力支持，要是再等下去，那就是傻！何进只发了一道命令，叫黄门令过去，执行逮捕蹇硕的任务。

蹇硕还在傻乎乎地等着十常侍的回话，他万万没想到，还没等来喜讯，就已经等来了何进的刀斧手。于是，蹇硕被杀，他手下的部队也被何进全部收编了。

董太后倒台

是不是说杀了蹇硕就天下太平了呢？并不是。前朝暂时恢复平静，后宫却依然风起云涌。何太后和她的婆婆董太后正在上演"宫心计"。

董太后原本只是个侯爷夫人，并没有资格成为太后。她是怎样成为太后的呢？不能不说董氏是个非常幸运的人。

汉桓帝当年后宫嫔妃众多，却连一个儿子都没生出来。大将军窦武为了继任天子人选问题操心的时候，侍御史、河间人刘儵向窦武推荐了刘苌和董氏的儿子刘宏，也就是后来的汉灵帝。

刘宏成为皇帝，董氏也就成为太后了。不过，当时刘宏年龄还小，汉桓帝的老婆窦氏掌权，所以董氏只能当慎园贵人。

为什么是慎园贵人呢？因为皇帝无子，刘宏是大家从宗室里找来继承皇位的。刘宏当上皇帝以后，按惯例，就要追赠已经死去的亲生老爸为皇，具体称为孝仁皇（这个皇比帝要低一格），他的陵墓被称为慎陵，尚在人世的老妈董氏被称为慎园贵人。

建宁元年（168），大将军窦武被杀，窦太后被迁到南宫。第二年，汉灵帝就把老妈董氏接到了京城，让她享受太后的待遇。因为住在永乐宫，所以董氏也被称为永乐太后。

来到京城的时候，董太后还把哥哥董宠、侄子董重都带来了，皇帝分别任命他们为执金吾和五官中郎将。

建宁三年（170），一心中兴的灵帝处死了自己的亲舅舅董宠。这件事在《资治通鉴》里有记载，"执金吾董宠坐矫称永乐太后属请，下狱死。"

儿子杀死亲舅舅这件事让董太后很迷茫。这时的董太后有点吃不准自己的政治地位，因此并没有采取什么具体行动。可没过多久，熹平元年（172）六月，被软禁在南宫的窦太后去世了。于是，董太后开始谋取自己的政治地位了。

她深切地明白了一个道理：在京城混圈子，没几个宦官加盟是成不了气候的。没错，汉灵帝身边有很多当红的宦官，像张让、赵忠。不过，这些人是很难被笼络的。要笼络自己居住的永乐宫里面的宦官，还是可以想想办法的。

很快，永乐宫的宦官夏恽就成了中常侍，封谞荣升为永乐太仆。对，这个封谞，就是给黄巾军通风报信的卧底。他们紧密地团结在董太后周围，力图掌握更多的权力，进而取代汉灵帝身边当红的十常侍。

除了动员宦官加盟，董太后还充分利用对儿子汉灵帝的影响来揽权。汉灵帝之所以做人这么糟糕，跟他妈妈的教育是很有关系的。比如，汉灵帝卖官鬻爵，在皇宫里搞步行街，闹得民怨沸腾，官不聊生，实际上这些主意不全是汉灵帝自己的创意，其中多有董太后的参与。

董太后对钱很敏感，她知道这个社会想要有钱，必须先有权。所以，她非常反对刘辩当皇帝。刘辩当了皇帝，他的老妈何氏就成了太后，自己这个奶奶就成了太皇太后，权力至少要被何氏分走一大半。如果刘辩不当皇帝，何氏就算成了太后，也无法和自己来抢权力。

当然，董太后也不是无事生非。手中没实力，她是不敢和人叫板的。第一，她手上握着汉灵帝最器重的皇子刘协；第二，她的侄子董重现在是骠骑将军，同样手握兵权。可以说，董太后与何太后现在是半斤对八两，实力不相伯仲。

董太后是太后，何太后也是太后，实际上她们是婆媳关系。自古以来，婆媳关系是最难处理的一种关系。再加上有立储之争，何太后要立自己的儿子刘辩，董太后要立自己的孙子刘协，这么一来，两个人的关系就更势同水火了。

汉灵帝还没有驾崩的时候，他自然是帮着自己老妈。汉灵帝一去世，形势就不一样了，那就不是谁辈分长谁说了算，而是谁手中的实权大谁说了算。董太后当然不甘寂寞，老是要插手朝政。而何太后倒是不大插手朝政的，她的爱好是专门插手董太后的事情。但凡是董太后要干什么事，何太后一定会把这事儿给搅黄了。

董太后与何太后之间的矛盾很快就被十常侍察觉了。他们马上就判明两家外戚已经进入摩擦阶段。一旦打起来，对宦官们来说，就是一个历史性的机会。只要投靠其中的一家，现在暂时处于弱势的宦官集团就有救了。

现在问题就来了，两家外戚大腿都很粗，抱谁的比较好？对于宦官来说，有奶就是娘。应该说，十常侍之前曾经想投靠何进。比如，汉灵帝去世以后，迅速把何太后的儿子刘辩立为皇帝。后来蹇硕想干掉何进，十常侍又把这个消息转手卖给了何进，让何大将军轻轻松松地就以谋逆的罪名砍掉了蹇硕的脑袋。

只可惜，何进手下有很多士人，而这些士人对宦官是恨之入骨的。比如，袁绍就天天鼓动何进彻底剿灭宦官集团。在这种形势下，宦官们经过深入研究探讨，决定还是和董家结成联盟。

董家这边有太后，又有骠骑将军，实力也不弱，和他们结盟，共同打压何进，胜算还是有的。董太后那边侄子董重当了骠骑将军，已经有兵权，十常侍又来加盟，董太后一下子胆子就壮了，插手政务的步子就更快了。

只可惜，何太后就是不给她面子。只要董太后一出手，何太后就会出来反对。总之一句话，你这事儿能办得成，我就不信。董太后气得眼睛都冒出血来了。终于有一次，董太后再也忍不住了，当着何太后的面破口大骂："你那么嘚瑟嚣张，还不是仗着你的哥哥何进。告诉你，我哪天叫董重把何进的脑袋砍下来，跟砍个西瓜没什么两样。"

何太后也不是省油的灯，很快就把这话带给了自己的哥哥。何进一听当然很生气了，于是马上组织力量写了道奏折，拉上三公一起签名，递到新任的皇帝那儿了。奏折上说，董太后和永乐宫的宦官、中常侍夏恽一起贪污腐败，收受了大量金钱，严重违法乱纪。现在可以按惯例来办事。

惯例是什么呢？"藩后故事不得留京师……请永乐后迁宫本国。"意思就是说，董太后本来是藩国的女眷，按照旧制不能住在皇宫，要回到她的封国去。说来也好笑，这个旧制竟然是汉朝的掘墓人王莽定下来的。王莽摄政的时候，担心当年汉平帝的母亲卫姬专权，所以定下了这个规矩。

不过，搞笑不搞笑并不重要，重要的是看奏折的那个人是怎么考虑的。奏折是给谁看的？没错，是皇帝。可是，当时的小皇帝看得懂吗？就算看懂了，他又敢自己做决定吗？做决定的是何太后。何太后看了这份奏折，当然心里很舒服。既然如此，那还有什么好说的？何太后表示欣然同意。

何太后满意了，董太后却很想哭。当今皇帝是何进的外甥，太后又是何进的妹妹，何进联合了三公，说明大臣们也站在他那边，自己一个无依无靠的孤老太太，能有什么好办法？

那董太后的侄子骠骑将军董重呢？何进早就想到了。就在上疏的同时，他已经直接派兵包围了骠骑将军府，将董重就地免职。董重一看大势已去，受不了这个打击，干脆自杀了事。

掌握兵权的人都死了，董太后的其他帮手，比如十常侍，就更不敢吭声了。到最后，董太后只能心不甘、情不愿地回到自己的封国，不久之后就暴毙身亡了。

第八章

外戚、宦官同归于尽

杀，还是不杀

原本何家、董家两家外戚内斗，现在变成何家一家外戚独大，对于宦官们来说，这是一个糟糕得不能再糟糕的消息。自己挑的大腿不愿意让自己抱，自己抱上的大腿最后却被砍断了，性命堪忧啊！

当然，这并不只是宦官们一厢情愿的担心。大将军何进真的入宫找妹妹何太后商量处置宦官们的事情。何进迫切地希望太后妹妹能给自己的意见上盖个章，把事情了结了。没想到，何太后根本就不同意。

她非但不同意，还斥责自己的哥哥说："我和你都出身微贱，要是没有张让他们，何家能有今天？蹇硕谋反已经伏法了，你怎么能听信别人的话，把所有的宦官都杀了？先帝还未安葬，你就屠杀大臣，敢问满朝文武会服咱们吗？"

一听太后这话，何进也不敢擅作主张，只能灰溜溜地出去了，出来以后就说，蹇硕谋反，理应灭门，其他人不必惊慌。

其实，何进的内心是摇摆不定的。一方面，袁绍的话说得很有道理；另一方面，自己的妹妹何太后的话听起来也不错。算了，还是干掉宦官中最跋扈的几个好了。

袁绍一看何大将军改了主意，连忙进言："大将军，宦官最亲近太后和皇上，他们还负责来回传递百官的奏章和皇帝的诏令。现在如果不把他们一网打尽的话，将来一定后患无穷。"何进虽然觉得袁绍的话很有道理，但就是下不了决心。

何进这边在纠结，宦官那边可没闲着。他们知道讨好何进这个大将军不靠谱，就直接打起了亲情牌。宦官们给何太后的老妈舞阳君和弟弟何苗都送了一些金银财宝，求他们在太后那里说句好话。没过多久，这两个人就成了宦官集团的保护者、何进的反对派。

舞阳君和何苗经常进宫，对何太后进行思想上的轮番轰炸，拼命说宦官的好话。最后，他们还对何太后说："大将军让您杀宦官，那是为了除掉皇帝身边的重臣，意图日后对皇帝不利。他培养自己的力量，就是对国家的危害。"

何太后对权力没兴趣，对钱财没兴趣，但最听不得的就是架空当今皇帝，因为当今皇帝可是她的亲生儿子。她始终觉得自己的老妈和弟弟说得很有道理，保住儿子才是当前的第一要务，所以不能听何进的，不能杀宦官。

如果这时何进能够狠一点，不再理会何太后，直接带兵过去把那些宦官统统抓起来杀掉，估计接下来就什么事都没有了。可问题是他对宦官向来又敬又怕。

何进认为，虽然自己身为大将军执掌大权，但宫中的宦官势力存在也不是一天两天了，他们能在权力中心活跃到现在，肯定有他们自己的力量，搞不好自己就会吃大亏。到底是杀宦官好，还是不杀好，这真是个难题啊！

袁绍的馊主意

不过，何进糊涂不等于其他人跟着犯浑，袁绍就一点不糊涂。他一看何进这么郁闷，立马就猜出了老板的所思所想，于是又出了一个主意，具体操作是何进以大将军的名义发布文书，让全国各地的军事长官带兵入京，摆出一副四海沸腾、民众一致强烈要求诛杀宦官，不杀宦官誓不罢休的样子。以这种局面威胁何太后，太后一害怕就会批准杀宦官的事情了。

何进听了之后，猛拍大腿，这主意太牛了，就这么干！于是，何进发布了召猛将带兵进京的命令。

不过，这真的是一个好主意吗？其实，它是一个不折不扣的馊主意。

何进以大将军的名义号召天下豪杰进京，这些强人、猛人带着兵逼近京城，到时候"请神容易送神难"，如果他们带着兵就在京城住下不肯回家，怎么办？

不过，仔细想想，何进、袁绍也是有血有肉的普通人，不可能预知未来。他们怎么知道下一步会乱成那个样子？何进又怎么会晓得自己一不小心居然被宦官谋杀了？如果排除何进被杀这个因素，依照何进在京城的势力，又怎么容得下董卓在洛阳发威？

何进手下能人众多，有人当时就看出了问题，这个人就是主簿陈琳。他说："大将军，您身为外戚，又掌握大权，想干什么都成。那几个宦官算什么？只要大将军一声令下，就很容易达到目的，根本犯不上大费周章地请外援。可能您会以为外援来了什么都好，只怕那些外来部队进入京城，看清形势以后马上就开始抢夺权力了，实力强的就会称霸。这样做就像一个人倒拿着武器，把兵器交给了别人一样，肯定不会成功，恐怕还会出大乱子。"

陈琳的话很有道理，可何进就是不听。

除了陈琳，还有一个头脑更清醒的人也看出了问题，这个人就是何进帐下的典军校尉曹操。

听到何进发布召各地军队入京这个消息以后，曹操哈哈大笑："宦官制度古已有之，如果皇帝只让他们做本职工作，根本什么事都不会有。只是这些年来，皇帝爱把手中的权力与他们分享，才让事情发展到这个地步。要想收拾他们，就应该把首要人员捉拿归案，而这件事只需要一个狱吏就能做到，何必要征召各地的军队呢？我敢打赌，大将军这么做，一定会以失败告终。"

问题是何进和袁绍却不这样认为，甚至还有些沾沾自喜。经过一番仔细研究，他们发现，现在地方上力量最强的是董卓。他正驻扎在河东郡，那里离京城洛阳不过两三百里而已。何进和袁绍立马达成共识，叫董卓进京，而且让他把所有的兵马都带来。对此，侍御史郑泰和尚书卢植都极力反对。然而，反对无效。

何进除了诏令董卓进京，还派出了几个得力的爱将王匡、鲍信等，跑到泰山一带招兵买马，同时命令东郡太守桥瑁把兵马驻扎在成皋。桥瑁手下有个威猛都尉，名字叫丁原，丁原手下有个三国时期的超级牛人——吕布。他们接到命令以后，带着几千人突然现身在河内，一边高呼打倒宦官的口号，一边火烧孟津。

全国各地的军队当中就数董卓最积极。不过，董卓带兵进京的时候，并没有那么鲁莽。他听从谋臣李儒的计策，先上了一道奏章，愤怒声讨宦官，同时请朝廷命令他进京，把那些祸国殃民的宦官统统抓起来，向全国人民做个交代。其实，李儒的这个计策就是故意张扬董卓进京的消息，制造紧张气氛。

董卓的奏章很快就送到皇帝那里，当然也很快就被宦官们知道了，迅速引起了张让他们的骚动。董卓如狼似虎，他要真来了，那是没情面讲的，比何进更难对付，必须赶紧动用一切可以动用的力量，阻止董卓进京。

这时，何太后的弟弟车骑将军何苗已经被宦官集团拉拢，也站在他们那边。于是，何苗就在何太后、何进面前不断替宦官们说好话。他说："哪朝哪代没有宦官，凭什么杀他们？咱们何家要不是当年受他们举荐，哪能有今天？再说董卓进了京城，能不能听咱们的指挥，谁能担保？干脆就和十常侍握手言和算了。"

其实，即便没有何苗的游说，何太后也是不同意让董卓进京的。这并不是因为董卓人品不好，进了京以后会有麻烦，而是依然把宦官当成难得的人才。说的也是，这些宦官就是自己的耳目手足，如果把他们都杀了，自己一个妇道人家要主掌朝政，就得亲自露面跑到前殿去和那些臭男人打交道，这是她不乐意做的，所以必须把这些宦官保护起来。

何进一看何太后与何苗都是这个态度，心又软了下来。于是，他派谏议大夫种邵拿着诏书去吩咐董卓的军队停止前进。这时，董卓的军队已经到了渑池。

种邵拿着诏书，很快就跑到渑池，找到了董卓，要求他马上退兵。开始，董卓并没有接受命令的意思，还把军队开到了河南。种邵迎着大军宣读了诏书。没想到董卓怀疑京城洛阳已经发生了政变，脸一黑命令手下拿着刀上来，冲着种邵比画了。

不过，种邵一点都不担心，脸色一点没变，还很严厉地用皇帝的名义批评他们。董卓的部下都来自边地，很惧怕皇帝的威严，一听种邵疾言厉色的话，就退下去了。这一下，种邵跑到董卓面前，大声质问他有什么理由不退兵，有什么资格不把皇帝放在眼里。董卓被种邵当众质问，居然找不到什么理由反驳，只能选择闭嘴，率兵退回夕阳亭。

再说朝廷那边，袁绍一看何进居然因为别人的几句话放缓了杀掉宦官的计划，一下子就急了："咱们跟宦官集团的矛盾，已经公开透明、不可调和的，到了必须迅速解决的时候了。如果再拖下去，再不把自己人布置好，大将军您可要变成当年的窦氏了。"袁绍这里说的窦氏指的就是当年被砍掉脑袋的外戚首领窦武。

其实，袁绍建议和宦官们彻底摊牌是没错的，他错就错在方法太过离谱了。而何进大将军这段时间以来手下的"粉丝团体"越来越少，"退群取关"的人越来越多，只有袁家人紧紧跟随自己到现在，继续为他展开脑力劳动，所以何进对袁绍的话还是很重视的。

现在袁绍这么一说，何进觉得很有道理，于是任命袁绍为司隶校尉、假节（这就意味着袁绍拥有了不经请示就逮捕或处死罪犯的权力），任命王允为河南尹，让自己的人紧紧抓住京城的防卫。

袁绍接到命令以后，赶紧派情报人员去监视宦官们的动静，又赶紧发文到董卓等人那里，让他们派驿使紧急上奏，声称要进军到平乐观（在洛阳西门外）。

何太后天天看到这些充满暴力色彩的奏章，终于慌了，她也开始明白，再要力保这些宦官，恐怕就保不住自己了。于是，何太后把大大小小的宦官都集中起来，免去了他们的职务，只留一些何进信得过的人继续在宫中工作。

何进之死

何太后的命令一出，宦官集团那边马上炸了窝。他们明白，现在没有人再愿意保自己了。只等董卓一进来，自己这些人统统都得变尸体。不成，信人不如信己，得马上想办法力求自保了。那么，宦官的计划是什么？巴结大将军何进。于是，这群被辞退的宦官没有回家，直接跑到何进府里去谢罪。

一见到何进，他们齐刷刷地全部跪倒在地，磕头如捣蒜，请何大将军饶了咱们这些人的狗命！眼瞅着这些平时又敬又怕的人全在自己面前整整齐齐地跪着，对着自己痛哭流涕，痛彻心扉地进行深刻的检讨，何进这时心里不知道有多满足！满足之后，他居然心软了。

旁边的袁绍一看不好，赶紧就上来劝："大将军，大将军，这是天大的好事，这些家伙全都送上门了，赶紧抓起来一个不留，统统杀光。这个时候不解决问题，以后麻烦会更大。"

可是何进不这么想，他居然对宦官们说："天下大乱都是你们的缘故！现在董卓的兵马马上就到了，你等赶紧回封地安度晚年吧。"

听到这话，站在身边的袁绍再也忍不住了，又是一个箭步跨上来，拼命劝何进，一定要一网打尽。偏偏何进就是对袁绍的建议无动于衷，居然把这些宦官狠狠批评了一番之后，就真的把他们统统放回去了。

袁绍知道再劝下去也没用了，于是以何进的名义命令各地官员立刻就地逮捕那些宦官的亲属。这时候，袁绍的"假节"职权得到了充分的发挥。

何进、袁绍们的一系列行动让宦官们彻底感到了生存危机。宦官们决定出手反击，改变当前的被动局面。这时，张让出手了。跟其他中常侍相比，张让有个优势，那就是他的儿媳妇是何太后的妹妹。当然，这门亲戚何进是不认的。毕竟张让是个宦官，他的儿子也是收养来的，何进要杀的是张让，又不是杀他的儿子。

张让回到家里见到儿媳妇，对着她扑通跪了下来，而且老泪纵横。张让先是对自己进行了一次深刻的解剖，承认自己犯下的滔天罪行，但是考虑到自己为太后服务这么多年，对太后的感情已经很深，现在就要离开京城，实在是很想再见伟大的太后一次，这样就算死了也没有遗憾了，请儿媳妇务必要帮这个忙。

张让的儿媳妇流着眼泪答应了这个请求，随后又把这个请求告诉了她妈舞阳君。舞阳君又找到了何太后。何太后一听这些宦官如此忠义，忍不住也感动了，于是当场拍板让张让等人回到官中继续履行他们的职责。

这个消息很快传到大将军府。和之前的犹犹豫豫相比，何进这次十分果断，决定把宦官们一网打尽。于是，他急急忙忙进宫去见何太后，又一次对何太后说起了杀宦官的事。不过，何进不知道的是，这一去，他就再也回不来了。这时是光熹元年（189）八月。

何进进官的消息很快就被张让他们知道了。一看何进来了，宦官们赶紧聚在一起商议："大将军一向不进宫，连先帝发丧都称病不来，现在他突然到太后宫中，要做什么呢？看来他要向当年的窦武学习，拿咱们开刀啦！"

大家一商量，张让决定派个小宦官过去偷听一下。这小宦官办事很得力，把何进与太后讲的话听得一清二楚，那谈话的内容分明就是何进强烈要求把宦官全部变成尸体。消息传回，宦官们急得火上房，张让、段珪们把所有的心腹宦官都召集起来，趁着夜色从侧门潜入了长乐宫，找了一个隐秘的角落，布置好陷阱，专等何进出来。

何进跟何太后说了很多，没想到何太后还是没同意。何进觉得说下去好像也没什么指望，就趁早退了出来。刚没走几步，旁边来了个小宦官。小宦官把何进拦住，说太后还有要事相商。何进一听，难道她在一瞬间又改变自己的想法了？于是兴冲冲地跟着小宦官走了。他哪里知道这个小宦官就是张让他们派来的。

难道何进在宫里就一点警戒心都没有？其实，何进不是没有警戒心，而是太自大了。他觉得自己已经把宦官们打败了，现在天下已经姓何了，安全系数高得很，怎么还可能有人趁着夜色把自己拉到一边砍头？

等何进又回到宫里，他没把自己的妹妹等来，倒是等来了一大群宦官。张让他们带着人，手里拎着明晃晃的刀剑，一下子全冲出来了，把何进围在中间。何进这时终于开窍了，这哪里是太后召见，分明是阎王爷召见自己。

何进正在那儿懊恼，宦官队伍里闪出张让，上来指着何进的鼻子就骂："何进，如果没有我们，你妹妹能当太后？当初你妹妹毒杀王美人，要不是我等帮忙，你妹妹早就被先帝废了。天下大乱，难道单单是我等的过错？你这个没良心的东西，我们当初之所以那么做，不过是想以后能依靠你们何家罢了。没想到你现在忘恩负义，不顾你妹妹的劝告竟然想把我们全部杀掉，你也太不厚道了。"一番话把何进说得瞠目结舌。

张让刚说完，尚方监渠穆就迫不及待地抽出了宝剑，砍下了何进的脑袋。平庸的何进就这样结束了他极不平凡的一生。

十常侍之败

何进三下五除二就被宦官砍了头，这个变故别说是何进本人，就连张让一下子也反应不过来了。张让愣了好一会儿，好不容易回过味来，得想想这件事该怎么善后了。要知道，何进虽死，但他手下还有一大帮比何进本人更想杀宦官的士人，必须把那些士人统统从要职上撤下来，把自己人提拔上去。只要权力在手，那些士人没了权力又群龙无首，对付起来就容易多了。

于是，宦官们很快就把这份诏书写好了，任命前任太尉樊陵为司隶校尉，少府许相为河南尹。可是光有诏书没用，按照当时的规定，还要到尚书省那边盖上玉玺，才算大功告成。尚书省的尚书们也不是吃干饭的，接到这份诏书以后，明显觉得不对头，这么多国家主要干部要换人，怎么事先一点消息都没有？

要知道，尚书省的官员基本都是何进掌权以后提拔上来的自己人。这么重要的人事任免，大将军不可能连提都没提过。于是，尚书们说得请大将军出来共同商议才是。尚书们的意见就是如果见不到何进，手头上这份诏书就等于废纸一张。

一听尚书们说这样的话，门口有个中黄门不高兴了，他想也不多想，直接把何进的人头扔到屋里，大声说："何进谋反，已经被处死了！"估计这中黄门以为何进一死就什么事都没有了，他们有权有势的幸福生活又可以开始了。这想法真是太天真了，你以为何进是一个人在战斗啊？

没错，何进这趟进宫带了一大帮人，像部将吴匡、张璋等，他们都和兵丁们一起留在了宫外。大家都等着何进出来，可是左等不来，右等还不来，等得心急火燎的时候，从宫里传来消息，说何进已经遇害了。这一下，这些人彻底炸窝了。

吴匡、张璋两个人平时深受大将军的信任，如今一听大将军被杀，火冒三丈，立刻联合虎贲中郎将袁术等人带兵准备进宫。可没想到宦官们早有准备，紧闭宫门。紧闭宫门又怎么样？在这生死存亡之际，袁术他们会客气么？当然不会。不仅不会，袁术还下了死命令，命令手下兵丁不惜一切代价，轮番上阵，持刀劈门。宦官们也严阵以待。一时之间，双方僵持不下。

就在双方僵持之际，袁术灵机一动，想到了一个好主意，他命令把木柴堆在南宫的青琐门下一阵狂烧。兵丁们一边放火，一边大喊让宫中交出张让等人。

张让仔细观察了一下形势，知道现在就算天王老子来了，也挡不住这帮人了。现在，张让后悔了，这才知道杀何进容易，别人杀他们更容易。何进活着时，他总是把所有的想法只停留在想法上，不会付诸行动。现在好了，何进一死，他手下那帮人就无法无天了。

所以，张让想来想去，觉得自己需要一个挡箭牌，而这个挡箭牌当然就是何太后了。主意打定，张让、段珪他们一溜烟地跑到何太后那里："报告太后，大将军手下谋反，纵火烧宫。请与臣等速速离去，从长计议。"

这个时候，何太后还不知道大哥何进已经被宦官杀了，听张让他们这么一说，以为那些士人要谋反，顿时手足无措。既然张让说要逃，那就先逃了再说，于是点点头答应了。

简单收拾了一下以后，张让、段珪裹胁着皇帝刘辩、陈留王刘协、何太后，带着手下的几个亲信，从阁道逃跑了。正当一帮人狼狈不堪地向北宫跑去的时候，一个老头手持一柄长矛，正站在阁道下面的地上，吹胡子瞪眼睛拼命叫骂，原来是尚书卢植。

张让一看，有点害怕，于是一行人跑得更快了。一看到宦官们还想跑，卢植更生气了，大声喊道："段珪，你杀了大将军还不够，现在还想逼死太后？"到了这时，何太后才知道，原来哥哥已经被这帮宦官杀了。段珪一听，事情已经败露，吓得把何太后往旁边一推，跟张让抱着皇帝和陈留王就跑了。何太后一见机会来了，也不顾死活地从阁道的窗口跳了出来。

在宫外，袁绍、袁术的叔叔袁隗也跑过来了，他和袁绍一起草拟了一道圣旨，把张让他们刚刚用假圣旨任命的要害部门的几个亲信，像樊陵、许相等人，统统抓起来，二话不说直接砍了。等袁隗这边忙得差不多了，皇帝已经被宦官们裹胁着跑得没影了。

宦官团灭

南宫的青琐门已经被火烧透，轰然倒地。大门倒下的一瞬间，宫里的宦官全都愣住了，宫外兵卒们却一片欢呼雀跃，个个拿眼神瞄着袁绍。只见袁绍脸一沉，喝了声"杀"。手下的部众一拥而入。随即，袁绍列兵于朱雀门之下，命令关闭北宫门，开始捕杀宦官。

首先倒霉的当然就是那些还没有跑掉的十常侍了。正在狼狈不堪四处寻找活路的赵忠们一下子全被逮住了，当场被杀。至于其他宦官，不管年纪大小，不管职务高低，一律杀光。

不过，在皇宫里，除了皇帝和他的弟弟之外的男性并不是人人都是宦官，有些人只是没有胡子而已。但对于不了解内情的人来说，除了上述两位之外，后宫里没长胡子的男性，自然就是宦官了，那有什么好说的，直接砍了。于是，很多没有胡子的非宦官也被误杀了。

这群砍杀宦官的人当中还包括何太后的弟弟何苗。就在何苗正砍得起劲的时候，旁边冲过来一队人，领头的正是何进的爱将吴匡。吴匡这时候已经杀红了眼了，冲过来一瞄："前面那个人怎么那么熟悉呢？那不是何苗吗？这小子现在也跟着砍宦官？"

吴匡平时就觉得，何苗身为何进的弟弟，竟然不帮着自己的哥哥，反而为了几个破钱帮宦官。现在一看形势不对，他又反过来杀宦官，是不是与宦官有勾结？想到平时何大将军对自己的恩德，吴匡再也忍不住了，一转头对手下的兵卒说："杀死大将军的就是车骑将军何苗。咱们要为大将军报仇吗？"大家都异口同声大喊报仇。很快，何苗就被兵士们砍死了。

……

一夜过去，宫内躺满了宦官的尸体。事后，根据有关部门的不完全统计，这一夜，宦官被杀了两千多人。宦官败坏朝纲这么多年，到那天算是终结了。

不过，很快大家又急得火上房了。原来，太后和皇帝不见了。这要是有什么好歹，可如何是好啊！袁绍、袁术们赶紧派士卒到处去找。就在大家心急火燎的时候，尚书卢植回来了，后面还跟着一个一瘸一拐的女人，大家定睛一看，那不是何太后吗？于是，赶快围了过去。行礼过后，卢植把遇到张让劫持太后、皇帝的事情说给大家听，又把张让他们往哪儿逃告诉了袁绍。

　　袁绍这才松了一口气，可是国不可一日无君，现在首要的问题是要先把皇帝找回来，于是赶紧拜托卢植带上他的部下，顺着张让他们逃跑的路线追过去，一定要把皇帝追回来。

　　另一边，张让和段珪他们带着小皇帝和陈留王，还有自己的亲信，一行数十人，徒步从北宫逃了出去，一直跑到了小平津。这个时候已经是后半夜了，众人跑了大半天，已经跑不动了，准备停下来歇口气。

　　可是，这些宦官万万没有想到，卢植的部下掾吏闵贡却已经追上来，并在黄河边上追上了他们。一看见张让等人，闵贡就立刻指挥部下把他们团团围住，对着宦官们破口大骂："你等若不快快去死，那就别怪我亲自动手了。"骂完，他拔出剑来砍翻了几个宦官。

　　张让等人十分惶恐，自知难逃一死，于是来到皇帝面前，扑通一声跪倒在地，对皇帝说："老臣等人就要死了，望陛下多多保重！"说完，叩了几个响头，接二连三地跳进了黄河。就在黎明之前，随着黄河水面上扑通扑通连声响起，十常侍的故事就正式落下帷幕了。

第九章

强人董卓秉政

迎回少帝

自从光熹元年（189）八月二十五日何进的脑袋被砍下来以后，在两天的时间内，一幕幕人生大戏在东汉帝国的京城洛阳上演。也许连始作俑者也没有料到事态的发展，更遑论事情的结局。至于洛阳的平民们，他们只记得满街的兵士和着火的皇宫。那么，少年天子刘辩到哪里去了呢？恐怕没什么人知道。

当然，除了闵贡。闵贡找到了汉少帝，功劳自然是少不了他的，但是他也很清楚，目前最为紧要的是把皇帝送回皇宫。于是，大家就趁着夜色向南行进。好不容易一行人来到了洛阳邙山以北的洛舍驿馆。来到这里，离京城也就不远了，所有的人都走不动了，于是大家停了下来，在这里歇歇脚。就在这时，一些闻讯前来寻找皇帝的公卿们与汉少帝会合了。

八月二十七日的夜，对于堂堂的东汉帝国朝廷来说，是一个狼狈不堪的夜晚，也是一个漫长的夜晚。好不容易等到天快亮，大家觉得歇息得也差不多了，又开始向京城洛阳进发。一路上，他们又陆续碰到其他前来寻找的公卿。队伍总算庞大起来了。

正当大家心里松了一口气，翻过了邙山，往京城方向走的时候，忽然之间，无数的旗号遮住了刚刚升起来的太阳，从西南面冲过来的一彪人马挡住了他们的去路。

看着这场景，汉少帝和大臣们都吓呆了。这是怎么回事？这到底是谁的队伍？可问题是，不管是谁的队伍，只要这些兵丁稍稍鲁莽，自己这边老的老，少的少，即便是成年的男人也基本都是文官，哪里扛得住，只怕别人一波冲锋，自己这边连渣都不剩了。刚刚死里逃生，这下又羊入虎口，汉少帝刘辩再也承受不了这种心理压力，哇的一声当场大声哭了出来。

听到皇帝都哭出声来，其他大臣脸就更白了。正在这个节骨眼儿上，只见对面那一彪人马当中冲出一个人来，此人浓眉大眼，胡须横飞，体形硕大，策马疾奔到汉少帝面前，一个急停大吼了一声："董卓接驾来迟，皇上恕罪！"

董卓是怎么来的呢？就在京城发生巨变的当天夜里，董卓接到了部下的急报，说京城方向火光冲天！董卓一听，吃了一惊，赶紧出来一看，只见京城方向浓烟滚滚。于是，拥有超强政治敏感度的他立刻闻到了一丝机遇的味道。京城有变，那还等什么？号令下去，全军拔营，即刻向京城开拔。

董卓的部队是身经百战的西凉精兵，军事素质很强，经过一路急行军，于二十八日天未亮时到达了洛阳城西的显阳苑。这时，先前派出去的探马从京城里跑出来向董卓汇报京城到底发生了什么事，还重点强调有一帮宦官已经劫持皇帝逃出洛阳城，正在向北逃窜，现在估计已经到黄河边了。

董卓一听，马上传令下去，调转马头，一路向北，迎驾。当董卓一行一路狂奔冲到邙山下的时候，他们正好碰到狼狈回城的皇帝刘辩、陈留王刘协，以及公卿们。

听说来的这彪人马是董卓带领的，公卿大臣们才算稍稍放下心来了。最起码，董卓现在不算是敌对势力，他是来护驾的。于是，就有胆大的公卿理了理衣衫，清了清喉咙，上前喊了一句："有诏却兵。"这话什么意思呢？就是说皇上有令让军队后撤。

如果是在平时或是在朝堂之上，大臣这一句酸溜溜的话，或许会很有作用，可是现在董卓会退兵吗？根本不会。不仅不让军队后撤，董卓还大声呵斥："你等身为朝廷公卿，吃着国家俸禄，却让皇上流落到这步田地。你等不能为国家出力，只会叫本将军退兵，凭什么？"

看到董卓吹胡子瞪眼睛的蛮横样，公卿们全乖乖地闭嘴了。董卓也不理他们，自顾自地上前参拜汉少帝。可是，皇帝被吓得哇哇大哭，应对董卓的时候语无伦次，不知所云。董卓又去问旁边的陈留王。陈留王刘协只有九岁，虽然也被吓得缩在闵贡的怀里，但是回答董卓的问话时却很镇定，十分有条理地把这些天发生的事情从头到尾大致说了一遍。

董卓一看，陈留王比皇上有水平多了。而且，这陈留王是董太后养大的，董太后姓董，我董卓也姓董，算起来是一家人。于是，就在这一刻，董卓就有了废立之心，他想让汉少帝"下课"，把陈留王扶上皇位。不过，想归想，董卓还是尽职尽责地把汉少帝一行迎回了洛阳。

董卓进京

汉少帝回到后宫，见到了何太后，大家痛哭了一场。痛哭过后，大家又开始冒汗了。原来，在一片混乱中，皇帝的六个大公章居然弄丢了。这一趟回来，只找着五个，那个最重要的传国玉玺却死活找不着了。不过，皇帝能够平安回来，何太后能够继续临朝，这已经是不幸当中的大幸了。

于是，皇帝下了诏书，大赦天下，并改年号为昭宁，希望从此以后东汉王朝能够一片安宁。董卓因为迎驾有功，顺理成章地成了朝廷的扛把子。从此，董卓的时代来临了。

董卓虽然是个粗人，但并非混人。**他进了洛阳以后，集中精力做了三件大事：控制军权，拉拢人才，废立皇帝。**而控制军权是董卓当前的第一要务。因为无论是当贤臣，还是做权臣，没有绝对的实力是根本不能成功的。

董卓很清楚，之所以京城会有如今的局面，完全是因为何进一死，群龙无首。实际上，袁绍、袁术、丁原这些人手里都掌握着一定数量的兵马。要是他们反应过来，联合在一起，实力可比自己强多了。到了那时，别说掌握大权了，搞不好连小命都保不住。

这时，董卓开始后悔，自己怎么带兵带得这么少。跟随董卓进京的西凉精兵只有三千人。怎么做才能远离危险，保护自己呢？很快，董卓想出了一条妙计，生生地把三千人变成了几万人。

当然，董卓不会魔术，也不是神仙，三千不是真的凭空变出几万人，而是让别人以为自己有几万人。具体做法是每隔四五天董卓就叫自己手下的三千人趁着夜深人静溜出洛阳城，第二天早上再敲锣打鼓、军容整齐地走进城来，让人以为董卓从西凉又调来了援军。

连续折腾好几次之后，京城里的人被镇住了，忍气吞声地承认了董卓的地位。就这样，董卓初步在洛阳站住了脚。当然，董卓自己也很明白，这种小把戏能骗别人几天，骗不了一辈子。只有趁着大家还迷茫的时候，迅速真正增强自己的实力才是硬道理。

怎样才能实现这个目标呢？董卓发现，何进、何苗的部队好像没有谁收编。如果能收编他们，变何家军为董家军，那就再好不过了。董卓是这么想的，也是这么做的。

而对于何家兄弟麾下的那些部队来说，在宦官和外戚打起来之前，双方各有各的地盘，各有各的饭碗。谁也没想到，变故来得太突然，一下子双方都失去了领头人。群龙无首，到底下一步该怎么办呢？突然董卓来收编了，不但管饭，还有军饷，这种好事当然不能错过。于是，何家兄弟旧部中的大部分都或主动或被动地跟随了董卓。

董卓手上有了这些兵，腰杆子自然就直了。虽然京城里官比自己大的有的是，但是要谈起兵权来，能和自己比的基本上就没有了。就在董卓在京城里拼命收编部队的时候，一个人挑战了他的权威，这个人就是骑都尉鲍信。

董卓进京的时候，鲍信刚刚完成去泰山募兵的任务回到京城。看见董卓每天带着兵马在京城里耀武扬威，如入无人之境，鲍信感觉这里的天就要变了，以后大家恐怕都得看着董卓那张老脸吃饭了。

于是，鲍信赶紧去找袁绍。他对袁绍说："大人，看董卓这副样子，狂妄自大，目中无人，恐怕没几天就会图谋不轨了。如果咱们不早做准备，以后就会被他吃得死死的。趁他刚刚进京，士卒疲惫，情况也不熟悉，咱们搞个突然袭击，先下手为强，就能掌握主动权。如果再拖下去，恐怕就不行了。"

在三国时代，鲍信这个名字算不上响当当，但他这个建议却是一个实打实的好主意。如果听到他的建议的人很果断，立刻出手，那历史也许真的可以被改写了。可偏偏鲍信找错了人，他的合作者是袁绍。

要说袁绍真是一个很复杂的人，出身名门望族，有身份，有地位，有实力，给何进当助手的时候天天都有新鲜的点子，天天只恨大将军优柔寡断，拼命浪费他的好主意。可是，轮到他自己拿主意的时候，他也不见得比何进高明多少。

听了鲍信的话，袁绍觉得这建议不错，可是回头看看董卓又觉得他很可怕，不能轻易动手。于是，袁绍表示董卓的实力太强，还是观望一下比较好。一看袁绍是这个态度，鲍信也就不再说什么，带着自己招募来的兵丁们回家乡了。

收降吕布

袁绍不敢动手，何进、何苗的部队又收归己有，那董卓是不是可以在京城横着走了呢？还不是。董卓很快发现，还有一支实力部队容易给自己造成困扰，那就是驻扎在洛阳城外的武猛都尉丁原的队伍。

如果硬拼的话，不是不可以，但董卓不想。他认为，自己刚刚控制了京城，地位还不稳，要真打起来，说不定还会出什么幺蛾子。所以，为了稳住丁原，董卓还让小皇帝特意下诏封丁原做了执金吾。单纯论官职，从都尉变成了执金吾，连跳了好几级。丁原升官之后，情绪比较稳定，暂时没有领兵进城的想法。

但董卓认为丁原的问题迟早要解决。他可是何进的死党之一，不把他制服，他手下那几千人迟早会出乱子。再者，听说丁原警惕性很高，进出都有贴身保镖。怎么样才能找到丁原的突破口呢？真是让人头痛。不过，董卓的头并没有痛多久。很快，手下人就为他想出了一条妙计——要杀死丁原，就要先收降吕布。

吕布，字奉先，五原九原（今内蒙古自治区包头市郊外）人。他出身平民，从小就比同龄的小孩个子高、身体壮，长大之后更是膂力过人，骑术无双，被别人称为"飞将"。

千万别小看"飞将"这个词。唐代边塞诗人王昌龄写过"但使龙城飞将在，不教胡马度阴山"的诗句。而且，"飞将"还是赫赫有名的将领李广的美称。在汉朝，会骑射是个非常吃香的本事，特别是对于普通人来说。因为普通人当官的途径太少，不是要会读书，就是要孝顺，如果不符合这两条，想当官就难上加难。会骑射就不一样了。吕布就是这样一个幸运的人。

当初，大将军何进曾经派丁原到河内去招兵。就在丁原到达河内不久之后，吕布就被推荐到丁原的面前。丁原把吕布叫来一看，觉得很满意，先让他当了个小官，没过几天又把他提升为主簿，对他很重视，把他当成自己人看待。

对于一个出身普通的青年来说，能得到这样的待遇，他自然心里是很感激的。如果用"知遇之恩"来表达吕布对丁原的感情，那是非常贴切的。

丁原是何进的死党，一听说京城有变，二话不说立刻带上自己的部队就往洛阳赶，当然还带着他最钟爱的吕布。可是，到了京城之后，丁原才发现自己迟了一步，董卓这家伙已经先下手为强，控制了朝廷。丁原自然非常不痛快。所以，丁原驻扎城外，给董卓造成了巨大的压力，让董卓不敢放开手脚大胆地干自己想做的事情。

董卓很想丁原死，可是没有必胜的把握，因为丁原自己就是一等一的猛将，何况他的帐下还有勇猛无比的吕布。这要是真打起来，双方一对阵，到时候城里的袁绍、袁术两兄弟跟着一闹，恐怕董卓就死无葬身之地了。

不过，董卓的担心没持续多久，因为他手下有个人发现了一件事，那就是吕布虽然武力值超强，但有一个让人瞧不起的缺点，就是"轻狡反复，唯利是视"。也就是说，这个人反复无常，眼睛看的都是利益。

于是，这个人跑来向董卓献计："将军，要杀丁原，必须先搞定吕布。吕布这个人我了解，实在是有奶就是娘。只要将军您舍得金银财宝，吕布必然会归顺将军。"

董卓一听大喜，就这么办！于是，他就命献计之人准备了一份厚礼，去说服吕布归附自己。

要说那个向董卓献计的人，确实非常了解吕布。面对厚礼，吕布是怎么想的呢？没错，丁原对自己有知遇之恩，但是与现成的利益比较起来，恩情算什么呢？而且，丁原只是地方的牛人，而董卓是天下第一牛人，跟董卓当然没错啦！所以，吕布很爽快地答应了，表示今后要誓死追随董将军。

来人阴险地一笑："很好。但是，吕将军，您得表达您的诚意，要不把丁原的脑袋砍下来当见面礼，如何？"

董卓这一招确实很毒很缺德！丁原估计打死也不相信吕布会来要他的命。但是，事实就这么残酷。并没有经过太多的思想冲突，吕布提着刀一扭头就进了丁原的营帐。等出来的时候，他手里多了一颗血淋淋的人头。

吕布带着自己旧老板丁原的人头投奔了董卓，董卓自然很高兴，提升吕布为骑都尉，与他约为父子，还顺手把丁原的人马全部收编了。这时，董卓已经控制京城附近所有的军队，实力一时无两。

拉拢人才

董卓本人出身地方豪强，只是机缘巧合之下，才控制了京城，挟持了天子。对此，京城百官一点办法也没有，不得不屈服于他的淫威之下。但是，天下的诸侯士大夫，还有驻守在外的将领们，真的就这么乐意听任董卓控制朝廷吗？很难说。就连董卓都觉得自己声望太低了，难以服众。

怎样才能提高自己的声望呢？首先要把自己提拔上去。董卓现在还只是并州牧，洛阳城里大官很多，在街上一走，遇见人打个招呼，就容易碰见比自己官大的人，实在很丢脸。

提拔自己做什么官好呢？有了！从今年六月开始就一直下雨，现在都八月了，雨还是不停，太影响国计民生了。这是司空的失职。不过下雨又跟司空有什么关系？当然有。这是因为东汉时期慢慢出现了一个莫名其妙的传统，天灾异象居然和三公失职与否有关系了。于是，董卓很快就让皇新帝把司空刘弘撤职，自己当上了新任司空。三公属于国家领导人级别。这样一来，董卓再走在街上，比他官大的人就寥寥无几了。

现在董卓的位置问题解决了，但是仅仅他自己做大官还是难以服众。董卓明白，如果想让自己的地位得到天下人的认可，关键中的关键就是要取得士大夫集团的认可。对此，董卓充满信心。

毕竟，因为两次"党锢之祸"，那些士大夫被迫流亡于江湖，郁郁不得志已经近二十年。这个时候我董卓重用他们，那些穷酸的读书人不会高兴得跳起来，热烈拥护我吗？

但是，事实证明，董卓实在太天真了。没错，士大夫们确实喜欢在朝堂挥斥方遒，但是面对董卓的热情，几乎没人搭理他，只有一个人例外，那就是蔡邕。

为什么蔡邕会接受任命呢？其实，一开始蔡邕并没有答应，而是借口生病拒绝了。蔡邕那点小心思，董卓早就预料到了。一看蔡邕真的拒绝他，董卓不禁勃然大怒，立刻派人给他捎去一句话："你要知道，我是可以杀人全家的人。"蔡邕一听，害怕了，乖乖地跟着使者回到朝廷当官了！

董卓一看，转怒为喜，立刻给蔡邕封了大官，而且三天之内每天都升他的官。不久之后，蔡邕就成了侍中。

拥立汉献帝

董卓招徕名士，效果不是太好，只来了一个蔡邕，还是被自己逼来的。不过，他很快就想到了一个大招来摆脱目前的窘境，那就是换皇帝。而要换皇帝，就要取得朝中有名望、有地位的大臣的支持。

董卓知道，现在朝廷当中最符合条件的就是袁氏家族。袁家老一辈的，袁隗是太傅；年轻一辈的，袁绍是司隶校尉，袁术是虎贲中郎将……于是，董卓决定先把袁绍叫来探探底："现在天下乱成这个样子，咱们需要一个更有能力的人来做皇帝，否则个个都像灵帝那样，这个国家还能称为国家吗？本将军认为，董侯（陈留王刘协）比史侯（汉少帝刘辩）聪明多了，看起来能担当起重任。"

这话真是太狂妄了！假如董卓这个时候收住心神，着眼长远，先培育自己的力量，继续高喊拥护刘家统治江山，然后继续高举汉字的伟大旗帜，把刘家的无形资产利用到最后一刻，再变更公司的法人代表，天下顺理成章成为董家的天下，也未可知。

虽然董卓大权在握，但袁绍还是大声说："当今天子年纪还轻，又没有什么大的过失，您要废掉身为嫡子的他，改立身为庶子的陈留王，恐怕很难得到天下人的支持吧？"

董卓万万没有想到袁绍是这个反应，当场就发飙了："现在老子说了算。老子想让谁当皇帝，谁就能当皇帝。你小子敢和老子作对，你以为老子的刀不够快？不能杀人吗？"

袁绍不想跟他正面冲突，就说："这是国家大事，还是跟太傅一起商量吧。"

董卓很生气："要是史侯将来跟他爸爸一样，刘家就没有资格再坐那个位子了。"

一看董卓这么过分，本来不想正面冲突的袁绍也火了，把自己的佩刀抽了出来，说了句："天下刀快的不止你董公一人。"说完作了个揖，然后气势昂然地走了出去。

一看到这副架势，董卓呆住了。按他平时的脾气，早就让人把袁绍拖下去，直接砍了，可是董卓想到自己立足未稳，袁家又是世家，在京城里人脉广得很，还是暂时不要得罪的好。

那边袁绍回到家里，脑袋一冷静，觉得后怕。他赶紧把司隶校尉的大印挂在上东门，自己骑上快马逃离洛阳，一口气跑到了袁家的根据地。

一看袁绍跑了，董卓并不在意，反而觉得很好，最起码自己现在想干什么就干什么了。不过，董卓万万没想到，袁绍这么一跑，给他带来的麻烦却大得要命。当然，董卓是个粗人，想问题没有那么长远。真有那么长远，他也不会急于在短时间之内做那件惊世骇俗的大事了。

董卓的动作很快。袁绍逃走以后没多久，也就是昭宁元年（189）九月，董卓进京还没到一个月，他就迫不及待地召开了一场影响东汉帝国命运的会议，要求满朝文武必须出席，不得请假。

等人到齐以后，董卓代表朝廷发表重要讲话，并且在会上隆重宣布："相信大家现在已经看出来了，当今皇上太不中用，一点治国安邦的水平都没有。所以，本将军决定向当年的伟大先辈伊尹和霍光学习，撤销当今皇上的职务，改立陈留王，大家有什么意见？有意见只管提。"

听上去董卓还挺客气，但实际上在场的所有人都知道，这是通知，不是征询意见。大家当然有意见了。但是大家都清楚，只要一发表意见，哪怕是嘟囔两句，人头会立马落地。

董卓问了以后，扫视全场，发现大家都低着脑袋，没人说话。他对大家的反应非常满意。也许是为了巩固现场效果，他再一次把霍光搬了上来："听说当年霍光做出决定以后，就叫田延年拿着剑站在旁边，谁不服就砍谁。"

在座所有的人都相信董卓的话不是说着玩的，所以没人敢吭声。正当董卓志得意满地扫视全场的时候，尚书卢植站了出来。他当场反驳了董卓："此言差矣。想当初，伊尹、霍光侍奉的是太甲、昌邑王这样昏聩的君主，才会有后来的废立之事。当今皇上年纪轻轻，没有什么失德的行为，不能把他当成太甲、昌邑王那样的昏君来对待。"

一番道理讲下来，董卓无话可说，只能悻悻地当场宣布散会，气哼哼地离开现场。"实在太气人了！我一定要杀了卢植这个狗东西！"一看董卓气成这副样子，蔡邕他们赶紧上来死命拦着，说卢植是名士，要是拿下他的脑袋，全国都会陷入恐怖之中，您的人气立马会暴跌不止，这对于您在京城的发展很不利。

听到自己好不容易请回来的蔡邕这么说，董卓冷静下来，耐住性子收回了自己的刀，只不过把卢植的官职免了。卢植是个聪明人，一看董卓放自己一马，急忙收拾东西跑到上谷去了。

袁绍被吓跑了，卢植被赶跑了，董卓面前又少了一个眼中钉。他当然不会因为别人的反对而叫停自己想要做的工作。于是，董卓派人把草拟的废立方案拿给袁绍的叔叔袁隗看。

为什么要给袁隗看呢？因为袁隗的职务是太傅，也就是当今皇帝汉少帝刘辩的老师，地位还在三公之上，是目前非董卓阵营里级别最高的官员。只要他能签个同意，那么这事儿基本上就合理合法了。

一看董卓找他商量废立之事，袁隗什么表现？义愤填膺，拍案而起，大骂董卓奸贼？都不是。他非常爽快地同意了。

得知袁隗的态度，董卓瞬间就有了底气。接下来，他把在京的全体大臣都集中到崇德殿，并要求何太后下诏，废掉刘辩，改立刘协。

这份诏书对于何太后来说是要命的，因为这是让她废掉自己儿子的诏书，但是何太后却不能拒绝。什么叫"皇帝在丧，无人子之心，威仪不类人君，今废为弘农王，立陈留王协为帝"？这几个字简洁得很，却把她的亲生儿子批得一文不值，让他立即"下课"，挪出位子让给刘协。

何太后现在完全成了木偶一个，别人说怎么办，她就得怎么办。她的家人现在几乎都死光了，自己孤家寡人一个，能不能活下去，都只是董卓一句话的事，怎么可能不听话？何太后签完，放声大哭。

这个时候，太傅袁隗按照董卓的布置走上前来，从刘辩的身上解下皇帝的玺绶，然后郑重其事地转交给刘协。这就算完成了东汉帝国的权力交接仪式。最后，刘辩被扶下宝座，转身面对刘协俯首称臣，被封为弘农王。就这样，刘协当上了皇帝，他就是汉献帝。

整理官场

在董卓的操纵之下，可怜的汉少帝刘辩只做了不到五个月的皇帝，就带着巨大的失落和绝望下台了，而这时他仅仅是个十四岁的孩子。董卓把刘辩拉下马之后，第二步就是要废掉何太后。

因为按照惯例，皇帝太小就得太后临朝称制，什么都得她说了算。董卓为什么要把汉少帝废掉？不就是想自己说了算吗？所以，把汉少帝逼下台以后，董卓当然不允许自己头上还有个太后指手画脚，而不允许这种情况出现的办法就是先把何太后废掉，使这个时代成为一个没有太后的时代。

现在董卓想要做什么已经像杀一头猪那么简单了，根本就不用去问别人，他直接就找了一条足以让何寡妇丢掉太后一职的罪状，那就是"太后蹴迫永乐宫，至令忧死，逆妇姑之礼"。什么意思呢？何太后以前利用职权逼迫董太后，让她忧愤而死，违背了儿媳妇要孝敬婆婆的礼制。这种大逆不道的人还能当太后吗？当然不能。于是，何太后就被迁到永安宫居住，这就等于宣布剥夺何太后政治权利终身。

不过，事情还不算完。在宣布改元永汉、大赦天下以后，董卓又派人拿着一杯毒酒毒死了何太后。何太后死后，董卓又把她的母亲舞阳君杀了。更令人发指的是，董卓甚至连死人都不放过，竟然把何苗从棺材里刨出来，肢解之后砍成数段，抛在路边。再到第二年寒冷的正月，成天生活在恐惧之中的刘辩也等来了一杯冰冷的毒酒。

董卓连皇族都不放在眼里，对付自己的仇家就更不在话下了。他可是一个睚眦必报的人，不会放过任何一丝报仇的机会。

之前，张温在出征西凉的时候，差一点儿听取孙坚的意见，把董卓杀了，虽然最后没杀，但是仇恨在那个时候已经结下了。董卓对张温一直怀恨在心，现在自己掌权了，张温你还想逃，做梦吧！仅仅因为太史说夜观天象可能会有大臣去世，董卓就下令把当时已经一大把年纪的张温拖到闹市之中，当众用乱棍活活打死了，还说这就是应天象。

董卓对皇甫嵩的仇恨也是在出征西凉时候结下的。现在董卓终于掌握了大权，恨不得立马杀了皇甫嵩，不过他却忽略了皇甫嵩的影响力。最后，迫于舆论的压力，董卓还是放过了皇甫嵩。

董卓深深地懂得，无论是清理政坛障碍物，还是报个人私仇，没有权力是万万不能的。于是，他先让新任皇帝刘协任命他为相国。要知道，东汉的官职序列里是没有相国的。董卓为了独揽大权，又恢复了相国之职，同时他还兼任太尉，假节，传斧钺、虎贲，"参拜不名，入朝不趋，剑履上殿"。

"参拜不名，入朝不趋，剑履上殿"是一种什么待遇呢？当时官员上朝首先得喊自己的名字，然后小步快走，表示对皇帝的尊敬，而且在皇帝面前不能穿鞋，绝对不能带兵器。而董卓现在的待遇就是来上朝的时候不用和皇帝打招呼，不用喊自家的名字，上殿的时候不用小步快走，还可以带着兵器。

从这一刻开始，董卓就成了汉朝有实无名的皇帝。

正所谓"一人得道，鸡犬升天"，除了让自己登上人生的巅峰，董卓还让自己的家人共同分享这泼天的富贵。他的母亲被封为池阳君，还配上了令、丞这样的助手，主管家事。这可是皇家级的待遇了。

给了老妈特权还不够，董卓又把弟弟董旻封为左将军、鄂侯，侄子董璜封为侍中、中军校尉。董氏家族的很多人都在朝中为官，就连董家小妾怀里抱的婴儿也被封了侯，赐以礼器。

在为自己争取核心地位期间，董卓已经动手开始整理官场。虽然他现在嚣张得很，恨不得把天下所有对他有意见的人统统宰掉，不过拉点人气还是必需的。为此，董卓做出了大量努力。替"党锢之祸"受害者翻案就是其中重要的一件。在董卓的主持下，陈蕃、窦武等人恢复了生前的爵位，他们的子孙也被提拔任用。

与此同时，董卓还大力提拔天下名士，让他们为自己服务。武威人周毖做了尚书，汝南人伍琼做了城门校尉，这两个人很快就成了董卓的心腹。他们向董卓献计说，要改正桓帝和灵帝统治下的毛病，最要紧的就是选用天下名士，这是笼络人心最有效的办法。

董卓也知道，牦牛是能驮东西的，牧羊犬是能看羊群的。只要对自己有好处，重用名士、重用强盗，不都是一样的吗？你们主张用名士，那就用。于是，他就提拔了一批和他从来没有任何关系的人员，包括韩融、陈纪、荀爽等。这些人都是当时的清流派人士，在人气排行榜上排名都很靠前。

　　尽管有人坚决抵制董卓的征召，但在董卓的淫威下，很多名士还是不得不出来做官了。比如陈纪，他是士人领袖陈寔的儿子，担任了五官中郎将。又如韩融，他是与陈寔齐名的韩韶的儿子，担任了大鸿胪；有"硕儒"之称的荀爽升任司空。一时之间，朝堂之上，人才济济。

　　除了京官，董卓还选拔大量名士担任太守、刺史、州牧等地方官。比如，董卓任命韩馥为冀州牧，刘岱为兖州刺史，孔伷为豫州刺史，张咨为南阳太守，张邈为陈留太守。就是曹操，董卓也没忘了他，任命他为骁骑校尉。

　　对了，董卓为了表现自己肚量大，还给袁家兄弟也封了官。袁绍被任命为渤海太守，袁术被拜为后将军。当然，袁术也怕留在京师里凶多吉少，把后将军的印绶一扔，跑到南阳去了。

横行京城

　　董卓不是外戚，不是宦官，不是士人，这些都不假，但他是西凉的土霸王，无论在老家，还是来到京城，都始终如一地保持着强盗的气派。他听了别人的话，选用了儒生名士，但在内心里只把他们当成没什么用的"娘娘腔"。在这个乱世，只有手里有兵权才是最实用的。对他们好，还不如对自己手下那些将士好。

比如，董卓就放纵自己的军队去抢夺财物。当然，他现在是相国了，不能再像以前那样肆无忌惮了。不过，这也并不难，董卓给这次抢钱运动起了个冠冕堂皇的名字，叫"搜牢"。"牢"就是财物的意思。从表面上来看，董相国只是让部下帮助洛阳人民统计一下户口、物资，并提供相应的治安保护。实际上呢？就是明目张胆地开抢！

洛阳城里的贵戚富户几天之内全被抢了个精光，不但钱没了，家里的女人要是长得漂亮点的，也被这些匪兵抢走了，稍有反抗，立刻乱刀砍死。京城里的贵戚们和朝中百官，还有地方政府都有千丝万缕的关系，董卓这种土匪的做法只能让他彻底丧失人心。

董卓抢完活人，也没有放过死人。何太后是汉灵帝的皇后，死后自然要和灵帝葬在一块儿。于是，趁着何太后入葬的机会，董卓打开了文陵（汉灵帝的坟墓）。文陵里面随葬了很多珍宝。这么多珍宝统统埋在地底下陪死人，多么浪费！结果可想而知，这些珍宝全都归了董相国。

如果说搜集珍宝满足的是董卓的物欲，那么接下来董卓要做的事满足的就是他的肉欲了。他本身就住在很阔气的相府里，可是相府再阔气又怎么比得上皇宫的气派呢？所以，董卓干脆经常性地在皇宫里过夜。抢夺宫女，强奸公主，那简直就是董相国在后宫的日常。

俗话说，欲使其灭亡，先让他疯狂。董卓这时就已经开始疯狂了。他制造了不计其数的人间惨案。这些罪行令人发指，至今还白纸黑字地记载在史书当中，令人不寒而栗。

比如，有一次，董卓派手下的部队袭击阳城，恰巧当地百姓正在举行迎神赛会①。结果，这些无辜的百姓遭到了惨无人道的屠杀，所有男人被砍头，头还被挂在战车上，所有女人和财物都被装在战车上运回洛阳。而这些屠杀百姓的兵丁还对外宣称剿灭叛贼大胜而归。

看见部下做了这种缺德事，董卓居然什么也不说，只是下令把那些人头统统烧了，把抢回来的女子分给部下们。这些以泪洗面的女子最后还不得不委身于杀人凶手，成为他们的奴婢和妻妾！

这种严酷的手腕不仅仅是对百姓，不仅仅是对自己的敌人，甚至连自己人都不能幸免。比如，侍御史扰龙宗有一回向董卓汇报工作，可能事情有点急，所以忘了把佩剑解下来。董卓一看，你小子来见我，还配着一把剑，什么意思啊？当场就下令左右，把扰龙宗拖出去活活打死了。

董卓是不是傻？他难道真的不知道这样会丧失民心？其实，董卓一点儿不傻，看他的政治手腕也不能这样说。那为什么他会做出这种匪夷所思、令人发指的事情呢？只能有一个解释，那就是董卓想达成另外一个目的，为了达到那个目的，他不惜毁掉自己的形象。那个目的就是树威。

董卓很清楚自己是个外来户，来到京城以后什么根基都没有，京城里的那些宗族大户只要联起手来，自己很可能完蛋。往小处说，是卷铺盖走人；搞不好，连脑袋都会掉。所以，董卓是急于在京城站稳脚跟的。

这并不是件容易的事，需要长时间的经营。由于时间上董卓输不起，所以他认为必须用一种简单粗暴的方法快速树威。这种方法当然就是下严令、下狠手，但凡违逆我的意思、触犯我的权威的人统统得死，而且会死得很难看。这样一来，大家怕了自己，自己的地位才会稳固，其他事

---

① 就是一种祈祷神明保佑自己风调雨顺、丰衣足食的祭祀仪式。

就可以慢慢想了。

　　不过，不管董卓怎么想，这洛阳他是待不下去了。在他做了这些缺德事以后，洛阳百姓还能接受他吗？很难吧，董卓对于这一点似乎也是心知肚明的。

　　或许在他看来，洛阳根本只是帮自己树威的一个工具，这地方不是自己的长待之处。不管怎么说，这个地方离以前的根据地太远了。所以，必须找一个新的、能长久扎根下去的根据地才行。西边的故都长安是个不错的选择！于是，董卓开始考虑迁都长安的事情了。

第十章
天下反董

曹操逃跑

正当董卓在京城洛阳为非作歹的时候，一个人忍不住想逃跑了，这个人就是曹操。和发小袁绍不同的是，已经经过宦海沉浮的曹操变得更加深沉、稳重，没有激烈地去反抗董卓。按照谋士的指点，董卓对士人及袁绍、曹操等高官子弟都比较客气。董卓还表奏曹操为骁骑校尉。按官制，大将军属下有五支部队，每支由一名校尉统领，骁骑校尉就是其中之一。由此可见，董卓对曹操十分赏识、器重。

此外，董卓还想引曹操为心腹与他共谋大事。面对董卓的热情，曹操却想起了以前的冀州刺史王芬。王芬也曾想和自己共谋大事来着，结果呢？自杀身亡。董卓虽然实力雄厚，要是有了这种心思，恐怕也难得善终。

想到这些，曹操就觉得手里的这位委任状烫手。不过，要是自己不从，恐怕现在就有生命危险。怎么办呢？思来想去，曹操决定逃跑。于是，趁凉州军不备，他带着几个随从，快马驰出了洛阳城，直奔陈留而去。陈留太守张邈是曹操的太学同学兼好友，一定可以帮得上忙。

这边曹操已经逃出洛阳城，那边董卓还在等曹操来谢恩。可是，左等不来，右等不来，好容易手下人进来向他报告曹操的动向，却是这家伙已经逃出了洛阳城。董卓瞬间震怒，下令画影图形，遍示州县，一定要捉住曹操这个叛徒。

曹操跑了不假，可他跑到成皋的时候差点儿连命都丢了。就在这里，曹操跟吕伯奢一家产生了纠葛。当时，曹操一行人到了吕家，主人家吕伯奢不在，吕的儿子们热情接待了一行人。中间出了一些变故，结果两帮人对砍。曹操一方胜出，杀死了吕家人。至于其中的变故到底是什么，史书说法不一，有的说小吕们见财起意，谋财害命，有的说曹操疑心太重。

杀了人以后，曹操仍没有停下逃亡的脚步。结果，跑到中牟县的时候，曹操又碰到事儿了。当曹操一行走到这儿的时候，当地的一个亭长警惕性非常高，一看就知道曹操这个人不是一般人，于是就把他们抓了起来，押到了县里。

县里的官吏中有一个人眼光很准，虽然他只是一个功曹（大概相当于县令的参谋）。这个功曹认出了曹操，但他并不觉得应该把曹操交给朝廷，而是应该把他放了。于是，在功曹的劝说下，中牟县令就把曹操放了。

再次逃过一劫的曹操终于到了陈留郡。

天下反董

曹操选择留在陈留郡，不仅因为陈留太守张邈是他的好友，还因为他的父亲曹嵩在这里有一份家产。当年从太尉的位子退下来后不久，曹嵩就来到了这个地方，专心整治自己的家业。曹操的起家就靠父亲留下的这份资产了。

如何才能说服老爸呢？其实，根本不用绞尽脑汁。以曹嵩对曹操的溺爱程度，恐怕要星星都不敢给月亮。这位老人家可是做出过拿一亿钱买太尉当的事的人。陈留起兵怎么也用不了一亿钱吧？

曹操一看老爸同意了，大喜。有了钱，现在就缺一张征兵的批文了。自从曹操逃出了洛阳城，他就成了一名普通的百姓。无官无职，又是外地人，征兵根本没有号召力。不过，这事儿并不难解决。这张征兵批文好友陈留太守张邈已经替他解决了。

然而，征兵批文有了，也并非就万事大吉了。少了陈留本地士绅的支持，曹操照样玩不转。那么，陈留本地最有影响力的士绅是谁呢？孝廉卫兹。

卫兹，子子许，陈留襄邑（今河南省睢县）人。他为人有大节，明虑渊深，规略宏远，曾为车骑将军何苗辟召，司徒杨彪再加旌命。这时，他正在陈留老家。更重要的是，他还是当地的首富。这个人可谓有才又有财。要是能得到他的帮助，何愁大事不成？于是，曹操就常常出入卫兹的家，做他的工作。

作为陈留最有影响力的士绅，卫兹是有自己的判断力的。经过一番接触和对比之后，卫兹认为，能够平定天下的人非曹孟德莫属。他不仅自己这样认为，还对外大力宣扬这个观点。更加难能可贵的是，卫兹的支持不仅仅包括舆论，还包括拿出大量财物助曹操募兵。

有了来自官府、民间、家庭的多方支持，这个时候再不征兵，更待何时。于是，曹操大张旗鼓地开始征兵了。

结果，没几天的工夫，曹操的老家谯县就来人了。

第一批来的是曹仁和曹洪哥儿俩。

曹仁从小喜爱舞枪弄棒、跑马打猎，见到天下大乱，他也在暗地里结交了一批少年，共有一千多人。而曹洪是个大财主，也是位勇士，光是他家里能打仗的壮丁就有一千多人。曹仁、曹洪都是曹操的从兄弟，他们对曹操都特别钦佩，情愿为他卖命。他们的加入让曹操底气大增。

第二批来的是夏侯惇和夏侯渊哥儿俩。

夏侯惇从小就很出名。据说，他十四岁那年见到一个流氓侮辱自己的老师，气愤不过把那个家伙打死了。夏侯渊是夏侯惇的从兄弟。他家境不好，在兵荒马乱当中又碰到大饥荒，家里断了粮揭不开锅，却丢下了自己的小儿子，为的是救活他死了的兄弟的一个女儿。两个讲义气的兄弟也带了两千人投奔曹操。曹操把他们看成亲兄弟一样。

除了这四个人，阳平魏国人乐进和山阳巨鹿人李典也率兵来陈留与曹操会师。

乐进人长得矮，但胆量非常大，哪里有危险，别人又不敢去的，让他带头就没错了。曹操派他出去募兵，这家伙一去就招来了一千多人。而李典出身巨鹿的豪门大族，他家里的门客就有几千人。这次，他带来的只是一部分。

上面这些队伍构成了曹操陈留起兵的基本力量。有了这支基本部队，曹操就可以开始铸兵器、练队伍了。

当然，不是每个人来了都对曹操表示满意，比如那位北海名士孙宾硕就对曹操颇有微词。孙宾硕来的时候，曹操正和一群铁匠一起打造兵器。孙宾硕对此很不以为然，对曹操说："你身为首领，应该抓紧时间考虑规划、方略，怎么可以浪费时间在打造兵器上呢？"曹操听了哈哈大笑，露出一口白牙："你看，我手中这把刀能否用来砍杀董卓老贼啊？我既能铸刀，又能做大事，这两者又有什么互相妨害的地方吗？"

孙宾硕的冷水并不能浇灭曹操的热情。中平六年（189）十二月，陈留郡群情激昂，当初狼狈不堪逃出洛阳的曹操已经聚集了几千兵马，打响了讨伐董卓的第一枪。

被董卓委以重任的曹操都起兵反董了，那么本来就和董卓有隔阂的袁绍会怎么做呢？这时，袁绍正在渤海太守的任上。虽然他比任何人都想起兵讨伐董卓，可当时的冀州牧韩馥却没有这个心思。

韩馥的冀州牧是董卓任命的，所以韩馥并不想跟董卓撕破脸。他听说本州的渤海太守袁绍在招兵买马，想和董卓作对，就觉得很不妥当，于是就派人去监视袁绍，弄得袁绍只能在那儿干着急，一点都动弹不得。

这时，东郡太守桥瑁忍不住了。他曾经做过兖州刺史，在太守和刺史当中很有威望。他想出了一个主意，那就是假冒三公的名义给各州郡发布一份公告。公告中控诉了董卓的滔天罪行，期盼大家团结起来，和董卓进行坚决的斗争，挽救国家。

要说桥瑁算不上这个时代的杰出人物，但不可否认的是，他这个行动却成了反董运动的导火索，直接引爆了各路诸侯起来参加打倒董卓的战争。

韩馥也收到了这份公告。他虽然紧紧跟着董卓，可是看到公告以后，心里也不禁有点波动。韩馥想了好久，觉得跟谁都好，又觉得跟谁都危险，于是就叫手下人一起开会，对目前的局势进行一次全面的评估。

在会上，韩馥的发言非常简单，主题就一句话——咱们是帮董家，还是帮袁家。

治中从事刘子惠认为，起兵是为国为民，哪里是为了董家或者是袁家。一句话说得韩馥脸上直发烧……最后，大家得出了统一的意见，那就是同意起兵反董，不过冀州不能当出头鸟。

于是，看清了形势的韩馥立马解除了对袁绍的监视，还派人给他写了一封信，深入细致地描述了董卓的罪恶，表示坚决支持袁绍起兵。袁绍得到韩馥的支持，胆子就更大了，他干脆直接派人到各地，约同各路诸侯一起起兵。

东郡太守桥瑁是首倡者，冀州牧韩馥表示支持，袁绍的异母弟后将军袁术、堂兄弟山阳太守袁遗也起兵响应。另外，豫州刺史孔伷、兖州刺史刘岱、河内太守王匡、陈留太守张邈、广陵太守张超，都纷纷回信给袁绍同意发兵。

曹操那边得到了消息，立马带着乐进、李典、夏侯惇、夏侯渊、曹洪、曹仁，还有五千多名士兵向酸枣这边过来。之前曾经在京城里劝袁绍杀掉董卓的鲍信现在也回到泰山了，招募了步兵两万人，骑兵七百人，辎重五千多辆，和他的兄弟鲍韬正在练兵。听说曹操领兵奔赴酸枣，他二话不说领兵就来了。在当时，他们算是陈留太守张邈的部下。

于是，天下各路军马陆续出发，有的两三万人，有的一两万人，少的也有五六千人，反董这个共同的事业让他们走到了一起。巧合的是，起兵反董的军马大多数来自函谷关以东。

从春秋战国时开始，函谷关与崤山就以险峻著称，战略位置相当重要。崤函以东称为关东或山东，崤函以西称为关西或山西。董卓出身凉州，又任并州牧，基本上掌握了关西地区。对于关东的掌控力，他显然是很苍白的，所以这次起兵的基本上都是关东各郡。正因为如此，他们就被称为关东义军。

废柴联军

初平元年（190）正月，年味还没有散尽，一支支兵马就先后来到陈留郡酸枣县。一个重要的历史事件将在黄河边上这座小县城发生。关东义军在这里集结。不能按时到达的，也派来了使者。

参加同盟的有河内太守王匡、冀州牧韩馥、豫州刺史孔伷、兖州刺史刘岱、陈留太守张邈、张邈的弟弟广陵太守张超、东郡太守桥瑁、山阳太守袁遗、济北相鲍信、后将军袁术，以及渤海太守袁绍，一共十一路。

尽管曹操只是以张邈部下的名义参与会盟，但还是有人慧眼独具，认为只有曹操才是真正的英雄，才配成为反董事业的带头人。这个人就是济北相鲍信。他的原话是"夫略不世出，能总英雄以拨乱反正者，君也。苟非其人，虽强必毙。君殆天之所启"。

鲍信口中"苟非其人，虽强必毙"的人，指的是谁呢？当然就是优柔寡断的袁绍了。当初在京城，董卓还立足未稳的时候，鲍信就劝袁绍杀掉董卓，而袁绍犹犹豫豫，平白无故地就放过了好机会。等董卓强大了，又招兵买马，用硬碰硬的方式来铲除董卓，鲍信又怎么会认为袁绍是个有才干的人？

鲍信相信自己的眼光，对曹操倍加亲厚。曹操也很高兴能得到这样的知己，与鲍信之间的情谊愈加深厚。有知己惺惺相惜，内心确实温暖，但眼前那些过于沉迷饮酒的将领，确实让人心烦。曹操不由得叹了一口气。这时的曹操还没有成为奸雄，他对汉室是抱有希望的。他内心的愿望无非是击败董卓，杀掉皇帝面前的奸臣，众人一起辅佐皇帝，重整一个大汉盛世。

不过，这毕竟是曹操个人的想法。像袁绍、袁术这些人，他们可不会管汉朝的死活，他们起义兵恐怕就是想随波逐流，赚点便宜，还有就是他们深受朝廷大恩，现在朝廷有难，如果置之不理，天下人会耻笑他们。

十几支义军会师，声势颇盛，旌旗猎猎，战鼓隆隆，怎么会畏惧不前？这是因为，大家都有小算盘。

在过去的一百多年里，东汉帝国的主要战争集中在西部的凉州、并州这些地方，所以关西军的战斗力是非常强的。而且，关东民风远远不如关西彪悍，军队也没有丰富的战斗经验。真要跟董卓的关西军硬碰硬，恐怕没有什么胜算。大家谁也不想做出头鸟。

但是，不打倒董卓这个老贼，大家都没有好日子过。最后，对国贼董卓的痛恨成为关东联军的压倒性主题，大家决定推举一位盟主来主持反董大计。

谁来做这个盟主好呢？选曹操吗？不可能。这十几路义军里甚至都没有曹操正式的名号，他没有官方身份，只是陈留太守张邈的一个部下而已。

那么，谁有希望呢？参与会盟的多数人推举出身四世三公家族的渤海太守袁绍。就这样，袁绍成了关东联军的盟主，并以车骑将军的名义率领联军。其他参与会盟的诸将也被假受官号。就连在张邈部下效力的曹操，也得到了代理奋武将军的官职。为什么是假受官号呢？因为大家都没有拿到朝廷颁发的任职证书，也没有拿到官印，一切都只是权宜之计。毕竟皇帝还在董卓手里，就算董卓再缺乏智慧，也不会批准这些反董人士的任职。谁会成心给自己添堵呢？

会盟结束后，曹操希望能尽快开始反董的军事行动，可众人还是不为所动。虽然联军已成，但很多将领都在暗自打着小九九，生怕自己吃亏。他们看曹操这样积极，心里默默发出了讥笑声。另外，董卓的西凉军也不是好惹的，硬碰硬肯定吃亏。还是假装自己喝醉了吧。

看到众人的表现，曹操决定跟诸将分兵，独自去对抗董卓。不过，这次他不是一个人，而是有了支持者。支持者有两位，一是济北相鲍信，二是孝廉卫兹。他们决定率军追随自己认定的真英雄。曹操手下有五千人，鲍信、鲍韬兄弟有一万多人，卫兹从张邈那里讨来了一支人马，三股力量组成一支混合部队，在关东联军的嘲笑当中，毅然向西挺进。

这支联合部队在荥阳汴水与董卓的部队相遇了。对方领兵的大将正是董卓的爱将徐荣。徐荣手下都是西凉精兵，而且数量明显多于曹操一方。曹操一方大部分是刚招募不久的新兵，战斗力根本不能和对方同日而语。如此悬殊的实力，对战的结果可想而知。

一场苦战下来，曹操最终战败，而且败得很狼狈。手下士卒伤亡过半，几位首领中卫兹、鲍韬阵亡，鲍信受伤。曹操本人更惨，不仅身受箭伤，而且坐骑被射死，眼见得就要丧命于乱军之中。正在这时，一人一骑瞬间而至。

来的人是曹洪，他的坐骑是一匹宝马，叫白鹄。曹洪来到曹操面前，一看大事不妙，立刻翻身下马，坚持让曹操上马先行，自己留下力战敌军。也正是因为这样，曹操才成功地摆脱了徐荣的追击，保住了性命。

　　而这一仗下来，徐荣也是大惊失色，原本以为关东的军队不堪一击，现在看来他们的战斗力确实令人惊讶，大出意料。所以，他也很快率军撤退了，不敢贸然继续进攻。

　　当曹操狼狈不堪、浑身是血地连夜逃回大本营的时候，他却悲愤地发现，其他将领仍然在置酒高谈。又过了几天，曹操实在忍不住了，就向诸将献计："只要袁绍将军率军进兵孟津，酸枣诸将占据敖仓，控制险要之地，袁术将军率南阳之兵进军武关，以此震慑关中三辅之地，而后我军高垒深壁不与董卓主力决战，在各处多设疑兵，显示出天下大军汇集的形势。此后我们以正义讨贼，天下很快就可以平定了。如果我等犹豫不敢进兵，不仅天下人失望，在下也为诸位感到羞耻。"

　　可是，现场依然是觥筹交错和大家的嬉笑声，没人搭理他。

　　不怕神一样的对手，就怕猪一样的队友，曹操彻底失望了。他只能心灰意冷地带上残部到扬州招兵，招到一千多人后，就回河内驻军了。

还是迁都好

　　袁绍在成为关东联军盟主的同时，还发出通告，要求其他地方的人加入联军。通告发出去以后，又多了几路兵马来帮忙，其中一路就是长沙太守孙坚。要说在反董联盟里打董卓最坚决的，除了曹操之外，就是孙坚了。

　　还有一路就是上党太守张杨。他是云中人。大将军何进还在的时候，命令张杨到上党去招兵。没过多久，朝廷里乱了，何进被杀，董卓当权了。于是，张杨为了发展自己，率军攻击了上党太守。虽然没有成功，但他的队伍得到了扩张，已经有几千人。这时，袁绍又发出了通告，于是张杨就以上党太守的名义参加了关东联军，带着这几千人来到了袁绍身边。

除了这两支规模比较大的部队之外，一支小分队也正在赶来的途中，那就是右北平太守公孙瓒麾下的刘、关、张兄弟及他们的部下。

这边关东联军折腾得这么热闹，那边董卓也感觉到压力了。实际上，在此之前，董卓根本就看不起这些人。在他心目当中，另外一股力量更要他的命，那就是河东黄巾军。

现在黄巾军还在吗？在。黄巾起义失败以后，黄巾军还有很多分支，他们在全国各地零零星星地继续战斗。让董卓坐立不安的河东黄巾军就是白波军，因为起义的地点为西河的白波谷而得名，首领是郭太。白波军宣布起义以后，就向河东方向挺进，一路上不断有人加入，队伍越来越壮大，最后达到了十几万人的规模。

要知道，董卓是把并州、凉州作为自己的根据地的，所以不可能容许在这个地方出现一支反抗自己的力量。以董卓的想法，关东地区能守则守，万一守不住就退回去，回到自己的根据地不就成了？卧榻之侧，岂容他人酣睡？所以，董卓先派中郎将牛辅带领大军去镇压白波军，而后才调兵遣将对付袁绍他们。

牛辅是董卓的女婿，也是董卓最重用、最信任的一位将军。只可惜牛辅不争气，出征没多久就被白波军打败了。这下，董卓就头痛了，万一白波军和袁绍他们联起手来，一西一东向洛阳发起夹击，自己的处境就危险了。而且，他们肯定要帮助被废掉的汉少帝刘辩恢复帝位。

为什么董卓会有这种担心？因为刘辩才是汉灵帝的嫡长子，唯一合法的皇位继承人，而现在的皇帝是董卓硬弄上去的。只要刘辩一死，现在的皇帝刘协不就成了汉灵帝留在世上唯一的儿子了吗？也就是说，他成了唯一的合法继承人。这样的话，袁绍那帮家伙就算再提出一个人来继承大统，也是名不正言不顺的，从道义上讲已经先输了一步。

还别说，袁绍确确实实打算另立皇帝，不过最后没成功。他要另立的皇帝是幽州牧刘虞。袁绍提出让刘虞当新皇帝也是经过一番慎重考虑的。董卓手有汉献帝，不就等于拥有最高发言权了？如果那边以皇帝的名义传来诏令的话，关东诸将到底是遵守，还是不遵守呢？遵守了，肯定对自己不利；不遵守，又是藐视皇权。所以，袁绍他们就认为，只有自己这一方另立朝廷，也有君主，才能彻底摆脱被董卓摆布的尴尬境地。

为什么选刘虞呢？刘虞是东海恭王刘强[①]的五世孙，在皇族当中享有盛誉。当初汉灵帝考虑到幽州黄巾军比较猖獗，任命刘虞为幽州牧，这就是重置州牧制的开始。在担任幽州牧期间，刘虞对百姓很宽容，对周边的少数民族也采取了一些招抚的政策，在民间获得了相当多的好评。在他的任内，幽州百姓生活富足，周边的百姓为了避难纷纷来到幽州生活，幽州的人口最多时竟然达到一百多万。所以，袁绍他们才觉得，立刘虞为新君是合适的。

只可惜刘虞本人强烈反对，他觉得现在应该是全心辅佐皇室，而不是自己打小算盘的时候。打自己的小算盘就等于和那些奸党同流合污了。如果一定要逼迫他就范的话，他就远远地逃到匈奴，再也不回中原了。一

---

① 刘强是光武帝刘秀的长子，东汉的第一任太子，因母亲被废后主动辞任太子之位，被改封为东海王，谥号为恭。

句话，刘虞宁死不当皇帝。看到刘虞这种态度，袁绍他们才作罢。

看见袁绍他们又是起兵，又想另立新君，董卓害怕了。于是，他召开了一次大会，会议的主题是讨伐关东联军。

郑泰首先发言。他劝董卓还是不要紧急征兵为好，得等一等。要知道，那些诸侯原本人心不齐，咱们这边天天高挂免战牌，那帮家伙没事干就会内讧。董卓一听，大喜，采用了郑泰的建议。

可是等散了会以后，董卓又犯难了：不主动去打关东联军，在洛阳等死？现在可是两线作战，西边有黄巾军，东边有关东联军，这样对自己不利。琢磨了半天，董卓最后想到了迁都。

迁都到长安，既可以避开关东联军的锋芒，又可以避免被白波军切断自己西归的道路。此外，长安又离自己的根据地比较近，进可攻，退可守。这不就一举多得，把现在难堪的局面全部化解了？董卓在心里想了好几遍，越想就越觉得迁都这主意挺好。

在封建王朝，迁都可不是一件随便的事情，那是天大的事，弄得不好的话，会动摇国家的根本！既然是大事，还是先开个会商量一下比较保险。

于是，董卓又召集三公九卿，向他们提出了迁都的事。大会上，董卓做了主题发言，主要意思如下：

"洛阳不是个好地方，四面都是平原，那些叛军从哪里都可以打进来，哪里比得上长安？更要命的是，我刚从西面来，对洛阳的环境还不熟悉，还不如回到长安去。这洛阳就干脆留给那些叛军折腾去吧。大家有没有意见？"

当然有意见了。洛阳作为帝国首都已经一百多年了，各方政治势力早已经在这里生根发芽。长安有什么？当年经过赤眉军的洗劫之后，基本什么都不剩了。迁都到那儿等于重新开始，但是这种意见谁敢说呢？大多数朝臣保持沉默，只有两个人站出来，他们就是司徒杨彪和太尉黄琬。

杨彪首先发言："此事不可。洛阳作为京城已经多年，一旦迁到长安，必然惊动黎民百姓，于国不利，还是不迁为好。"董卓一听，眼睛就瞪圆了，还真有人敢提意见，于是他杀气腾腾地说："司徒，这是要阻挠国家大计吗？"

一旁的太尉黄琬接着发言："相国，迁都乃国家大事，司徒的话不是完全没有道理的，还请相国斟酌为是。"董卓这一回连话都懒得说了，只狠狠地瞪了黄琬一眼。

其实，杨彪、黄琬两位讲的是事实，说的是道理，态度还很温和。不过，即便是这种温婉的话，董卓也是越听脸色越难看。

三公当中，还没有发言的是司空荀爽，他在一旁察言观色，眼瞅着事情不妙，赶紧上来，说了几句好话，主要内容类似迁都是个好计策，当年汉高祖不就是拿长安当作京城吗，董相国实在言之有理，不必为了杨司徒和黄太尉说错话而生气。

董卓一看，别人给自己铺台阶了，而且如果真的当场杀了司徒、太尉的话，也不好交代，于是强按脾气，没发飙。不过，不能再让这种不同的声音留在朝廷上。最近京城的天气不是太好，就是这俩家伙乱说话闹的。为了让大家有个好天气，顺带有个好心情，董卓就把杨彪和黄琬免职了。

董卓以为，把这俩人撤职，就不会再有反对意见了。事实证明，他真是太天真了。他前脚免了杨、黄两人的官，后脚就又有两个人站出来提出了反对意见，他们就是城门校尉伍琼和尚书周毖。这两位前些天劝董卓任用了一大批人，还建议把那个逃跑的袁绍任命为渤海太守。当时董卓连个标点符号都不改，就全部采纳了。

董卓心里正恼火，一听这两位也是反对迁都的"钉子户"，脾气更加火爆，直接把气撒到他们身上了："本相国初到朝廷的时候，你们两个劝本相国重用名士，还让袁绍做了渤海太守，本相国就依了你们。看看，你们推举的那些人做了太守、刺史，是怎么报答本相国的？不是发动兵马来打咱们了吗？现在你们又跑过来反对本相国迁都，你们是不是想做那些人的内应？"

于是，董卓当场叫有关部门把这两人逮捕下狱，迅速移交司法机构，然后找个理由把他们处斩了事。伍、周二人死后，之前反对迁都的杨彪、黄琬都亲自跑到董卓府上请罪。

董卓这时突然有点后悔。不管怎么说，伍琼和周毖都是自己提拔上来的，算得上是自己的心腹，就这么死了实在可惜。为了弥补过失，也为了避免引起众怒，董卓稍后又把杨彪、黄琬任命为光禄大夫了。

不管怎么说，现在没人反对迁都了。于是，初平元年（190）二月，迁都正式开始了，董卓让汉献帝刘协坐马车先去长安，自己留下，因为还有很多事情急着要办。

董卓首先要处理的是两个人，一个是左将军皇甫嵩，另一个是河南尹朱儁。这两人都曾经做过董卓的上级，在当年镇压黄巾时立有大功，在士族官僚当中很有名望。董卓和这两个人不和，而且心里还有点忌讳。对他们又不能一杀了之，因为他们名气实在太大了。

在表面上，董卓还不得不做做样子，表现出自己还是很看重他们的。他首先推举朱儁为太仆。这个职位相当于当时的副相国，可朱儁坚决推辞。于是，董卓安排朱儁镇守即将成为一片废墟的洛阳。

安排好了朱儁，董卓又来找皇甫嵩的麻烦。左将军皇甫嵩这时候屯兵扶风郡，正在抵挡韩遂、马腾。董卓没有进京之前，皇甫嵩是他的上级。现在不一样了，董卓成了国家的"太上皇"，皇甫嵩在他面前倒成了一个小卒。不过，董卓心里很清楚，要论打仗，自己根本比不上皇甫嵩。

况且这家伙现在还有数万精兵，驻扎的地方扶风郡离长安又近，要是自己在迁都的时候，这皇甫嵩突然不高兴，搞政变，自己就彻底完蛋了。所以，在迁都之前，董卓玩了一个花招，下令把皇甫嵩召回京城，让他去做城门校尉。这实际上就是明升暗降，剥夺皇甫嵩的兵权。

皇甫嵩手下有个长史叫梁衍，他对董卓的横行霸道是看不下去的，就建议皇甫嵩："将军，现在袁绍在东方率领群雄进攻董卓，倘若将军此时率精兵从西面夹击，即可生擒董卓。"

这时候，皇甫嵩的弱点就暴露出来了。没错，他是一位非常优秀的将领，但同时他还是个很蹩脚的政客。皇甫嵩没有采纳梁长史的建议，而是听了董卓的话，乖乖地跑到京城报到了。

解决了皇甫嵩和朱儁两个麻烦，董卓终于没有了后顾之忧，迁都可以正式开始了。要说迁都本身不是件小事，涉及的事情方方面面多得很，可是董卓根本就没做什么准备，所以这次迁都迁成了中国历史上一场著名的浩劫。洛阳的百姓还不知道，一场大灾难已经悄悄地落在他们头上了。

火烧洛阳

从当年光武帝刘秀定都洛阳到现在，已经有一百多年了。一百多年的经营让洛阳成了一座繁华的都城。它在当时的中国，甚至在当时的世界，都是一颗闪耀夺目的明珠。董卓也知道洛阳的分量，他是不可能把这座繁荣之都拱手让给关东联军的。董卓的残暴在这次迁都过程当中尽显无遗，其中最大的暴行就是把洛阳城生生毁灭了。

为了毁掉洛阳，董卓下令进行了惨绝人寰的大破坏和大屠杀，把洛阳城内的财物全部抢个精光。等钱抢得差不多了，董卓又想，长安人口不多，干脆把洛阳这几百万百姓统统迁往长安就是了。这样一来，长安的人气不就够了吗？可当时在洛阳，无论是官吏还是百姓，哪一个心甘情愿地往西边走？可是面对这些凶神恶煞一般的凉州兵，能不走吗？于是，大家只能抛弃田园庐舍，扶老携幼，仓皇上路了。

这一路上马踩人踏，相互拥挤，再加上颠沛流离，饥寒交迫，饿死冻死的人不计其数。董卓还嫌这些人走得太慢，命令凉州兵在后面举着兵器逼迫，说谁走到最后面的，就要被大刀淘汰。一时之间，路上乱成一团，真是名副其实的人间炼狱。

等百姓迁光，洛阳变成了一座空城，可是董卓还不满意。反正自己不会再回洛阳了，如果城里留下这么多好房子给关东联军，这也太便宜那些反对派了。于是，董卓又下令，城内所有的建筑物，包括皇宫、官衙、民宅在内，一律放火烧光。很快，洛阳城方圆二百里之内所有的房屋全部毁于大火，连一只鸡、一条狗都很难看见。昔日繁华无比的大都市洛阳，彻底变成了一片废墟。

做完这些就完了吗？并没有。董卓不仅要活人的钱，连死人的钱也不放过。他把吕布叫过来，让吕布充当摸金校尉，组织了一支挖陵墓工程兵，然后把历代皇陵和公卿的墓地统统挖开，把里面陪葬的珍宝搜刮一空。

另外，董卓对袁家是不爽的，袁家现在留在京师里的还有袁隗一家。尽管袁隗当初对董卓撤换皇帝的事，举双手表示坚决赞同，但是就因为他的侄儿袁绍成为反董联盟的领头人，所以董卓一看见袁隗那张老脸就觉得特别恶心，最后大手一挥，把袁隗家里老少五十多口统统斩杀了，连褓褓当中的婴儿都不放过。

可怜袁隗费尽心思拍董卓马屁，充当董卓废立皇帝的急先锋，到最后还是免不了这一刀。人总是难免一死的，但是没有骨气的人通常死得都很难看，袁隗就是典型的例子。

暴敛长安

初平二年（191）四月，董卓来到长安，公卿百官们不得不全部来到城外跪迎，谁让人家已经是太师了呢？董卓得意扬扬地进了长安城，住进了太师府。随着董太师的入住，这太师府就成了发布国家命令的官署。

现在的董卓已经集大权于一身，除了没给自己加冕之外，和皇帝已经没有两样了。他出行时所用的车马、身上穿用的服饰都直逼皇帝的标准，他的宗族亲信们也鸡犬升天，升官的升官，封侯的封侯。

董卓一来，长安城里的富户可就倒了大霉。虽说董卓是把长安当成老巢来经营的，也不像在洛阳城里那样明抢，不过他敛财的手段也很霸道。董卓命令司隶校尉刘嚣将官员和百姓当中为子不孝、为臣不忠、为吏不清、为弟不顺的人进行统一登记，登记完以后就开始惩罚。惩罚的措施也很简单，处死以后财产充公。

如此一来，很多人为了自保，不得不相互诬告。因为很简单，只要把别人供出去了，自己就有替死鬼了，就安全了。自此之后，长安城冤狱连连，含冤而死的人数以千计、万计，百姓惶惶不可终日。

不过，董卓对此一点都不介意，只要钱是自己的，就成了。搜刮过来的财物实在太多了，放在城里不安全怎么办？于是，董卓就在离长安二百六十里的郿县（董卓的封地）修建了一座坞堡，也就是堡垒，称为郿坞，城高七丈（约二十三米）厚。董卓把搜刮过来的钱统统运到这里。一时之间，郿坞里面金玉锦帛堆积如山。而且，董卓还在这里储存了可以吃三十年的粮食。

由于郿坞城高壁厚，里面有吃不完的粮食，用不完的财富，所以它还有另外一个称谓——万岁屋，意思是守在这里就可以吃几辈子了，可以千秋万代了。这就等于董卓为自己建了一个硕大无朋的保险柜。

为此，董卓经常得意扬扬地对手下说："大事要是办成了，天下就是我的；如果办不成，退守郿坞也可以安度晚年了。"

当然，光建郿坞不建长安城也不行。不管怎么说，长安也是现在的京城。可是，经历了王莽之乱和赤眉军的洗劫，长安城里已经没有什么像样的宫殿和房子了。虽然经过了一百多年的发展，但说来说去它就是一座二流城市，与它目前的地位根本不匹配。于是，董卓命司徒王允修缮长安城。

除了修缮长安城，董卓还做了一件超级不地道的事情，这件事情让中国的货币制度都开始倒退了。他下令废除使用了几百年的五铢钱，开始流通小钱。

董卓为什么非要这么干？原因也很简单。在他弄出来的这场浩劫当中，生活当中必需的物资已经被军人抢光了，生活问题随之而来。五铢钱已经换不到东西了，不是因为钱不值钱，而是社会上没有物资了。在这样的情况下，人要活下去，董卓想的办法就是把原来的钱废掉，自己再造钱币，这样就可以对社会物资进行重新分配了。

但是，铸钱是需要材料的，长安这个时候又不是太繁华的地方，哪来这么多铜？于是，董卓又下了一个糊涂命令，下令把洛阳与长安城里和附近地区所有的铜器，甚至连立在宅门前面的铜人、铜马什么的统统收回来，一股脑儿扔到炉子里统统熔掉，铸成小钱。

这样一来，虽然铸钱的问题解决了，但新钱在使用时却遇到了大麻烦。之前的五铢钱是以重量作为计量单位的，五铢就是五个一铢，一铢相当于多少呢？大概相当于现在的0.65克，再乘以5，也就是一个五铢钱，其重量大约是3.25克。而董卓铸出来的小钱呢？每个只有1.7铢左右，重量大约是1.1克，只相当于五铢钱的1/3，购买力却和五铢钱一样。用这种钱来交易，最后产生的结果只有一个，那就是通货膨胀。当时长安的一斛粮食就要几十万钱。

根据《三国志》的记载，从那以后，人们都不再使用钱币进行商品交换了，直接以物易物，这种恶劣的情况一直延续到建安十三年（208），也就是赤壁之战开打的那一年。直到那时，曹操才正式下令废止董卓小钱，恢复了五铢钱的铸造和流通。

不过，这并不是全部。说起残暴，董卓最狠辣的手段是用在人身上的。比如，和董卓作战的关东联军，有一些兵士因为战场失利而被俘，这些兵士如果知道自己的下场的话，肯定宁可当时就战死在沙场上了。

为什么这么说呢？因为董卓对待俘虏太残忍了。他下令把用猪油泡过的布紧紧地包在俘虏的身上，全身上下只留个脑袋，然后把这些俘虏倒吊过来，然后从脚上开始点火，直到把人烧死。在这个过程当中，如果被烧的人还活着，就会一直在痛苦地挣扎号叫。看到这幅场景，旁人都毛骨悚然，董卓却津津有味。

这种刑罚已经足够残忍，但董卓还有更残忍的创意。有一回，他请长安城里的公卿百官饮宴。大家正在吃喝，董卓就说："众卿来到这里和本太师喝酒，就这么干喝，没什么意思，本太师准备个节目给大家助助兴。"百官一听，以为董太师安排了歌舞。没想到随后上场的不是歌女、舞女，而是几百个战俘。大家都觉得很惊讶。

没等大家反应过来，董卓一声令下，旁边的亲卫队一拥而上，先割断了几百个战俘的舌头，然后要么砍了手脚，要么挖眼睛，要么把人直接扔到开水锅里煮。一时之间，惨叫声充满了整个宴会厅。

正在吃喝的百官个个被吓得面色惨白，全身颤抖，许多人被吓得手中的筷子、勺子都直接掉到了地上，可董卓丝毫不放在心上。这时候的董太师依然饮食自若，因为他要的就是这个结果。

迁都长安之后，董卓无所不为，残忍暴虐，把杀人当成游戏一样玩，实在令人发指。与此相对应，他对自己的亲信还是不错的，给他们升官，分给他们钱财。不过，在董卓心里，能掌握生杀大权的只有他自己，即便是自己的亲信，也不能触犯自己的尊严。

当时，董卓有一个非常宠幸的女人胡姬。胡姬看到董太师宠爱自己，便恃宠放纵，胡作非为，结果被当时的司隶校尉赵谦拿住，就地正法了。

如果董卓是位成熟的政治家，正好可以拿这件事来做文章，自己宠爱的女人又怎么样，只要犯了法一样要论罪，然后把这件事大大地宣扬一下，自己伟岸的形象不就树立起来了？可是董卓非但没支持，反而勃然大怒，派人把赵谦的副手抓起来活活打死了（董卓对赵谦还是比较敬畏的）。

董卓如此倒行逆施，不是人人都看得下去的。董卓身边有一个人挺身而出，这个人叫伍孚。伍孚虽然平时深受董卓的信任，但他是一个胸怀大志的人，知道董卓就是国贼。在他脑子里，做董卓的亲信，就是为了有朝一日能够干掉董卓，为天下除害。

有一次，伍孚受命去向董卓汇报工作，去的时候身上就藏了一把佩刀。等把事情向董卓交代完以后，董卓很高兴，亲自把伍孚送到门口。伍孚一看，等了这么久，机会终于来了。趁着董卓不备，伍孚把佩刀拔出来向董卓胸口刺过去。

董卓虽然身形臃肿，但也是行伍出身，警觉性非常高，一看到刀，本能反应立刻爆发出来了，把这致命的一刀躲过去了。伍孚一看，心中大叫不妙。当他一回身想刺第二刀的时候，董卓身边的卫士已经一拥而上，把他死死按倒在地了。

变故来得太突然了。董卓愣了好一会儿才反应过来，大声呵斥："你想造反啊！"

伍孚被摁在地上，大声呵斥："老贼，我恨不得在闹市当中将你碎尸万段，来向天地之灵谢罪。"可是话还没说完，董卓手一挥，伍孚已经人头落地了。

伍孚这么快被制伏，不是因为他能力差，而是因为董卓身边的人太强了，至少那个吕布就是膂力过人的。一般人想行刺董卓，很难通过那个名为吕布的障碍物。可即便是对吕布，董卓也同样不客气。

有一次，吕布因为一件小事惹到了董卓，董卓一把抓起身边的一支手戟，冲着吕布兜头就扔过去了。要知道，董卓可不是文官，而是军旅出身，再加上力气也不小，这一下扔出去，很有威力，换成是一般人估计就躲不过去了。还好吕布是武将，一看势头不对，一扭头一闪身就躲过去了。

随后，他不敢停留，先跑了再说。等事情过去了，吕布又灰溜溜地跑回来，向董卓诚恳道歉。这个时候，董卓倒是原谅了他。干爹和干儿子又和好如初了。

对于董卓来说，这件事根本就不是个事儿，很快就忘得干干净净，他还依旧把吕布带在身边。对于吕布来说，可就是大问题了，差点儿被杀啊！从那以后，吕布心里就有了一个大疙瘩……

不管在洛阳，还是在长安，董卓的所作所为已经完全无法用一个正常人的心态标准来衡量了。正是他这样的暴行，让他彻底失去了民心。离他灭亡的日子也越来越近了。

第十一章

孙坚崛起

逼死王睿

就在董卓在胡作非为的时候，关东联军出现了内讧。兖州刺史刘岱以借粮的名义杀死了东郡太守桥瑁，把他手下的兵马统统接收过去，顺便还不忘把自己人派去做新的东郡太守。

按理说，同盟之间发生了自相残杀的事，盟主就应该出来主持公道。可是，盟主袁绍偏偏不管这事儿，反而和刘岱结成了姻亲。这个消息传到了曹操那里。曹操不禁仰天长叹："国贼未杀，自己人倒先动手了，同盟不同心，何成大事。"

在曹操发出感叹的时候，还有一个人也在对天叹息，悲愤不已。这个人就是长沙太守孙坚。身为董卓战友的他，当然知道董卓的底细。他叹息的是，如果当初在关西战场杀了董卓，就没有今日之乱。不过，孙坚并不是伤春悲秋的人，他决定亲自动手铲除董卓这个祸害。

就在关东联军变成一盘散沙的时候，孙坚带着队伍由南向北挺进，杀向洛阳。不过，在他完成这个心愿之前，为了扩充实力，也为了解除后顾之忧，他必须先做一件事，他要先去杀个人。孙坚想杀的是谁呢？荆州刺史王睿。

要说王睿，不仅是孙坚的上司，还是战友，两人曾合作平定了零陵、桂阳的黄巾军。说起来，那次合作还算成功，也比较愉快。可是，王睿是个典型的读书人，而很多读书人几乎都有一个通病，那就是觉得比自己读书少的人都不如自己。

在合作过程中，王睿觉得孙坚虽然起家比较早，但只是一介武夫，没读过什么书，平时讲话做事都显得特没品位，所以话里话外常透露出特别看不起孙坚的意思。

不过，孙坚也是有脾气的。每当看到王睿满眼不屑的时候，他就在心里盘算："王睿，你看不起我是吧？哪天就让你知道一下厉害。"没想到，这一天很快就来了，孙坚趁着反董的机会，先来找王睿的麻烦了。

要说王睿这人确实不适合当领导，当官的水平不高，得罪人的本领却不小。他不光开罪了孙坚，还看不惯曹寅。对于这个曹寅，王睿的嘴就更损了。

大家在讨论起兵反董的时候，原本王睿也想去，但不知道他脑袋为什么突然发热了，天天嚷嚷着要杀掉曹寅才去讨董。到底这两人有什么仇，什么怨呢？对此，史料是没有记载的。但有一点可以肯定，那就是曹寅的官没有王睿大，曹寅只是荆州治下的武陵太守，而王睿是荆州刺史，兵多粮足，实力比曹寅强很多。如果王睿真要打，恐怕曹寅是抵挡不了的。

曹寅知道这个消息以后，能不害怕？他知道如果不先下手为强，自己肯定是要倒霉的，单凭自己的力量又打不赢王睿，该怎么办呢？曹寅思前想后，想到了孙坚。好像孙将军和王睿不太和睦，最好鼓励孙坚去和王睿较量一番，这俩人掐起来，不管谁赢谁输，自己都不吃亏。

于是，曹寅开展了艰苦的脑力劳动，终于想出了一个办法，这个方法叫借刀杀人。实际上，这个计策受到了桥瑁的启发。桥瑁不是伪造三公的名义发了一篇英雄帖，号召天下英雄起兵反董么？我曹寅也可以这么干。于是，他找了几个人伪造了一份朝廷文书（檄文）。

这篇檄文是以案行使者、光禄大夫温毅的名义发给孙坚的，上面罗列了王睿的多条罪行，每条罪行都可以把王睿直接判处死刑。最后，檄文里还明确要求孙坚把王睿抓起来直接杀掉。

孙坚拿到这篇檄文一看，当时就笑了。在他看来，这封文书十有八九是伪造的。为什么说是假的？现在朝廷都乱成这样子了，哪有时间管荆州这边的事？不过，真的或假的重要吗？完全不重要。最重要的是孙坚可以趁机报仇了。他平时就看王睿不顺眼，现在手头有这份文书了，就算以后有人问起来，孙坚也可以理直气壮地说，我是奉檄文杀王睿的。

孙坚很快回复："王睿罪大恶极，我孙某人坚决执行上级的要求，保证完成任务。"于是，孙坚带上檄文，带上队伍，直接向荆州开过去了。

当孙坚的队伍兵临城下的时候，王睿还蒙在鼓里。听说城外突然出现了大批部队，他赶紧上城楼一看，发现这支部队打着孙坚的旗号。王睿和往常一样，一看是孙字招牌，心里立刻开始鄙视了，然后派使者到城外去问他们想干什么。

孙坚的部下倒也客气，恭恭敬敬地说了："我等连年征战，肚子都吃不饱。这趟北上反董，连衣服都没带够。所以，真不好意思，问王刺史求赏点军饷。"

那使者一回报，王睿一听，是来要饭的，也没在意，既然来都来了，自己也不能小气不是？于是，他就吩咐："来人，把那些兵将都放进来，打开库房，让他们自个儿搬，缺什么拿什么。"

城门打开了，大队士兵涌了进来，王睿也来到城楼上观看，看着看着突然发现，前面有个身影很熟悉，那不是孙坚吗？于是，赶紧叫住了他："兵卒们说，物资不够，我能赏点儿，孙府君怎么也来了？"

孙坚一看被王睿发现了，干脆也不伪装了，一伸手就掏出了那份檄文，脸一沉，对王睿说："我来是另有任务的。"

王睿听了，一脸呆鸟相地问："啥？你还有任务？我可没给你布置过什么任务。"

孙坚的话就更冷了："这个任务你当然不会布置给我，是朝廷布置给我的。"

王睿一听，差点儿想用不可描述的语言来骂自己的上级领导，不过还是忍住了，只是气哼哼地问："什么任务？"

孙坚把檄文一展，大喝一声："奉朝廷之命，取你的脑袋。"

王睿一听就愣了。看着孙坚的脸色不像在开玩笑，他立马就反应过来，知道自己真的麻烦了，但是嘴还很硬："我，我犯了什么罪？"

孙坚看到王睿那副德行，回答得就更简洁了，四个字，坐无所知。什么意思呢？王睿你犯的罪，就是不知道你犯了什么罪。这是什么逻辑？说白了，这个理由就是莫须有。

王睿是一点都不想死的，他还计划着和袁绍他们一起去讨伐董卓，建功立业，可是一转眼看自己身边已经围着孙坚的一群肌肉发达的士兵了。他们个个手上都晃着雪亮的大刀，和孙坚一样，满脸横肉地看着他。

相比于这些雄兵，自己手下那些兵真是"熊兵"了。王睿这时才知道，就算自己文化水平再高，也玩不过没文化的孙坚。与其被孙坚抓起来杀掉受辱，还不如自己给自己来个痛快。王睿选择的死法是吞金自杀。

王睿一死，似乎最高兴的就应该是曹寅了，不但保住了老命，弄死了王睿，为自己报了仇，还让孙坚背了杀害上级领导的黑锅。其实，真正高兴的人是孙坚。原本孙坚手下没有多少武装，财力也不丰厚，这次把王睿杀了，不但收编了王睿的军队，还拿到了很多军用物资，一时之间实力大涨。

诱杀张咨

逼死了王睿，孙坚继续北上，一路走一路募兵。等到南阳城下的时候，队伍已经有几万人了。当时的南阳太守叫张咨，看见城下孙坚大军铺天盖地而来，心里倒不是十分害怕。因为无论怎么想，都想不出自己和孙坚有什么过节。不过，为了以防万一，张咨还是下令紧闭城门，让孙坚的大军驻扎在城外。

自古以来，行军打仗，粮食都是最重要的。不管你是什么军队，战斗力再强，将领再勇猛，如果不管饭，一切都是白搭。所以，现在孙坚面前的问题不是如何击败董卓，而是手下这几万人怎么解决吃饱肚子的问题。

孙坚自己不是庄稼汉，也没有屯田，再加上财力不丰厚，多数时候只能沿途就地筹集军粮，请州郡长官支持一下。到了南阳，队伍明显粮食不够了，所以孙坚来这儿，其实就是向南阳太守张咨要粮的。可是，张咨不仅不提供军粮，还没有任何热烈欢迎的迹象。于是，孙坚决定给张咨点颜色看看。

至于孙坚是怎么解决张咨的，史书记载有两个版本，不过都属于阴谋的范畴。

第一个版本来自《三国志》，说的是孙坚奉命征讨凉州，他直接给张咨下了个文件，要求张咨给自己的大军提供军用物资。

孙坚虽然到处把野蛮行径做得很到位，但绝对不是没脑子蛮干的人。他拿下王睿以后，就向袁绍、袁术他们进行了工作汇报，顺便提出了自己的愿望："我现在手底下已经有几万人马，只当个太守太不匹配了。"

要说袁绍他们对于孙坚逼死王睿的事，并不认为孙坚发挥了"窝里斗"的精神，反而觉得这种事很正常，现在是乱世嘛！所以，他们表现得满不在乎，还表奏孙坚为假中郎将（这里的"假"是代理的意思）。

有了这个职务，孙坚就开开心心地派了使者拿上自己亲手签署的公文，要求张咨尽尽地主之谊，弄点军粮。孙坚以为，张咨根本就是个软蛋，根本不用动刀动枪，用职务就可以吓倒他了。

张咨这个人确实没啥水平，但他有个爱好，那就是开会。一碰到问题立马开会，把手下的心腹们都请过来，让大家热烈讨论，到底要不要一字不改地执行孙坚送过来的文件。其实，说白了，就是张咨心里想给却又舍不得，不给又怕孙坚闹事，不能决断而已。

但是，张咨的心腹们观点很明确："孙坚算是什么东西？不就是邻郡的一个太守吗？而且他当太守的时间，比府君您当太守的时间要短得多，他有什么资格给我们下命令，调配我们的粮草？"

张咨一听，觉得很有道理。没错，孙坚是长沙太守，自己是南阳太守，属于同一个级别。要是在正常时候，调粮草这种大事得由朝廷出面来调度。连手下都说不能给孙坚送粮草，张咨就觉得真的不应该给孙坚送粮草。

孙坚可不是这么想的。现在可不是和平时期，局势已经完全不一样了。董卓把皇帝废了，大家都成立义军了，就是为了勤王靖难。义军吃粮，有粮食的沿途州郡供给粮食是天经地义的，否则你就是董卓的走狗，就是与义军为敌。张咨你这抠门的家伙，你这意思就是不想高举反董旗帜了？

当然，如果孙坚大手一挥，带上部队杀上去，把张咨搞得全军覆灭，那是完全可以做到的。但能这么做吗？把人家搞得全军覆没之后，不仅自己人气大跌，而且之前设想的利益也一点拿不到。孙坚并不只是想要消灭张咨的，而是想把他的力量划归在自己的名下，把张家军变成孙家军。所以，现在不能硬攻，只能智取，只杀张咨一个，别的人都留着。

怎样才能智取张咨呢？孙坚想到了一个金点子。次日，他亲自带了几个随从，带上酒和牛肉，跑到城下要求见张太守。张咨一看人家这么有诚意，没带军队过来，却带了酒和肉，再不让他进，显得自己太小气了，没办法，只好把孙坚放了进来。

酒过三巡，菜过五味，张咨觉得孙坚太有礼貌了。本来应该自己做东才对，结果人家孙坚主动上门，再加上之前还把人家孙坚想得那么龌龊不堪，他就觉得，如果不回请一次，显得自己太没礼貌了。

于是，在席间，双方就约定了下次相聚的时间、地点。这一下，孙坚乐了。当然，孙坚看中的不是张咨带来的厚礼，而是张咨的脑袋。

第二天，张咨就去回拜孙坚了，孙坚果然非常热情地招待他。就当双方喝得很痛快的时候，帐外匆匆忙忙地跑进来一个人，这个人是孙坚帐下的主簿。主簿进来以后就单膝跪地汇报工作："主公，咱们之前已经给南阳太守发过文书了，可现在道路并没有整修，粮饷也没备足，应该把这位太守抓起来，让主簿问问到底是怎么回事。"

张咨一听这话猛然一惊，立马意识到自己的处境非常危险，起身就想走，可是刚站起来就发现自己身边已经站满人了，而且个个都是满脸横肉的兵丁，手上全抄着武器，正用恶狠狠的目光告诉张咨，他们很想杀人。顿时，张咨心里涌上了一阵悲哀，只能又坐了下来。

过了一会儿，那个主簿又跑进来了，大声说："南阳太守故意拦截讨董义军，应该按军法处理。"这个时候孙坚不再演戏了，脸色一沉，酒杯一摔。旁边的军士一拥而上，抓起张咨，然后拎出帐外，押赴刑场，执行死刑。没一会儿，一颗血淋淋的人头已经高高地挂在辕门之上了。

第二个版本来自《吴历》，说的是孙坚来到南阳，张咨既不给军粮，又不肯见面。

孙坚想要进军又怕有后患，于是假装得了病，并大肆宣扬，搞得军中人心惶惶。在请巫医前来作法的同时，他又派人进城，告诉张咨："孙太守病得快要死了，他死之前有个小小的愿望，那就是希望把手头的部队托付给英明的张太守您。"

张咨一听，兴奋不已，立刻带上人去见孙坚，只见孙坚这头江东猛虎已经变成一只病猫，躺在床上直喘粗气。张咨大喜，脸上虽然一副悲悯、同情的表情，但心里正在盘算该如何接管军队。

这个时候，这只病猫却猛地一跃而起，按剑痛骂。张咨于是明白算是进了狼窝，只能认命被斩于军门。

不过，不管历史的真相是哪个版本，总之，孙坚杀死了张咨，并且接收了他的军队，进驻了南阳城。这件事很快传开了。周边州郡的人对孙坚非常害怕。到后来，不管孙坚是要人，还是要钱要物，只要孙坚送来一封书信，立马就送过来。他们心里很清楚，如果不听孙坚的话，不按孙坚的指示办事，自己就只剩死路一条了。

从那以后，南阳就成了孙坚的后勤保障基地。这一下，孙坚的底气就更足了，他又继续大踏步向北挺进了。

要命的红头巾

孙坚杀了张咨以后继续率军北上，很快挺进到鲁阳。在这里，他和袁术胜利会师，并把南阳让给袁术。袁术一看孙坚主动把南阳这块肥地让给了自己，觉得孙坚真是个好下属，就上表给孙坚送来了两顶乌纱帽，代理破虏将军兼豫州刺史。从这个时候开始，孙坚就被称为孙破虏了。

随着职务的提升，孙坚底气也足了。当然，他很清楚，职务只是一部分，实力才能决定一切。但是，级别有时还是有用的。比如，如果不是出身于四世三公的家族，袁绍能当上关东联军的盟主吗？显然不能。

遗憾的是，袁绍真的不是一个好盟主。在他的带领下，关东联军的主力聚集在酸枣，整天吃吃喝喝，并没有任何实质上的行动。不仅如此，袁盟主的犹豫不决还差点儿让董卓钻了空子。

董相国很烦，打也不敢打，怕打输，退又不好意思退，怕没面子。于是，他眼珠一转，想了一个缓兵之计，派一个高级代表团去找袁绍、袁术，传达了要和平共处的精神——董相国说了，咱们本来都是大汉王朝的臣子，为什么一定要打个你死我活呢？只要你们不和他作对，他就让皇帝把你们都大大提拔一下，怎么样？

当然要拒绝啊！虽然袁绍、袁术兄弟总是想让对方出丑，但在原则问题上还是坚定的，步调一致的。一听说董卓派来的和平代表团已经走到河内了，袁绍二话不说，立刻派人向王匡下令把他们都砍了！袁术也跟他哥哥做了同样的事情。最后，这个代表团中只有大鸿胪韩融因为德高望重勉强保住了性命。

谈判的大门关闭了，董卓只能硬着头皮继续跟关东联军打下去了。

本来，这些诸侯当中有本领、能打仗的人并不多。如果董卓心细一点，派人对关东联军里的各路诸侯做个全面调查，再进行科学详细的分析和精准的评估，就会发现，按照诸侯们目前的态势，找个软蛋暴揍一顿，打一场胜仗也不是没有可能的。一旦打了败仗，关东联军退却的速度可能比想象的要快得多。可是，董卓就是不乐意做功课，还偏偏选了一个高手来 PK。这个高手就是孙坚。

这一年冬天，为了补充粮草，孙坚派自己手下的长史公仇称回长沙督粮。为了给长史践行，孙坚还特别在驻扎地鲁阳城的东门外搭起帷帐，摆酒宴送别。没想到董卓帐下的大将胡轸突然率军来袭，步兵和骑兵加起来足有几万人。而且，这几万敌军的前面还有数十骑轻骑兵冲得非常快，一转眼就离孙坚他们不远了。

可是，孙坚并不慌张，一面继续喝酒，一面谈笑风生，整理军阵，命令手下不得轻举妄动。眼看着敌军越来越多，孙坚才站起身来，带领大家有条不紊地进了鲁阳城，似乎根本就没把敌人放在眼里。

进了城以后，孙坚才对手下说，刚刚之所以不一开始就退兵入城，是因为怕手下的士卒自相践踏，大家无法有序地进入城内。到这个时候，大家才明白过来。

孙坚的部下明白过来了，可董卓的部下胡轸还是不明白。如果他是一个果断的人，完全可以把孙坚和他手下的高管统统拿下，可孙坚这么淡定，孙坚的部队军容很整齐，纪律很严明，步调很一致，别人没怕，胡轸先怕起来了。他立刻就收住了前进的脚步，撤兵了。

董卓派出军队，想在孙坚那里讨点便宜，没想到什么也没捞着。白跑一趟以后，董卓觉得还是王匡比较好欺负一点。实际上，王匡也是少数几个真正愿意向董卓动手的诸侯之一。这个时候，他正准备渡过黄河攻击董卓。

董卓也没客气，赶紧来迎战。他先派出一部分兵马屯住在平阴，摆出一副在这里渡河的样子。王匡信以为真，于是派重兵把守平阴一线。其实，黄河河岸这么长，从哪儿渡河不行？屯驻平阴的士兵不过是董卓的疑兵。等王匡上当以后，董卓就命令另外一支精兵从小平津渡过黄河，绕到王匡的背后，发动突然袭击。这一仗打下来，王匡几乎全军覆没，惨败而归。

打败王匡之后，董卓接下来又打了另外一次胜仗，而且这次取胜的对象居然是孙坚。因为根本就不怕董卓，孙坚只管带着自己的部队一路向北行军。很快，队伍就来到了梁县以东。万万没想到的是，孙坚刚到这儿，就被董卓手下的大将徐荣包围了，措手不及的他依靠部下的救援才逃出了包围圈。一见孙坚突围，徐荣就亲率大军前来追赶。

孙坚作战非常勇猛，也非常喜欢耍酷。别人戴的头巾不是白色，就是灰色或者黑色，他戴的偏偏是红色，而且走到哪儿，戴到哪儿，非常醒目。果然一看到红头巾，徐荣麾下的兵丁就大声喊："前面那个戴红头巾的是孙坚，主将有令，拿下孙坚有重赏。"

孙坚看见敌人高举雪亮的军刀向自己围过来，才明白：红头巾不仅可以吸引众人崇拜的目光，还可以吸引砍向自己的大刀。要是再戴着这要命的红头巾，自己就要成为刀下亡魂了。于是，他赶紧解下那方红巾，然后递给他的铁杆下属祖茂。祖茂二话不说，立刻把红头巾戴到自己头上。

徐荣部队里的兵丁没发现这个细节，一窝蜂地去追祖茂戴着的那方红头巾了。这样一来，孙坚的压力大大减轻，他瞅准时机从小路逃走了。

对于这个跑掉的人，那些追兵是一点兴趣都没有的，因为他们收到的命令就是追红头巾，红头巾就是孙坚，拿到孙坚大功一件，其他人杀不杀无所谓。也正是因为这样，孙坚才得以逃出生天，只是苦了祖茂。

祖茂戴着孙坚的头巾，担负着引开徐荣大军的重任。事情进展得极为顺利，敌人还真的一窝蜂地来追他了。虽然抱着必死的牺牲信念，但是一个人被几千人追，那种恐怖的场景可想而知。

还好，祖茂脑子很好用，估摸着孙坚应该已经逃出重围，就在经过一栋被火烧过的房子的时候，赶紧把红头巾扯了下来，挂在一根残柱上面，然后自己顺势一个骨碌翻下马背，滚到了旁边的草丛里。

徐荣的追兵来了，远远地看见了红头巾，但是又发现红头巾不跑了，愣愣地挺在那里，以为孙坚跑不动了，要做最后的垂死挣扎了。于是，那些家伙也不忙着冲上去，而是密密麻麻地把这个地方包围起来，慢慢地向前走，要是能抓个活的，赏赐可能会更高。可是，他们走到跟前才发现，哪儿来的什么孙坚，明明就是一根烂柱子。狡猾的孙坚跑了！

等追兵们都散了，躲在草丛里的祖茂才慢慢地爬出来，看看四下没人，一溜烟地跑回了大本营。

破胡轸

对于这一回没有抓到孙坚，徐荣并没有过分失落，因为他还是有收获的，比如颍川太守李旻就被他抓住了。徐荣决定处死这个倒霉的家伙。董卓军的酷刑，大家都很清楚。据说，这位李太守最后被活活地烹死了！但是，徐荣的酷刑并没有吓倒孙坚。孙坚很快就在阳人城重整旗鼓，准备和董卓军来一次生死较量。

原本董卓对孙坚是有所忌惮的，但在徐荣大胜孙坚之后，他突然对打败孙坚有了一点信心。看到孙坚进了阳人城，董卓就派胡轸带着五千步骑兵直冲过去。为了显示对这一仗的重视，他还专门任命干儿子吕布为骑督，做胡轸的助手。在董卓看来，"胡轸 + 吕布"的阵容绝对是黄金搭档，孙坚收拾起来的那点残兵根本就不是他们的对手。

可惜，董卓千算万算，没算到事情恰恰就坏在这个组合上了。如果他只派了两人中的一个，这仗说不定还能打赢。可是，把这两个人凑在一块儿，战场上的激烈程度可远远比不上内部斗争来得精彩激烈。

胡轸是个急性子，又自信得要命，刚率领大军出发，就开始大声宣告了："今此行也，要当斩一青绶，乃整齐耳。"这话让吕布和其他将校听了，大家当场气得要吐血。为什么吕布他们会这么生气呢？只要弄清楚"青绶"的意思，您就知道这番话想表达什么了。

青绶，就是配系官印的青色丝带。根据《汉书·百官公卿表》的记载，吏秩比二千石以上皆银印青绶。秩，指的就是古代官员的俸禄。整句话的意思是，但凡是官员的俸禄在二千石及以上的，才有资格授予银印青绶。胡轸这番话的意思就是，这一回我们出征，得杀掉一个俸禄在二千石以上的官员，队伍才会守纪律。

胡轸千不该万不该说这样的话。在当前的队伍里，俸禄能达到二千石的不在少数，地位仅次于胡轸的吕布就是秩比二千石的中郎将。这样一来，吕布他们能不生气吗？

这胡轸也很奇怪，作为一军的统帅，他不是应该以团结队伍、打胜仗为第一要务吗？为什么还要这样胡说八道？其实，原因很简单。董卓的核心力量是凉州部队，胡轸正是凉州集团的高层之一，吕布则出身于并州集团。虽然董卓很看重吕布，与吕布约为父子，但是凉州派一直把并州派当成杂牌部队。胡轸想借着出兵的机会杀鸡给猴看。

不过，胡轸想杀鸡给猴看，可吕布是不会坐在那里等死的。更何况胡轸打击面太宽，目前队伍里出身凉州、秩比二千石的将领也有一些。结果，仗还没开始打，董卓军这边就先有了不团结的苗头，诸将都在心里恨上了胡轸。

很快，胡轸和吕布就带领部队来到了广成。这个地方离阳人城已经不远了。按照原定计划，部队跑了这么远的路，已经累得不成样子了，应该休息一下，明天再战。在此之前，董太师也特别交代了，队伍需在广成好好休息，补充给养、恢复体力之后，再趁夜进军，在拂晓发起攻坚战，打孙坚一个措手不及。

按理说，这是一个完美的计划，可吕布他们开始动歪心思了。他们来到胡轸的面前大声说："阳人城的敌人早就跑了，现在阳人是一座空城，咱们不用打就可以占领了。当务之急是趁机追击敌人。要是等他们缓过劲儿来，趁咱们不备又进入阳人城死守，到那时候我军再要去攻城，就得血流成河了。"

这话别人信没信不知道，胡轸居然第一个信了。也许，在胡轸心中，孙坚本来就没什么了不起，连徐荣都能打败他，自己为什么不能打得他更惨？当初在鲁阳的时候，孙坚明明被自己包围了，却和自己玩虚的，搞得自己最后没能消灭他。这一次，孙坚听到自己率大军前来，肯定吓得屁滚尿流。搞不好，就像上次那样，赌自己不敢去偷袭他。哼，这次我胡轸偏偏要反其道而行之。于是，胡轸不顾大家的疲劳，立刻下令大军继续向前，今晚要到阳人城。

等这支疲惫之师辛辛苦苦地跑到阳人城下的时候，他们发现，孙坚居然好好地待在城里，城守部署也很严谨，没有丝毫松懈，根本不可能趁人不备搞突然袭击。胡轸也清楚，当天晚上是进不了阳人城了。夜已经深了，人困马乏，将士们都想休息，那就就地休息，先熬过这个晚上再说。

不过，这个晚上真的很难熬。本来在广成好好的，非要连夜急行军，累死累活地跑过来，没打胜仗不说，还得在野外睡硬地皮。没营垒，没工事，天气又冷得要命。

其实，如果冷地皮能睡到天亮，也是不错的，可是吕布偏偏不愿意。等这些人刚刚睡下，吕布们的第二个阴招又来了。这招说起来很简单，吕布派出手下到处乱叫，说孙坚出城偷袭来了。

这可了不得了。将士们正睡得迷迷糊糊，听说敌人来了，爬起身来就跑，什么鞍马、盔甲、兵器统统都不要了。整个场面非常混乱。

看见胡轸一惊一乍地被折腾得狼狈不堪，孙坚大吼一声，传我命令，全军出击。孙坚手下的部队早已磨刀霍霍好久了，一听主帅有令，开了城门就冲过去了。胡轸的部队扭头就跑。

正所谓兵败如山倒，这一跑就再也收不住脚了。胡轸虽然脑子不灵活，但逃跑的水平还算不错，居然没有被孙坚砍死。不过，他手下有个人就没那么好运气了，被人乱刀砍死，连个仇人都找不着。这个人就是后世人心中大名鼎鼎的华雄。

江东猛虎

打败胡轸之后，孙坚名声大振，在联军中威望更高了。如果关东诸侯能趁着这次伟大的胜利结束大吃大喝，立马把精力投入反董战争当中，一鼓作气灭掉董卓也不是梦想。结果，不但没有人出来配合孙坚，而且还有人向吕布学习，玩起了内斗，硬要和孙坚过不去。这个人就是孙坚的上级袁术。

看见孙坚取得了反董以来的首场大胜，人气大涨，成了全国人民心目中的大英雄，袁术心里立马五味杂陈。这时，有个人向袁术进言："主公，如果孙坚攻下了洛阳，他的事业立刻就会做大做强，咱们就拿他一点办法都没有了。这样一来，虽然打倒了董卓，可又来了个孙坚，这是除去一头狼又增加了一只虎啊！"

听了这话，袁术真的怀疑起孙坚来。于是，他立刻下令不再给孙坚提供粮草。这时，袁术正担任关东联军的后勤部长，负责所有参战部队的口粮供应。

众所周知，打仗在很大程度上打的就是实力，打的就是后勤。更确切地来说，是粮草。如果没有粮草，即便是最强的军队也会崩溃。现在董卓已经把洛阳方圆二百里范围内所有的房子、粮食都付之一炬了，所以孙坚想以战养战肯定是不行的了。袁术这样做，正好掐住了孙坚的命门。

袁术做出了决定，那么孙坚在做什么呢？他正自信满满，想要乘胜追击，一鼓作气收复京城洛阳。哪知道，没过多久，后勤人员就跑过来报告了："主公，没多少粮食了。要是袁术将军那边再不提供粮草，咱们就要饿着肚子行军了。"

孙坚所在的阳人和袁术所在的鲁阳隔着一百多里，孙坚心里一急，连觉都不睡了，骑上快马，连夜就跑到袁术那儿了。

袁术对孙坚有所忌惮，一看到孙坚飞马赶来，心里就先虚了几分。来到袁术的面前，孙坚也没立刻发火，而是把敌我形势图画了出来，跟袁术阐明利害关系，最后才声色俱厉地表示，自己出兵伐董是出于公心，根本不是私怨，而且伐董也是为袁家报私仇，袁术不该听信小人谗言，不给自己粮食。

袁术一听到孙坚提起为自己报仇的事，立马满脸通红。为什么呢？因为关东诸侯起兵反董，一共十一路大军，光袁家人就占了三路（袁术、袁绍、袁遗）。更何况袁绍还是关东联军的盟主。叔叔是当朝太傅，侄子是反对派领袖，万一他们里应外合……董卓绝不会冒这个险。于是，董卓下令将袁隗一家五十多口人全部杀死。

由此看来，就算不为公心，单为家仇，袁家兄弟也该在讨董过程中全力以赴。可袁术的所作所为，实在让人不敢恭维。

一番有理有据的话之后，孙坚还是很生气，他对袁术说："大勋垂捷而军粮不继，此吴起所以叹泣于西河，乐毅所以遗恨于垂成也。"

为什么说这是一句狠话呢？孙坚说的吴起、乐毅都是战国时的武将。吴起在魏国担任河西太守，秦国人怕他怕得要死，所以不敢进犯。后来，正是魏国国内有人诽谤吴起，所以他被迫逃到楚国去了。而乐毅是燕国的大将，为燕国攻下齐国七十余座城池，眼看就要灭亡齐国了，也是被燕国自己人陷害被迫逃到赵国去了。孙坚用这两个人的典故说明自己也是被诽谤的。

另外，这句狠话也蕴含着很明显的潜台词，那就是"袁术，你要是再不发粮，我就去别的地方找吃的，不给你干了"。

袁术听了这番话，竟然无言以对。是啊，现在关东联军声名赫赫不就是因为孙坚打了个大胜仗吗？如果孙坚真的不干了，不是让董卓这厮看笑话吗？万一他要是跑到董卓那边去，不就更糟了吗？况且人家说得没错，人家要打倒了董卓，确实为袁家报了大仇。

想明白了这些事，袁术虽然觉得很没面子，但还是红着脸收回了自己的命令，立刻下令调拨军粮送往阳人孙坚大营。孙坚也心满意足地打马回营。

孙坚打了胜仗，又解决了粮草问题，算是暂时走上了坦途。被他打败的董卓一方又怎么样了呢？这次失利让董卓深受打击，孙坚的英勇善战给董太师留下了深刻的印象。董太师觉得不能硬碰硬，于是就派了爱将李傕去做策反孙坚的工作。

这位说客对孙坚说："我家主公非常敬重孙将军，想和您结成亲家。结亲以后，咱们就是一家人了，凡事好商量。如果孙家子侄当中有能担任郡守、刺史的人，请孙将军把名单都列出来，想到哪里做官都行。我家主公说了，只要孙将军开出条件，太师这边照单全收。"

要是答应了董卓，不仅孙坚自己可以高官得做骏马得骑，就连家中的子侄都能与有荣焉。可惜，董卓看错人了。他以为开出这样一张可以随便填的空白支票，孙坚就会立刻跑到自己这边来，可实际上孙坚很不屑。

不仅不屑，孙坚还当场发飙："董贼倒行逆施，欺侮王室，如今不能灭董贼三族，把他们的头看下来，传示天下，我就死不瞑目，又怎么会和董贼结为姻亲呢？"

听完这番话，李傕满脸羞愧，只能灰溜溜地夹着尾巴逃走了。

得到传国玉玺

拒绝了董卓伸出的橄榄枝之后，孙坚继续向洛阳方向进军，到达离洛阳只有九十里的大谷关。而这个时候，董卓的人还在洛阳，住在宣平门外华丽的毕圭苑里。孙坚的拒绝让董太师决定亲自出马与孙坚大战。双方在洛阳城郊诸皇陵当中布阵攻杀，孙坚毫不费力地就把董卓击溃了。到最后，董卓什么都不顾了，留下义子吕布殿后，自己率领残兵败将逃到渑池去坚守了。

初平二年（191）二月，孙坚率领部队由宣阳门攻入洛阳。连号称三国勇武第一的吕布，也没占到什么便宜，对战一阵，眼看着不能取胜，就带着手下人打开西门，一溜烟跑到渑池找干爹董卓去了。

对于吕布的失败，董卓倒也没当回事，因为他原本就打算撤出洛阳，经营长安，更何况洛阳现在已经是一片废墟。就算孙坚进了洛阳又如何？难道还能有什么收获不成？不过，董卓这回真想错了，孙坚不仅有收获，而且收获非常大，甚至大到关东联军的将领们都羡慕得牙酸了。

孙坚曾经在洛阳工作过，让他不敢相信的是，一年前这里还是一座拥有几百万人口的繁华大都市，现在却数百里内无人烟，和荒野没有什么区别。这副惨状令他泪流满面，为国家，也为百姓，更为路边数不清的尸体和那些依然在冒青烟的断壁残垣。

不过，孙坚并没有仅仅停留在伤感的层面。身为大汉的臣子，孙坚首先想到的是做好自己的本分。他下令将董卓盗挖开的那些皇帝陵墓重新用泥土填好，清扫汉室宗庙，祀以太牢之礼。什么叫太牢之礼呢？这是当时统治阶级的最高祭祀礼仪，也就是牛羊猪全部奉上。

完成这些之后，孙坚又下令整治、修缮洛阳城，掩埋路边的尸骨。洛阳城迎来了难得的、短暂的平静。不过，这种平静很快就被打破了。

孙坚有一支部队驻扎在洛阳城南，洛阳城南有口甄官井。某天早上，士兵们突然发现，有五色云气飘浮在甄官井上空。这可是异象啊！大家都被吓坏了，都不敢到这口井里打水了。

孙坚听说后，立刻派人下井，看看里面到底是什么东西。如果有人刻意装神弄鬼，就是搅乱军心，必须要严惩。下井的人很快就上来了，手里拿着一个玉盒子。这玉盒子看上去就不是普通东西，相当名贵。

孙坚打开一看，里面是一颗印。它四寸见方，有一个角残缺了，是用金子补上的。印上还有字呢！孙坚一看，心中顿时狂跳不已，这八个字是"受命于天，既寿永昌"。据史料上的记载，那东西就是方圆四寸，上纽交五龙，上一角缺。这分明就是传国玉玺呀！

早在十常侍之乱之时，这颗玉玺就不见了。现在它落到了孙坚手里，孙坚能不兴奋吗？不过，孙坚心态复杂起来。找到玉玺，当然是件好事，可董卓未灭，什么时候才能把玉玺交回皇上手上呢？然而，孙坚没有过分沉溺于伤感，他赶紧把玉玺偷偷地藏了起来，并且下令在场的所有军士不得泄露此事。随后，他又整饬队伍，继续向渑池进军攻打董卓。

乱局开始

孙坚收复洛阳，赶走董卓的消息，让袁绍心里荡起了涟漪。袁绍、袁术兄弟俩自小不和，都特别看不起对方。之前，袁绍、韩馥为了改变关东联军政治被动的窘境，打算立幽州牧刘虞为皇帝。当然，刘虞不从，此事作罢。不过，诸将中第一个表示强烈反对的就是袁术。袁术之所以反对这件事并非忠君爱国，而是因为这件事是袁绍提议的。

现在孙坚发力把董卓彻底赶出了洛阳，做到了就算十几路诸侯联起手来都未必能做到的事情。这种情况就意味着袁术的发展非常蓬勃。再这么发展下去，袁家就是袁术说了算了，还能有袁绍什么事？

于是，袁绍做了一件特别不厚道的事情，他表奏周喁（一说周昂）为豫州刺史。千万别小看这个举动，这可是赤裸裸地带头搞内讧。为什么这么说呢？

因为当时的豫州刺史有三个之多。其中，第一个就是朝廷任命的孔伷。不过，孔伷的卒年是个谜。根据史料的推断，他这时可能去世了。即便没有去世，这位只善清谈、缺少军事才能的刺史也很难与袁术作对。第二个就是袁术表奏的孙坚。现在趁着孙坚到前线打仗去了，豫州刺史的办公室空着，袁绍任命自己的手下周喁去当豫州刺史。这不等于三家在抢一块肉吗？

不过，觉得袁绍不厚道只是我们的想法，袁绍却不这么想。恰恰相反，袁绍对自己的鬼点子颇为得意。表奏周喁为豫州刺史，一来可以恶心弟弟袁术，二来可以敲打有"乱世奸雄"之称的曹操。一箭双雕，有何不可？

慢着，这事儿又和曹操有什么关系？原来周喁是曹操的太学同学。曹操与徐荣作战失利后，就跑到扬州去募兵。结果，他不仅得到了周喁个人的支持，还得到了周喁四千丹杨精兵的加盟。如果周喁成为豫州刺史，事情就变得微妙了。不过，袁绍的卑劣行径暂时没有给孙坚造成什么影响。老实说，这时的孙坚全副身心还在讨伐董卓老贼上。打下洛阳休整以后，他继续进军，打算到渑池找董卓算总账。

董卓猫在渑池心神未定，听说孙坚还不肯放过自己，真心觉得别扭，看来这头江东猛虎是想让自己再无安宁之日了。为了安全考虑，董卓命令爱将董越守住渑池，爱将段煨守住华阴，女婿牛辅守住安邑，其他将领守住其他重要据点，坚守不战，以抵御关东联军的进攻，而自己夹着尾巴跑回长安去了。

孙坚踌躇满志，准备一路打到长安，活捉老贼，可他万万没有想到，就在这个关键时刻，一个意想不到的"敌人"出现了。袁绍表奏的豫州刺史周喁率军突袭自己的大本营阳人城，得手后又进逼袁术的大本营鲁阳。

袁术手中没有别的王牌，只有孙坚。阳人城丢了他不管，但鲁阳是万万不能丢的。所以，他积极地派人前往孙坚处报信，让孙坚火速回师。孙坚听到这个消息，震惊得半天都说不出话来。

孙坚的心在滴血。本来大家一同举义兵，目的就是拯救国家，现在眼瞅着逆贼就要完蛋，自己人却互相残杀起来了。此情此景让孙坚不由得仰天长叹："天下谁可戮力同心？"叹过之后，孙坚最后凝望了一眼那曾经给他带来希望的洛阳城，无可奈何地率领大军回师，还击周喁。

当然，在江东猛虎的面前，周喁根本不堪一击，没几个回合就败下阵来。阳人城重新回到孙坚手中，鲁阳的威胁也顺利解除。

本来事情就可以这样了结了，没想到却节外生枝。前来助拳的公孙越被不明出处的弓箭射死了。其实，公孙越本身不是一位出名的战将，但是他有一位很牛的哥哥。这位哥哥的名字叫作公孙瓒，就是和刘备一起在卢植门下学习的那位。这个时候，他正巧在帮袁绍。

此前，由于公孙瓒想就某件事和袁术达成谅解，就派堂弟公孙越去袁术处会盟，恰逢袁绍、袁术两兄弟突然翻脸。袁术也没多想，就把公孙越叫过来帮孙坚一起夹击周喁。

本来，公孙越来不来都可以，孙坚实力这么强，消灭周喁根本就没有什么阻力和悬念。可问题是公孙越偏偏就来了，还战死沙场。听说老弟死掉了，而且对阵的敌人居然是袁绍派来的，公孙瓒立刻痛苦地大叫："都是袁绍这厮害死了我弟弟！"

于是，公孙瓒出兵磐河，准备报复袁绍。事情发展到这一步，董卓终于可以放心，不会再有人来追杀他了。

回头看看，这场董卓讨伐战更像是一场闹剧，除了曹操和孙坚之外，其他人都在保存自己的实力，并且时刻打算吞并别人，壮大自己。联军内讧就是为首的袁绍、袁术兄弟挑起来的。从此，群雄割据、弱肉强食的时代开始了，真正的乱世到来了。

第十二章

袁绍成了冀州牧

夺冀州

面对公孙瓒的挑战，袁绍心中还是有几分底气的，因为这时候他已经从韩馥手中夺取了冀州，成了冀州牧。这是怎么回事呢？还要从关东联军合力反董说起。

袁绍虽说出身名门望族，又身为关东联军的盟主，但是因为当时地盘很小，只有一个渤海郡，手下又有一大群追随者需要吃饭，所以军粮主要靠冀州牧韩馥的接济。韩馥并不笨，他害怕袁绍最后会喧宾夺主，于是也学着袁术对待孙坚那一套，慢慢地不给袁绍提供粮食了。吃饭问题已经成了大问题，袁绍那叫一个头痛。

就在这个节骨眼儿上，韩馥的后院起火了，部将麴义反叛。韩馥亲自领兵去镇压，没想到他的军事素质实在太差了，败下阵来。这一下，袁绍看到机会了。

其实，原先韩馥的猜想没错。袁绍早就有吞并冀州的心思，只不过平时找不到借口，没有机会罢了。现在一看冀州窝里斗了，正好可以乘虚而入。不过，韩馥之前收留了自己，如果趁火打劫，会不会被天下人耻笑呢？

袁绍正在犹豫，谋士逄纪来了。逄纪对袁绍说："主公是盟主，可现在缺兵少粮，也没有一块好的根据地，天天靠人家供应军用物品，这等于命运掌握在别人手里。这不是个办法。主公得赶紧占领一个州当根据地。现在冀州兵精粮足，而韩馥才能平庸，主公何不考虑考虑？"

袁绍一听，太对胃口了，只是建议虽好但实施起来很难。于是，他对逄纪说："冀州是个好地方，可现在咱们吃了上顿没了下顿的，韩馥却兵精粮足，咱们打不过他。"

逄纪听了，嘿嘿一笑："主公，韩馥部队军容虽说比咱们齐整，可他本人却很差劲。咱们虽不能跟他们硬拼，但可以用计策拿下冀州。您为何不请公孙瓒前来援助呢？韩馥是个怕死的家伙，听说公孙瓒大军打来，势必怕得要命。他一怕，咱们的机会就来了，您派几个口才好的过去，帮他做一次形势分析，保准他乖乖把冀州让给主公您了！"

袁绍一听大喜，当场就同意了这个方案，立刻给公孙瓒修书一封，约他一起攻打韩馥。当然，信中也说明了，要公孙瓒来是给出场费的，费用就是半个冀州。

公孙瓒收到信后很兴奋。因为从名义上说，他还是幽州牧刘虞的部下。在刘虞手下待着，其实挺憋屈。刘虞能力不错，把幽州治理得井井有条。也就是说，在幽州地盘上基本没公孙瓒什么事。如果能够向南走，打下冀州，哪怕只有半个，也等于开创了自己的基业呀！于是，公孙瓒打着讨伐董卓的旗号，兵发冀州。实际上，当然是袭击韩馥，夺取冀州啊！

韩馥虽说胆小窝囊，才能平平，但起码的警觉性还是有的。听说公孙瓒带领手下的精兵来了，他立马觉得这家伙肯定不是来参加讨董联军这么简单的。你想啊，公孙瓒远在边关，又跟董卓无冤无仇，会主动加入讨董联军？谁信呢？莫不是想介入我冀州，然后假途灭虢顺道占领冀州地盘？

想到这儿，韩馥坐不住了，这种事情宁可信其有，不可信其无。于是，他亲率兵马来到冀州边界，拦住了公孙瓒。公孙瓒一看，韩馥是带着大部队来的，肯定是看穿了自己的伎俩。既然撕破脸皮了，还等什么？打。两军一交战，韩馥才知道自己根本就不是公孙瓒的对手，只能灰溜溜地退回驻地，坚守不战。

听说公孙瓒真的来了，而且一开局就把韩馥打得大败，袁绍很高兴，立刻命令自己手下的部队开拔，从原先的驻地河内来到了延津。这地方和冀州仅黄河一水之隔了。

袁绍这么积极地挖韩馥的墙脚，难道不怕董卓背后偷袭？不怕。这个时候，董卓已经被孙坚打败，逃入长安了。对于袁绍来说，现在最重要的已经不是讨董了，而是占领地盘。

这边袁绍雄心勃勃，那边韩馥早已乱了阵脚。光一个公孙瓒就很难对付了，听说袁绍也要来，那不是要了自己的老命？正在犹豫之间，袁绍派出的说客代表团隆重登场了。这个代表团的成员都很厉害，其中包括高干（袁绍的外甥）、荀谌（荀彧的哥哥）等，这些人都是韩馥平时非常敬重的名士。他们一来，就对韩馥进行了紧张的劝说工作。

袁绍的代表团一来，韩馥心里更加没底了。按理说，吃了一次败仗，冀州的实力没有遭受致命的损失，完全可以调整一下再打下去。可韩馥吃了败仗心里就紧张，觉得自己扛不下去了。你不相信他会这么丢人？不信的话，请看看他的表现吧！

代表团对韩馥说:"现在公孙瓒乘胜南来,诸郡望风而降,车骑将军(袁绍)又驻兵延津,他的心意很难确定,我们真是为将军您担心啊!"这句话潜台词丰富——袁绍要是和公孙瓒联合起来,那可真是大事不妙啊!

韩馥一听,立马吓得满头大汗,还向这些意图诱骗他的人请教:"那可怎么办呀?"

代表团接着抛出了三个问题,核心意思就是"韩将军,您哪一点比得上袁绍啊",家世、能力、品德统统不行!接连回答了三个"不如也"之后,韩馥也觉得自己很差劲。

既没本事解除冀州的危机,打仗又很差劲的韩馥该怎么办呢?代表团直接给出了答案——让贤!当然,他们说得很斯文、很艺术:"公孙瓒握有燕、代劲旅,锐不可当,袁将军也是豪杰之士,相信不会长久地屈居人下,如果这两个人联起手来攻打冀州,将军您简直立刻就会有性命之忧。当今之际,不如您把冀州让给袁将军。您跟袁氏有旧交,又是盟友。袁将军深受您让冀州的大恩,一定会厚待您,而那个公孙瓒也不敢来随便找您的麻烦。您既有一个让贤的好名声,又保全了自己的身家性命,何乐而不为呢?请您不要有疑虑。"

代表团一番看起来入情入理的劝说令韩馥心动了,他准备让贤了。可是,他想答应,他的手下却未必肯。

长史耿武、别驾闵纯等听说之后,赶紧一溜烟地跑过来劝:"主公,咱们冀州带甲百万,粮草可撑十年。袁绍连口粮都没有,孤军一支,一日三餐靠我们接济才活得下来。他们就像婴儿一样,只要我们断了他们的奶,不给他们粮食,他们就会生生饿死。干吗要把冀州这么白送给他?"

韩馥心里害怕，嘴上却还要找借口："我原本就是袁氏的老部下，才能也不如袁绍，把冀州让给他也很正常。再说，让贤是古人都称赞的行为，你们为什么要反对呢？"

于是，耿武等人无功而返。

尽管如此，反对韩馥让贤的呼声并没有停歇。从事赵浮、程涣原本带着一万精兵驻守孟津，听说韩馥的不靠谱行为后，火速拔营回到冀州，请求对抗袁绍。可是，韩馥貌似已经吓破了胆，连最后和袁绍打一仗的勇气都没有了。

总之，无论手下怎样劝谏，韩馥还是那句话："我决定了，你们不必再说了，无论怎样，冀州我是让定了。"做出决断之后，韩馥没等袁绍进城接收，就离开了州牧办公大楼，住进了中常侍赵忠的旧宅，还派自己的儿子拿着州牧的公章跑去交给袁绍，请袁将军务必第一时间进城，为冀州人民当好州牧。

袁绍一看大喜过望，赶紧带上部队来到邺城，风风光光地入主冀州。

吓死韩馥

袁绍入主冀州之后，韩馥的市场价值就等于零了，所以韩馥的大部分部下都主动办好了跳槽手续，投奔袁氏发展有限公司去了。只有原先那些坚定不移反对袁绍的死党，像耿武、闵纯，拿着刀拦着大家："你们想离开韩氏公司，个个都得死。"忠心可鉴，可惜作用为零。袁绍听说居然有人胆敢阻止人才到自己这儿来，这种家伙还留着做什么？不用说了，先把这些家伙统统抓起来处死。

不管怎么说，现在袁绍有了自己的地盘，比起老朋友曹操、张邈他们幸运多了。拿下冀州以后，袁绍立刻自领冀州牧，并且以皇帝的名义封韩馥为奋威将军。

开始，韩馥着实很兴奋，觉得自己让贤让得太正确了，觉得袁绍知恩图报，一进冀州就让自己当上了奋威将军。可是，没过多久，他就发现了，自己这个奋威将军一点都不威风，因为除了奋威将军的大印之外，其他什么都没有。直到这个时候，韩馥才反思自己是不是做错了。不过，后悔也晚了，只能祈祷袁绍能好好地对待自己，让自己安度余生。

不过，袁绍才不会理韩馥想什么，对他来说，现在最重要的事情是**整理局面，收录人才**。就目前情况来看，韩馥手下那些大名鼎鼎的人物，比如沮授、田丰、审配等，都主动投奔了袁绍。再加上袁绍原先的逢纪、许攸、荀谌等，他们共同组成了袁绍手下的第一心腹班子。

就在袁绍踌躇满志地想以冀州为根据地，发展自己的势力征服天下的时候，韩馥却越来越心慌了。原本袁绍封他一个空头将军的职衔以后，并没有进一步逼他的打算。不管怎么说，韩馥对自己还是有恩的，杀了他实在太为人不齿了。没想到这个时候有个叫朱汉的人跳了出来，打破了袁绍的设想，也改变了韩馥的命运。

朱汉原本是韩馥的手下，但是干得很不开心。因为韩馥看不起他，什么好事都没有朱汉的份儿。朱汉当然很郁闷，但那时韩馥是冀州的一把手，在冀州境内他想杀谁就可以杀谁。现在不一样了，袁绍来了。朱汉立马投靠了袁绍。他满心欢喜地以为袁绍一定会找机会杀死韩馥，还没动手恐怕是在等机会。于是，朱汉决定杀了韩馥，讨好一下新老板。

想到就要做到。某一天，朱汉带着人冲到韩馥的家里，扬言要杀死韩馥。韩馥吓坏了，跑到楼上躲着。朱汉一看韩馥没抓着，很不甘心，心想跑得了和尚跑不了庙，就在韩馥家里一顿折腾，结果把韩馥的长子抓住了，并当场把这个倒霉蛋的双腿生生打断了。朱汉以为自己这么一折腾，新主子袁绍肯定高兴得要死，会立刻重用提拔自己。

哪知道袁绍不但没有高兴得要死，还恼火得要命。要知道，他根本就没打算杀韩馥，这个人就是个废人，毫无威胁，养着韩馥跟养条狗没什么区别。现在你朱汉要把韩馥杀了，那不是让我袁绍给世人留下话柄吗？于是，暴怒之下，袁绍立刻派人把朱汉抓起来，当场一刀杀了。

遗憾的是，朱汉的死并没有安抚好韩馥那颗饱受惊吓的心。朱汉这么一折腾，韩馥变成惊弓之鸟，更加害怕了。袁绍说什么，他都不敢信了。他向袁绍提出辞行，要求离开。袁绍看韩馥态度如此坚决，心想也好，免得将来再出什么幺蛾子不好处理，也就随他去了。

韩馥离开冀州以后，就跑到了张邈那里。过了些时日，不知道因为什么事，袁绍派使者去找张邈。估计有些秘密的情况要商议，使者一看现场人还挺多，就走上前去，和张邈咬起了耳朵。正巧当时韩馥也在座上，他很努力地竖起耳朵，想听听他们到底说些什么了，可惜最后什么也没听见。

这一下，韩馥的小心肝受不了了。也许，他还会在心里嘀咕："完了，完了，这肯定是袁绍派人过来让张邈杀了我。有袁绍在，我是活不成了。与其被杀受辱，还不如我自己动手算了。"饱受惊吓的韩馥实在受不了这种心理上的无助暗示，绝望地站了起来，跑到厕所里用书吏刻书的小刀自杀了。

韩馥一死，袁绍就没了隐患，算是把冀州圆满地收入囊中了。冀州富庶，兵精粮足，人才济济，这让袁绍一下子成为群雄中最不可小视的一支力量。

公孙瓒寻仇

虽然袁绍在韩馥死后坐稳了冀州的第一把交椅，但还是有人不肯放过他。这个人就是公孙瓒。公孙瓒为什么要找袁绍的麻烦呢？跟四世三公的袁家搞好关系不是上上之选吗？说到底，这里面既有利益的纠葛，又有亲情的牵绊。

其实，在来找袁绍晦气之前，公孙瓒早就对袁绍憋了一肚子火。之前，袁绍不是厚着脸皮写了一封信，大老远地把公孙瓒叫过来，说要平分冀州的吗？结果，到了冀州边上，肥肉被袁绍自己独吞了，连口汤都没给公孙瓒剩下。这种事搁谁身上，谁都得生气啊！但是，如果就为这事儿和袁绍翻脸，好像理由又不太正当，因为冀州本来就没有公孙瓒什么事。所以，公孙瓒尽管有一肚子火，却不得不生生地憋着。

正好，当时一支号称三十万人的青州黄巾军北上渤海郡，准备和冀州境内活动的最大一支义军，也就是张燕领导的黑山军会合。这两股力量如果联合在一起，那影响就太大了。

看看地图，渤海郡大致在今天河北省沧州市一带，治所是南皮，当时属于冀州管，毗邻幽州，而这里正在公孙瓒的控制范围之内。后院受到了这样严重的威胁，公孙瓒顾不得生袁绍的气，直接带上两万精兵就扑向了青州黄巾军。

两万人对三十万人，难道不是找死？还真的不是。实际上，战场的局势不能用绝对数字来考量。黄巾军是一支很奇特的部队，之前为什么声势如此浩大，声称百万之众，结果一年之内就被打垮？就是因为他们只有战斗精神，没有战斗实力。队伍当中不仅有为数不少的老弱妇孺等非战斗人员，而且这些人还带着他们的全部家当。以此推断，青州黄巾军号称三十万人，是很有水分的。

再加上这支青州黄巾军，已经不能和黄巾起义时期的黄巾军相比，缺少像波才那样有能力的将领，也就是说，战斗力已经大打折扣。所以，公孙瓒只要布置得法，指挥得当，一旦打开了缺口，就会让黄巾军兵败如山倒。

当然，不能因为黄巾军实际战斗力堪忧就掉以轻心，毕竟黄巾军人多势众，要是采用人海战术，也是防不胜防的。兖州刺史刘岱不就是因为低估了黄巾军的人海战术才战死的么？幸运的是，公孙瓒不是刘岱。

公孙瓒这边两万人马都是精锐的边防军，不仅有步兵，还有骑兵，再加上公孙瓒本人也是杰出的将领，所以他们和黄巾军在东光相遇以后，很快就取得了大胜，当场斩首三万多人。剩下的黄巾军不敢恋战，丢下辎重转身就逃。公孙瓒的部队随后就追。

溃逃的黄巾军很快就跑到了河边上，争先恐后地抢着渡河。等这些人渡过去一半的时候，公孙瓒在这边大旗一挥，骑兵、步兵又再次涌了上去，拼命冲杀。于是，黄巾军又大败，死了数万人，连河水都染红了。

不仅如此，战斗结束后公孙瓒一清点，还发现自己得到了七万多俘虏，外加这支黄巾军所有的粮草物资。这一仗下来，公孙瓒名震天下。

就在这时，消息传来，弟弟公孙越战死了。公孙瓒立刻就把这笔账算到了袁绍的头上，他觉得正是因为袁绍没事找事，派周喁去打孙坚，才使帮助孙坚的公孙越死在了战场上。反正宝贝弟弟是不能白死的，所以我必须出兵攻打袁绍。

按原计划，公孙瓒应该把青州黄巾军要联合的对象黑山军打败以后才能腾出手来。不过，现在这已经不重要了，什么黑山军不黑山军的，那些留给曹操他们去操心吧，我公孙瓒现在就是要找你袁绍的晦气。

为了让自己师出有名，公孙瓒专门写了一篇檄文，公布了袁绍的几大罪状。比如，袁绍出了坏主意，把董卓叫进京城，把天下搅得跟一锅粥似的；袁绍违背盟约，不向董卓进兵；以下犯上，恩将仇报，强夺冀州，轰走韩馥；孙坚征讨董卓有功，修扫皇陵，祭祀宗庙，忠心耿耿，可袁绍却偏偏派人攻打他的根据地，使孙坚不能继续追赶董卓，以致董卓老贼得以在长安苟延残喘。

写完这几条，公孙瓒觉得还不够过瘾。古往今来，政治圈里有一条非常糟糕的规则，那就是不仅要数落对方的罪状，还要揭露对方的私生活。这种刻意的相互牵扯，不仅损坏了对方的名声，还侮辱了对方的人格，是肉体和精神的双重打击。公孙瓒就是这么做的。

在檄文里，他还强调，按春秋大义，尊卑有序，袁绍颠倒尊卑，冒称正支。这怎么能平复民心、军心呢？

虽说这种做法不地道，但不可否认的是，当时的人们很受影响。这篇檄文一出，作用还不小。很多冀州官员看到之后，纷纷喊着打倒袁绍的口号，投奔公孙瓒。

前线接二连三的压力让袁绍忧惧万分。别看他当过关东联军的盟主，实际上也没打过什么仗，因为仗都是曹操和孙坚打的。这也造成了一种后果，那就是袁绍手下的兵将不少，但他自己心里却一点底都没有。更何况，公孙瓒刚刚用两万人大破三十万黄巾军。

惊慌失措的袁绍连夜想了一个取悦公孙瓒的办法，实际上也是一个很可笑的决定，那就是任命公孙瓒的弟弟公孙范做新的渤海太守，并且派专人护送前去上任。以袁绍的想法，这是向公孙瓒表达自己的善意。这样一来，公孙瓒就不会为难自己了。

不过，公孙瓒可不是好糊弄的人。其实，公孙瓒名义上是为弟弟报仇，其实只是一个借口而已，真正的目标是争夺冀州。所以，袁绍这表达善意的方式，也只能是自欺欺人而已。

结果不难想象。公孙范拿着渤海太守的官印，乐呵呵地上任了，到任之后二话不说，立刻调转枪口，宣布支持哥哥公孙瓒，并且开始招兵买马。这时，袁绍才知道自己想了个馊主意，可是有什么用呢？

公孙瓒根本就不把袁绍放在眼里，直接下文任命官员。比如，他任命爱将严纲为冀州刺史，跟袁绍对着干；任命单经为兖州刺史，攻打兖州的地盘；任命田楷为青州刺史，统管青州地域的事务。而田楷这一趟还带去了一个人，这个人就是很久没露面的刘备。

界桥之战

初平三年（192）正月，袁绍终于抛开一切顾虑，鼓足勇气亲率大军前往迎战公孙瓒。双方在界桥以南二十里处摆开战场。在将领方面，公孙瓒这边的首发阵容是严纲，袁绍这边的先锋是麴义。

公孙瓒以步兵三万结成方阵，两翼各配备五千多名骑兵作为保护和机动，袁绍则以先锋麴义率领的八百盾牌兵为头阵，以强弩千张作为掩护，自己率领数万步兵在后。

公孙瓒一看袁绍那边人并不多，先锋就八百多人，压阵的就一千多名弓箭手，差点儿当场笑出声来。就这点人还敢挑战我？虽说军容还不错，但是跟我手下的白马义从比起来，根本就不是一个档次。

怀着轻视敌军的想法，公孙瓒下令发起了冲锋，同时让弓箭手放箭掩护。瞬间，铺天盖地的箭雨呼啦啦地就向那八百盾牌兵飞了过去。

令人惊讶的是，麹义麾下的盾牌兵居然一动不动。箭雨飞过来的时候，麹义非常淡定地下令列盾牌阵。于是，后面的盾牌兵纷纷涌上前，把自己的盾牌举起来，架在前面士兵的头顶上，帮他们挡住头顶飞过的利箭。

公孙瓒的骑兵确实训练有素，已经冲过了两军之间的空白地带，到了离盾牌兵不远的地方，可麹义就是不动声色。直到对方离他们只有几十步的时候，麹义大声下令：冲！瞬间八百士卒跳将起来，举着盾牌，朝公孙瓒的军队杀去。与此同时，原来埋伏在盾牌阵后面的一千多名强弩兵也齐刷刷地站起身来，抬起手中早已上弦的弩机，对准了公孙瓒部最精锐的白马义从，接连发射。

由于这些弩机力量大，两军又近在咫尺，公孙瓒部冲在前面的骑兵基本上连躲的机会都没有，顿时死伤一片。这些骑兵从来只有打胜仗，冲乱别人的阵形的分儿，根本就没想过有一天自己也会成为被屠杀的对象。

遗憾的是，后面的人根本不知道发生了什么，还一个劲儿地往前冲。一时间，公孙瓒全军陷入一片混乱，骑兵、步兵争相逃命，连先锋严纲都在混战中被斩杀。

公孙瓒一看势头不对，在丢下一千多具己方将士的尸首后，下令撤退。没想到刚跑到界桥，那个该死的麴义又追上来了。公孙瓒打算重新布阵阻挡追兵，可惜军无斗志，又被麴义打得大败。麴义一口气冲到了公孙瓒的指挥部大本营前面，然后"拔其牙门"。

什么是"拔其牙门"呢？不是把公孙瓒的门牙拔下来，而是把公孙瓒营前的旗杆生生砍倒，再把帅旗扯下来。

这一仗下来，公孙瓒兵败将亡，颜面丧尽。尽管如此，如果公孙瓒冷静一点，就有可能彻底逆转颓势。

就在麴义冲到公孙瓒的营前"拔其牙门"的时候，袁绍还在离界桥十余里远的地方，随身只带着几十名弓箭手和一百多名执戟卫士，还有田丰等几位谋士。听说前方已经获胜，袁绍就让大家下马卸鞍，稍事休息。

这时候，正巧一支被打散的公孙瓒的部队没头苍蝇似的又转了回来，而且人数不少，有两千多。他们一看到前面居然有袁绍的部队，而且人还那么少，立刻死死地把袁绍们围住了，并射出了密集的箭雨。

袁绍人少，一下子就处于下风了。谋士田丰慌了，看见旁边有面破墙，赶紧对袁绍说："主公，我扶您到墙后去避一避吧。"虽说袁绍后来很不堪，但是此时却表现得非常有大将风度，他居然没有听从田丰的劝告，而是猛地把自己的头盔摘了下来，往地上咚地一扔，大声吼道："大丈夫就该阵前战死，躲在墙后难道就能活命吗？"

说完，袁绍就下令放箭，射伤了公孙瓒的不少骑兵。公孙瓒的这支部队也没有认出敌方的最高长官袁绍就在这群人里边。如果他们知道，袁绍可能会死得很难看。由此可见，孙子那一句"知己知彼"多么重要。

没过多久，冲在前方的麴义听说主帅袁绍被围，急忙回军来救。有了麴义的援助，那些公孙瓒的骑兵很快就抵挡不住，最后退走了。

度过了这场小风波，袁绍的部队继续追击公孙瓒，而公孙瓒那边再也没有力气组织反击了。袁绍一方取得了界桥之战的最终胜利。

不过，袁绍并没有开心多久。很快，他就接到了魏郡反叛，联合黑山军攻陷邺城的消息。包括袁绍在内，大家都很沮丧。这是为什么呢？原来，袁绍和众将的家眷都在邺城生活。邺城一丢，那可如何是好啊？

于是，大家在袁绍的带领下心急火燎地直奔邺城。神奇的是，他们竟然在路上碰到了自己的家眷。这一切都跟一个叫陶升的人有关。

陶升是叛军中的一个小头目，原本是县里的一个小官，因为被裹胁才加入反袁绍的阵营。其实，他本身是袁绍的骨灰级粉丝。所以，在进攻邺城的时候，陶升带领自己的部下先翻墙入城，然后严令不得烧杀抢掠，并且派人把城门守住，不许其他叛军进城。

从另一个角度来说，陶升其实就是在帮袁绍守邺城。然后，陶升把袁绍及城中诸将的家眷统统保护起来，亲自护送他们出城，一直送到了安全的地方才回来。

袁绍一行人在路上碰到了自己的家眷，一下子军心就稳定下来了。只要家人还在，这个仗可以慢慢打，城池可以慢慢收复，不用急。为了表彰这个做出突出贡献的陶升，袁绍还专门任命他为建义中郎将。

经过短暂的休整之后，袁绍开始出兵攻打叛军。这些叛军的主体就是农民起义军，头领的名字起得五花八门，什么李大目、青牛角、黄龙，但战斗力不那么强，很快就被袁绍各个击破了。不久之后，袁绍肃清了叛军，夺回了大本营邺城。

留不住的赵云

公孙瓒比较烦，他怎么也想不明白，为什么自己浴血奋战了这么多年，还是做不到和袁绍平起平坐。很多人竟然争着去当袁绍的粉丝，再看看自己手下，除了白马义从，也没有什么能拿得出手的。真是郁闷啊！

就在公孙瓒郁闷的时候，外面有人禀报，有一位风度翩翩的美男子率军来投。公孙瓒一下子兴奋起来，吩咐快请。很快，美男子就进帐了。公孙瓒矜持地问道："我听说你们冀州人都愿意追随袁家，怎么只有你迷途知返呢？"

按照常理，这位美男子该对公孙瓒客套、称赞一番，说一些类似"倾慕将军英武"之类的话，可是这个人偏偏没有这样做。他对公孙瓒说："天下询询，未知孰是，民有倒县之厄，鄙州论议，从仁政所在，不为忽袁公，私明将军也。"

这番话说得很直接，我来投靠你，和你没什么关系，我是来看你能不能施行仁政的。天哪，这个愣头青！估计公孙瓒听了之后心里不是滋味啊！身逢乱世，还讲什么仁政，能活下去就不错了。不过，要活下去，要让手下弟兄有饭吃，不争不抢能行吗？等死吗？

当然，公孙瓒并没有把这番意思表露出来，而是问来人的名字。来人腰板一挺，下巴一抬："我是常山真定人，姓赵，名云，字子龙，特来投军。"

据史料的记载，赵云"身长八尺，姿颜雄伟"，也就是说，他是一个颜值颇高的人。如果生活在太平年代，他一定会时时收获身边女性的尖叫，说不定还会有人朝他丢果子、手帕什么的。不过，乱世对所有人都是一视同仁的，并不会因为某个人特别帅而例外。更何况赵云并不想做一个花瓶，做英雄才是真汉子的最佳选择。

怎样才能成为英雄呢？必须投身到乱世中去！黄巾起义为赵云提供了这样一个机会。真定也活跃着一些黄巾军的队伍。这些队伍规模大小不一，大的超过万人，小的只有几千人。其中，以张燕为首的黑山军最为知名。

张燕是常山真定人，赵云的老乡。俗话说，兔子不吃窝边草。可身为黑山军总首领的张燕完全没有这种觉悟，或者说他完全不在乎这样的规则。不信请看张燕等人的活动轨迹，那是遍及黄河以北诸郡，而且他还会时不时地带兵回老家看看。这让常山郡的官吏的精神备受摧残。这可如何是好呢？向朝廷求解？别闹了，朝廷还自顾不暇呢！干脆成立自卫队吧。不久之后，常山自卫队正式成立，由美男子赵云担任首领。

不过，单靠自己的力量太单薄，还是投奔到大官的麾下比较靠谱，最起码有保障啊！那么，投奔谁才好呢？这还不好办，找冀州的一把手不就行了吗？事实上还真的不好办。东汉末年群雄逐鹿，一个州有时竟会有好几个一把手。因此，开始的时候，常山自卫队也犯了难。

韩馥是朝廷任命的冀州牧，当时已经死了。袁绍是韩馥的继任。可公孙瓒又任命严纲为冀州刺史了。结果，冀州有了两个一把手。现实摆在面前，袁绍和公孙瓒，到底投奔哪一个呢？

很多人都觉得应该去投袁绍。袁绍家世好，四世三公，公孙瓒算什么？出身卑贱，起于草根。袁绍当过关东联军盟主，天下归顺；公孙瓒是一介武夫，兵微将寡……用大数据一分析就知道了（当然，那时候根本没有大数据），综合各项考核指标，袁绍全面胜出。

但是，这些对赵云都没用。赵云决定率自卫队投靠公孙瓒。对此，大家很奇怪，明明袁绍的实力更强，为啥要投靠实力弱的公孙瓒？赵云也很奇怪，既然郡里组织兵马是为了对付黄巾军，那么谁打黄巾军，咱们就投靠谁呗。难道还用犹豫吗？

对，没错，袁绍出身四世三公之家，实力雄厚，又当过关东联军的盟主，可是他为平定黄巾军做过什么贡献呢？冀州倒是抢得挺利索。咱们要是跟了袁绍，不就成了为袁氏打江山的马前卒了吗？公孙瓒虽然实力不如袁绍，但还是为打击黄巾军做过贡献的，前不久还以两万兵马大破三十万黄巾军。

赵云怀着一腔赤诚和仰慕投奔公孙瓒来了。不过，公孙瓒并没有对赵云报以同等的回应。赵云在这里始终没有受到重用。不受重用并没有让赵云过分痛苦，最让他接受不了的是，公孙瓒和袁绍是一种类型的人。极力扩张地盘，逐鹿中原，是他们共同的梦想。公孙瓒之前卖力地攻打黄巾军，也是为了清除自己地盘上的外人，跟匡扶汉室半点关系都没有。

老板的不靠谱让美男子赵云迷茫。他想离开公孙瓒，但又没发现靠谱的人。不过，人生旅途中有时会有意想不到的风景。这风景可能是阳光灿烂，可能是乌云密布，当然也有可能是一双渴望的眼睛。

没错，当赵云来的时候，公孙瓒的营中就有一双渴望的眼睛盯着赵云，喜欢得不得了，这双眼睛的主人就是刘备。可是，主公兼师兄公孙瓒没有说什么，自己也不好直接表态，所以结交赵云的想法只能默默留在心底。赵云也留意到刘备了。虽然刘备寄人篱下，但他的忠厚长者之名却让赵云深深佩服。可惜这两个惺惺相惜的人一直没有机会结交。

很快，这个机会就来了。在冀州站稳脚跟的袁绍任命长子袁谭为青州都督，要把公孙瓒任命的青州刺史田楷赶走。田楷知道自己撑不住，赶紧给公孙瓒发来了求救信。公孙瓒接到这封信，琢磨了一下，就决定让刘备去当这个援军，还给了他一个别部司马的职位。

刘备很高兴，很得体地表达了自己的感谢。注意，仅仅是"得体"。不过，很快这个"得体"就变成了"真心"。因为这次赶去青州的援军里面有赵云！刘备和赵云之间的缘分就这么开始了。

有了赵云相助，刘备觉得自己如虎添翼。他任命赵云为主骑，负责自己率领的一小队骑兵。其实，主骑并非什么官职，只是类似于骑兵小队长。毕竟以刘备别部司马的身家，根本不可能任命官吏。不过，赵云并不在乎这些。因为跟刘备在一起，让他重新体会到了热血沸腾的感觉。

赵云天性爱马，喜欢骑在马背上的感觉。当初投奔公孙瓒还有一个重要的原因，那就是公孙瓒手下有天下著名的骑兵部队白马义从。在公孙瓒那儿的时候，赵云只能眼巴巴地看着。现在到了刘备这儿，他终于有自己的白马了，而且还能负责一小队骑兵。也许，从这一刻起，赵云在心里把刘备当成自己真正值得追随的人了。

不知是不是因为有了赵云的加盟，反正刘备和田楷的青州之行非常顺利，成功粉碎了袁绍独霸青州的阴谋，形成了两家在青州平分秋色的局面。

看到刘备和田楷凯旋，公孙瓒非常高兴，命刘备为平原县令，不久又升刘备为平原相。刘备加官晋爵，他的核心员工也水涨船高，关羽、张飞都成了别部司马。可轮到赵云，却是一片沉默。

不久之后，常山老家来人，告诉赵云，他哥哥去世了。赵云闻讯立刻去找公孙瓒，要求回家奔丧。公孙瓒批准了。但是，刘备心里很清楚，赵云肯定不会回来了。自己看中的虎将就要离开了，刘备心里很不是滋味，拉着赵云的手，依依惜别。赵云也很不舍，但又不能不离开，他对刘备说："终不背德也。"然后上马而去。

赵云走了，刘备很惆怅。不过，他们之间的缘分并没有就此中断。几年之后，建安五年（200），刘备和赵云在邺城重逢，从此开始了君臣相得的岁月。

第十三章
曹操抚兖州

攻打黑山军

初平三年（192）注定是不平凡的一年。这一年发生了很多大事。比如，被誉为"乱世之奸雄"的曹操终于获取了足够的资本，迈出了自立门户的第一步。

自从被董卓部将徐荣打败之后，曹操先是到扬州募兵，后屯驻在河内，处于袁绍的保护之下。初平二年（191），袁绍成了冀州之主。在袁绍的庇护下，曹操仍旧过得很不错。

不过，乱世之中寄人篱下并非明智之举，更何况袁绍并非一个好相处的人。作为堂堂关东联军盟主，不仅用不光彩的手段逼走盟友韩馥，夺取冀州，还用比对敌人更狠的手段对待弟弟袁术。这样的主公真的值得追随吗？

有这样疑问的，不止曹操一个，还有鲍信。鲍信对曹操说："如今董卓弄权，各路英雄豪杰奋起抵抗的原因是大义的存在。而现在袁绍身为堂堂联军盟主，却利用职权夺人之地，害人之命，无所不用其极。这和董卓是没什么两样的。跟着他同流合污，我们又怎么对得起自己的良心？可是，如果我们对抗他，多半也力不从心。为今之计，最好是南下渡过黄河，静观其变。"

曹操听了深以为然，只愁没有机会。其实，曹操大可不必着急，机会总是会来的，而且总是留给有准备的人的。不久之后，曹操的"第一桶金"就送上门来了。这次机会是一伙叛军制造出来的。

这伙叛军就是黑山军。又是黑山军？是的。截至目前，黑山军的出镜率很高。公孙瓒、赵云都和黑山军打过交道，曹操也要去攻打黑山军了。那么，黑山军到底是何方神圣呢？

黑山军是黄巾军余部的一支，因聚集在太行山南段的黑山而得名。它的主要创始人有两位，一位是赵云的老乡、号称"飞燕"的张燕，一位是张牛角。

张燕，本名褚燕，常山真定人。之前黄巾起义爆发的时候，褚燕就在老家聚集了一帮无业少年，在山水间辗转出击。等回到老家的时候，他手下竟然有一万余人了。这距离他举兵不过一年时间。

当时，在褚燕的地盘旁边还有另外一支队伍，这支队伍的头领是博陵人张牛角。没过多久，二人率部合军，张牛角做了总头领。可惜，这位总头领运气不大好，在攻打瘿陶县城的时候中箭身亡，临死前命部下推举褚燕为总头领。褚燕继任为总头领之后，为了缅怀前总头领张牛角，把自己的名字改为张燕。

史料记载，张燕骁勇善战，军中的人都称他飞燕。张燕成为总头领之后，队伍规模迅速壮大，他们经常活跃在常山、赵郡、中山、上党、河内一带的山区里。随后，孙轻、王当等人也率部加入了张燕的队伍。后来，张燕的队伍壮大到一百多万人。因他们经常活跃在黑山一带，所以被称为"黑山军"。

黄河以北广大的区域都是黑山军活动的地点，各郡县基本每隔一段时间都会被这一群不太友好的邻居骚扰，而朝廷对于他们的态度也是睁一只眼闭一只眼。为什么东汉政府是这样的态度呢？原因很简单。汉灵帝统治末年，华夏大地战火四起，这边好不容易扑灭了黄巾起义，杀了张角三兄弟，那边边章、韩遂又造反了。皇上倒是想收拾一下黑山军，但两只手都腾不出来，能有什么办法呢？

虽然可以钻皇上腾不出来手的空档，但身为黑山军的总头领兼最有政治眼光的领袖，张燕觉得抱紧朝廷的大腿、名正言顺地当个官，才是王道。于是，张燕居然大着胆子，派遣使者向当时的汉灵帝请求招安！

叛军的总头领主动请求招安，汉灵帝当然高兴，大笔一挥就给张燕来了个平难中郎将的官位。平难中郎将听上去好像不甚威风，实际权限却不小，因为这个中郎将的职责就是管理黄河以北的山区的行政和治安事务。

当了官的张燕履行过几次职责，帮助公孙瓒一起攻陷过邺城，就是袁绍们的家眷差点儿一命呜呼的那次。不过，大部分时间张燕还当自己就是黑山军的总头领，继续贯彻原来的方针。他手下的众位头领也并不当自己是官军的一员。

初平二年（191）秋，黑山军的几个头目于毒、白绕、眭固瞅着机会来了，带着十几万人去进攻魏郡和东郡。黑山军的这一动作给二郡带来了沉重的精神负担和现实的压迫，却给袁绍带来了干预兖州事务的机会。

为什么袁绍要干涉兖州事务呢？这跟袁绍的野心有关。众所周知，作为兖州最北部的郡，东郡已与冀州领土相连。身为冀州牧的袁绍不可能只满足于一州之地。可兖州刺史是刘岱，既是关东联军时代的盟友，又是汉室宗亲。袁绍不敢随便下手。这黑山军来得正是时候。

当时的东郡太守叫王肱。这家伙才能平庸，胆子又小，一看十几万黑山军气势汹汹地冲过来，立马大声宣布自己支撑不下去了。消息传来，袁绍很烦躁，因为他正忙着对付公孙瓒，根本顾不上。这时，曹操主动请缨，要求去前线。袁绍立马批准了。从那时开始，曹操逐渐脱离袁绍了。

得到袁绍的批准后，曹操带领自己的将官，还有一千多兵马南渡黄河，开进东郡。没过多久，他就率军在濮阳大败白绕率领的黑山军。袁绍听到这个消息很高兴，表奏曹操为东郡太守，以东武阳作为治所。

第一桶金

曹操成了东郡太守，自然很高兴。不过，兖州刺史刘岱可不这么认为。因为东郡是属于兖州管的，袁绍任命东郡太守，按理说他应该和兖州刺史刘岱打招呼，可袁绍并没有这么做。在袁绍看来，自己实力这么强，根本不需要买刘岱的账。

除了袁绍和曹操，还有两个人对于曹操任东郡太守这件事很开心。其中一个就是荀彧。荀彧，字文若，出身于世族大家颍川荀氏。他本是韩馥任冀州牧时特别引进的人才，可惜运气不太好。当他率宗族到达冀州的时候，冀州牧已经变成袁绍。要不是因为兄弟荀谌是袁绍的心腹谋士，荀彧的日子可能会更难过。

总之，到达冀州后的荀彧很不开心，也没有受到重用。后来曹操出兵东郡，他就隐隐觉得曹操这回肯定不会再回来了。当曹操正式成为东郡太守后，荀彧觉得是时候离开这个外宽内忌的袁绍了。于是，他果断地离开邺城，直奔东郡而来。

曹操见了荀彧，二人越聊越投机。投机到什么程度呢？曹操高兴得连自己的地位都忘了，毫无顾忌地对荀彧说："先生真是我的子房啊！"汉高祖刘邦手下有一个超级谋士张良，张良的字就是子房。曹操这句话，一来把自己比成了开创事业的明主，二来也把荀彧抬到了一个非常高的位置。曹操非常信任荀彧，有事总喜欢找他商量。这一年，荀彧才二十九岁。

另外一个开心的人就是陈宫。陈宫，字公台，东郡东武阳人。他自小才华出众，在东郡乃至整个兖州都相当有名气。曹操来任东郡太守，陈宫很兴奋，觉得自己终于找到了一个可以尽心辅佐的人。

初平三年（192）春，曹操驻军顿丘。这样一来，黑山军的另外一个头目于毒就很高兴。听说曹操不在，他立刻集结大军强攻东武阳。

于毒来势汹汹，曹操兵力不多，明显处于弱势。等探马报告黑山军兵临东武阳的时候，手下诸将认为应该回救东武阳，并纷纷主动请战，而曹操却下令攻打于毒的大本营。

众将不解，求问其中的原因。曹操告诉大家："我用的是孙膑的围魏救赵之计，料想那些贼人是识不破的。让他们知道我们要进攻他们的大本营，他们若领兵来救，东武阳之危可解；若他们不救，我们也可以攻下他们的大本营。东武阳城池坚固，料想贼人也很难攻克。"

事情果然如曹操所料，于毒一听说曹操去抄自己的大本营了，这还了得，赶紧回来救。走到半路，队伍中了曹操的埋伏，被打得丢盔弃甲，溃不成军。

随后，曹操又去攻打眭固率领的另外一支黑山军。打败眭固以后，曹操又在内黄击败了匈奴首领於夫罗率领的军队。

连续遭遇两次沉重打击后，黑山军暂时失去了反击的能力，东郡等地也转危为安。而曹操在和黑山军的交战过程中也收编了不少新的人马，逐步壮大了自己的军事实力，赚得了事业上的第一桶金。

民选兖州刺史

就在黑山军被打败之后不久，百万青州黄巾军又奔兖州而来，杀死了任城相郑遂，又围攻东平。青州黄巾军为什么要到兖州来呢？

原来，黑山军在兖州折腾得热闹的时候，青州黄巾军也开始活跃了。当时的青州刺史是焦和。这位仁兄才能平平，尽管青州兵精粮足，他却不敢跟黄巾军对战，老是躲着走。面对麻烦，躲不是办法，解决它才能一劳永逸。焦和确实想办法去解决了，而且一劳永逸——他自己病死了。

焦和一死，青州群龙无首，很多地方都成了废墟，这时袁绍很高兴，他又有借口介入青州事务了。随后，袁绍即派大将臧洪进入青州，总揽州务。臧洪确实才能了得，打得青州黄巾军在本州无法立足。于是，他们决定去邻近的兖州碰碰运气。真是无事家中坐，贼从天上来呀！这回，轮到兖州刺史刘岱头大了。

这个刘岱就是当初在联军讨董期间借口粮草的问题杀掉桥瑁的那位。后来，关东联军解散，他就回到了兖州。说起来，刘岱和袁绍、公孙瓒都有姻亲的关系。袁绍、公孙瓒翻脸开战，这下轮到刘岱要选人站队了。到底选谁好呢？为了解决这个难题，别驾王彧向主公刘岱推荐了名士程昱。

没错，这个程昱就是后来深受曹操信任的那个程昱。程昱本名程立，字仲德，兖州东阿人。在他的建议下，刘岱站在了袁绍这边。后来，袁绍果然在界桥之战中打败了公孙瓒。袁绍取得冀州以后，成了北方的霸主，而兖州在冀州的南面，实力是远远不能相提并论的，所以刘岱抱定袁绍这条大腿，兖州刺史的位置就稳如泰山了。就连大家都称赞的曹孟德，不也在袁绍手下吗？

与此同时，曹操的好友济北相鲍信正在刘岱的麾下。他来劝刘岱："目前敌人众多，百姓惶恐不安，我军士兵又毫无斗志，故现在还不能与之直接对抗。据属下观察，敌人随军家属太多，军中粮草仅仅靠抢劫来维持，我军不如先养精蓄锐，坚守城池。敌人无法求战，强攻城池只会徒增伤亡。等他们士气低落，我们再派精锐出击，就可以一举击败他们了。"

鲍信这个计策确实是好计策，运用起来也很容易，以逸待劳就行了，可刘岱不以为然。在刘岱的心目中，黄巾军只是一群流寇，乌合之众，根本用不着这么费心费力。于是，他不听鲍信的劝告，非要亲自带兵出城迎战黄巾军，结果一下子就死在了阵前。刘岱一死，群龙无首，兖州顿时陷入一片混乱中。

这时，陈宫从中看到了机遇，对主公曹操说："现在刘兖州阵亡，兖州没有了主事之人，朝廷的诏令也无法贯彻执行了。我请求去游说州中的官员，来让您成为兖州的主人。好好经营兖州，就能奠定您未来霸业的基础。"

大家都很清楚曹操"奉天子以令不臣"或者"挟天子以令诸侯"的主张，实际上第一个燃起曹操雄心壮志的却是陈宫，尽管他俩最后分道扬镳了。

　　陈宫不是光说不练的人，他对曹操说完这番话以后，就主动去游说兖州地面上的头面人物了。兖州当时的形势非常糟糕。刺史阵亡，外援断绝，谁也没有办法去退那蝗虫一样的青州黄巾军。到底该何去何从呢？兖州幸存的官员们一筹莫展。正在这时，陈宫来了。他说："大家莫慌，曹东郡（曹操）是命世之才，若由他来掌管本州，定能担负起狙击黄巾军的重任，保护本州安宁。"

　　听到这个好消息，济北相鲍信第一个站出来表示支持。当时在兖州有话语权，而且又有威信的，恐怕非鲍信莫属了。鲍信此人虽然在三国故事里是配角，但是此人的胆识和眼光是没的说的。况且他本来就是曹操的粉丝，历来对曹操都很尊崇。只有他最先认为日后可能成大事的不是二袁，而是曹操。

　　也许大家会好奇，鲍信是济北相，实力应该也不弱，为什么自己不去争取兖州刺史这个位置呢？因为他有自知之明。曹操就在东郡，离兖州咫尺之遥，再加上曹操先后打败过黄巾军、黑山军的主力，如果是自己动手，自己未必能比曹操做得更好。

　　鲍信表达意见之后，其他人一琢磨，请曹操入主兖州是个不错的选择，就一致通过了。就这样，三十八岁的曹操当上了兖州刺史（一说兖州牧）。值得注意的是，曹操这个兖州刺史既非朝廷任命，又非袁绍表奏，而是兖州官员推选出来的。

编练青州兵

　　以曹操的角度来看，黄巾军接连得胜，还杀死了前任兖州刺史刘岱，肯定会骄傲轻敌。这时如果设下伏兵，就能挫挫他们的锐气，打他们个措手不及。所以，曹操准备在寿张境内设下伏兵，迎击黄巾军。

为了确保这一仗能打得赢，曹操和鲍信带领先头部队进入预伏地点进行勘察。前往汶水河边侦察地形。余下的大部队还在后面慢慢行进。就在这时，曹操他们和黄巾军突然遭遇了。

这一下，曹操和鲍信暴露了。当黄巾军像蚂蚁一样出现在战场的时候，曹操手下的步兵还没有赶到，曹、鲍二人可以指挥的部队不过一千多人，还是步兵和骑兵加在一起。

事发突然，曹操根本没有应对的措施，只能和鲍信硬着头皮边战边退。没过多久，曹操和鲍信就被打散了。原本鲍信已经撤到安全的地方，回头一看，发现曹操没有跟上来，大惊失色，又赶紧率领手下的亲兵冲回敌阵救曹操。最后，曹操得以突破重围，但鲍信因为寡不敌众最后惨死于乱军之中，时年四十一岁。

这场遭遇战之后，曹操专门派人去寻找鲍信的尸体，可反反复复找了很多次，就是找不到。消息传回来，曹操仰天长叹，泪流满面，一时间悲痛得难以自制！他命人找来最好的工匠，参照鲍信的样子，用木头雕个木像，权作鲍信的尸身，然后给他穿上鲍信的全套华贵的服装，隆重地举行了祭奠仪式。曹操本人亲自主持，当场痛哭流涕，几乎都要哭晕过去了。

这一仗，曹操带去一千多人，结果损失了几百人，连鲍信都丢了命，损失不可谓不大，教训不可谓不惨痛。曹操手下的兵马大多数都是新招募来的，久经战阵、有战斗经验的老兵十分缺乏。黄巾军就不一样了，他们经过了和官军的大战小战无数次，又在青州和兖州接连取胜，战斗力非常强悍。曹操初战失利，完全不出人意料。

初战告负以后，曹操并没有大发雷霆，而是安抚自己的部队，给将士们做思想工作。曹操的动员令大致意思如下："黄巾军都是纸老虎，有什么好怕的？今后咱们不硬碰，只求小胜，不求大胜。军中纪律有功赏，有过罚。只要大家肯努力，功名富贵就在眼前！"

有了领导曹操的保证，将士们很快就重新振奋起精神，战斗力也不断提升。其后，他们和黄巾军多次遭遇，都没有吃过败仗。黄巾军反而被曹军不按常理的战法折腾得筋疲力尽，最后决定集体撤退。

在撤退之前，黄巾军还专门给曹操写了一封信。在信中，他们先是和曹操套了一番近乎，再指出大汉已经日薄西山，天下要改朝换代了，曹操还为朝廷效力，是傻瓜行为。

读完这封信，曹操很生气，对着黄巾军的方向破口大骂。骂过之后，他还屡次派人向黄巾军表示投降才是他们的唯一出路。

然而，黄巾军只是迫于现实压力的撤退，并不想真的退出兖州。曹操一见就更加生气了，他连设奇计，命令将士昼夜不停地进行会战，每次都杀伤不少敌军。黄巾军实在受不了这种战术的洗礼，不停地退却。

初平三年（192）冬，黄巾军撤退到济北。曹操也在后面紧追不舍，几乎与他们同时到达了济北。想想刚从青州转战兖州的时候，自家还取得过阵斩兖州刺史刘岱、济北相鲍信的辉煌战绩。就连此时像狗皮膏药一样追在后面的曹操，也吃过自家的苦头。谁会想到有今日呢？不仅衣食无着，连父母子女都跟着在这冰天雪地里遭罪。

最后，青州黄巾军再也无法承受身心两方面的摧残了，决定集体投降曹操。《资治通鉴》记载，曹操追黄巾至济北，悉降之，得戎卒三十余万，男女百余万口，收其精锐者，号为青州兵。

编练青州兵这个举动对于曹操的事业生涯来说，具有里程碑式的意义。想当年光武帝刘秀也这样做过。在河北、山东一带转战的时候，他收编了一支力量庞大的铜马军。这支部队就成了后来刘秀打天下的重要资本，刘秀也因此被称为铜马皇帝。曹操也是这么做的。

在曹操转战天下的战斗中，战斗力强悍的青州兵发挥了极为重要的作用。正是青州兵的强悍和对曹操的忠诚，让曹操有了争霸天下的资本。清代史学家何焯在评点《三国志》时，就曾说过："魏武之强，自此而始。"

治理兖州

曹操收编了黄巾军的队伍，抽取其中的精锐，归于自己的麾下，成为青州兵，实现了兖州地区的全面停火，为兖州后续的发展奠定了良好的基础。

看到这个皆大欢喜的局面，大家可能会感到莫名其妙：青州黄巾军不是杀死了曹操的好友鲍信，又数次差点儿要了曹操的命吗？曹操怎么就接受了他们的投降呢？难道曹操是傻瓜吗？如果按照这个思路想下去，青州黄巾军好像也挺傻。跟曹操等兖州官员数次交锋，虽然开头占了几次便宜，但后面又被人家打得差点儿全军覆没，竟然还主动投降了。当然，青州黄巾军不是傻瓜，曹操更不是傻瓜。他们的投降和接受投降都是经过慎重思考的。

按照现在的标准来看，曹操算得上一个把事业和感情分得很清楚的人。没错，好友鲍信的死让他悲恸欲绝，但这件事是个人的事，是个人的情感；收编黄巾军，是为了开创事业。二者不能混为一谈。当然，这并不代表曹操就是冷血动物。终曹操一世都没有忘记鲍信，他对鲍信的家人一直都很照顾。

正因为曹操把事业和感情分得很清楚，他才会听取一个谋士的献计，善待投降的黄巾军。受到善待的黄巾军当然会誓死追随曹将军，奉献自己的忠诚。那么，这个让曹操和黄巾军都满意的计策是什么样的呢？这个献计之人又是谁呢？他就是曹操的心腹谋士毛玠。

毛玠，字孝先，陈留人，年少时做过县吏，以清正廉明著称。当时全国各地战火不断，毛玠为了躲避战乱想到荆州去投奔刘表。可是走到半路，听说刘表那边政令不明，管理混乱，不是一个好主公，所以就改变主意，到鲁阳去了。曹操成为兖州之主后，就辟召毛玠为官，把他视作自己的心腹谋士。

其实，曹操得了兖州之后，不仅得了一个根据地，得了一支军队，还得了很多人才。毛玠就是其中之一。除了毛玠，程昱、满宠、典韦、于禁都是在这一时期陆陆续续归于曹操帐下的。他们共同构成了曹操阵营中的兖州系，是曹营中一支重要的力量。可惜他们中的大多数人离世较早，等到后来曹魏立国的时候，兖州系已经所剩无几了。所以，在整个曹操的奋斗史中，兖州系的将领反而是最容易被人遗忘的，这不能不说是个遗憾。

不过，关于兖州系的遗憾都是后话。此时兖州系的毛玠才初出茅庐，正在给主公曹操讲解妙策。他对曹操说："主公，目前天下分崩离析，朝廷失势，府库当中没有隔年的粮食，老百姓没有安居的心思，这种形势怎么能持久下去呢？目前袁绍、刘表之辈虽然实力雄厚，兵精粮足，但都是没有长远考虑、没有重视建立大业基础的人。虽说打仗要讲实力，但也只有正义的队伍才能得到最后的胜利。虽说获取官位并不难，但也只有储蓄财力才能保住官位。因此，主公应当拥戴天子，以天子的名义去命令不受管束的臣下，同时重视耕种蚕桑，使军队有足够的供应，百姓能够过上日子。能这么做，称王称霸的大业方能成功。"

毛玠这段话有个要点，在史料里记载为"奉天子以令不臣，修耕植以蓄军资"。后面这半句很好理解，就是上面提到的"重视耕种蚕桑，使军队有足够的供应，百姓能够过上日子"，可以简单归纳为两个字——屯田。

其实，屯田对当时的人来说并非一件陌生的事。早在汉武帝时代，屯田就出现了。屯田的好处显而易见，有了固定的粮草供应，一来能摆脱寄人篱下的被动局面，二来能为自家大业打下坚实的物质基础。因此，毛玠一提出这个建议，曹操立马大喜，下令就这么办，同时把毛玠转为幕府功曹，专职为自己出主意。

兖州当时具备屯田的条件吗？还真具备这个条件。这屯田的对象就是黄巾军中那些没有被编入青州兵的人，具体做法是由曹操控制的兖州地方政府提供耕牛、农具、种子、土地，等把粮食种出来了，种田的人上缴一部分作为赋税。这样一来，政府和老百姓都能吃得饱了。

可耕牛、农具、种子、土地也是成本，曹操政府能够提供吗？答案是能。不是因为曹操突然间挖到了金矿，而是因为耕牛、农具原本就是黄巾军自己带来或缴获的。至于土地，兖州刚刚经历了战火，很多土地都荒废了，甚至成了无主之地，根本不愁供应。这样算下来，只有种子要花一点钱。也就是说，这种屯田计划成本很低。至于一点种子钱，曹操政府乐意给，也给得起。

对此，那些未进入青州兵序列的老弱残兵也是举双手欢迎的。他们本来就是农民，大多数人参加黄巾军并非有什么改天换地的伟大梦想，只是为了吃一口饱饭。原本到处流浪，朝不保夕，现在不用到处奔波，只要回到家里种种地，就能吃饱饭，过好日子。万一有人再打过来，曹将军还会派兵保护他们。他们付出的代价仅是每年上缴一定的赋税。乱世当中能过上这样的生活，是再好也没有的了。

就这样，青州兵专心打仗，他们的家属安心种地，这是一个双赢的局面。青州兵对于曹操的忠诚也就可见一斑了。

解决了"修耕植以蓄军资"的问题，再来看毛玠计策要点的前半句"奉天子以令不臣"。乱世之中做一个自由自在的"土皇帝"，不好吗？干吗非要把皇帝找来呢？这里是有原因的。

关东联军解散之后，当时的天下隐隐出现了三大阵营：以袁术为核心的阵营，代表人物是孙坚和公孙瓒；以袁绍为核心的阵营，代表人物是曹操和刘表；以董卓为核心的阵营，这个阵营以朝廷正统自居，代表人物是吕布。

虽然天下已经乱成了这副样子，但东汉朝廷还是天下共主，只有经过皇帝的任命才算名正言顺，才能理直气壮地去抢别人的地盘。否则，像曹操这种自封的兖州刺史，尽管是民选上台的，也不会被放在眼里。

这个逻辑看起来充满荒诞的感觉，乱世不就是谁的拳头硬就听谁的吗？朝廷的话，有人听吗？然而，事实很快就证明了，上面的逻辑真的不荒诞。

曹操入主兖州，打跑了黄巾军，没多久这消息就传到长安了。以董卓为首的中央政府听了之后感觉很不爽，曹操这小子分明不把朝廷放在眼里。（其实，人家曹操只是不把你董卓放在眼里吧。）于是，长安方面另派了一个名叫金尚的人来担任兖州刺史。金尚当然高兴，拿着诏令满脸笑容地骑着马来上任。

听到这个消息，曹操立即就愤怒了。他化愤怒为力量，立刻派了一支军队埋伏在兖州边境上，把一脸笑容前来上任的金尚打得屁滚尿流。金尚这时才知道，朝廷的诏令在这里根本不顶用，还是保命要紧。于是，他一路狂奔，一口气跑到南阳，投奔袁术去了。

出了金尚这事儿算是让曹操彻底明白了毛玠的苦心，必须在朝廷那里拿名正言顺的委任状，自己在兖州才能安心发展。于是，曹操就按毛玠的建议，派出使者前往长安，为自己讨回一个名分。

原本想着这事儿不难办，只要到长安打个报告就完事了。没想到，这一趟使者西去长安就有点像西天取经，在路上遇到了不少磨难和坎坷。比如，使者来到河内郡的时候就被人拦下来了，对方拒绝放行。谁的胆子这么肥，连曹操的人都敢拦？

这个胆肥的人就是河内太守张杨。张杨本来参加过关东联军，后来因为匈奴单于於扶罗叛变了，成了匈奴人的人质。摆脱倒霉的人质身份后，张杨很快又东山再起，被董卓以朝廷的名义任命为河内太守。

现在曹操的使者来了，想借路到长安去。众所周知，曹操现在可是和袁绍一伙的，张杨是董卓任命的河内太守，敌人的下属自然也是自己的敌人，所以不管曹操想干什么，反正不让他的使者到长安去就对了。那么，曹操的使者到底有没有通关呢？当然过去了。这一切都归功于一个叫董昭的人。

董昭，字公仁，定陶（今山东省菏泽市定陶区）人。他年轻时就被举为孝廉，先后担任过瘿陶县长、柏人县县令。袁绍任命他为参军。初平三年（192），董昭因助袁绍在界桥之战取胜被任命为魏郡太守。再之后，他因为受到猜忌就借口想去长安拜见汉献帝，路过河内郡的时候被张杨留了下来。

董昭看见张杨不让曹操的使者过去，就过来劝他说："府君，曹操是和袁绍一伙的，但日后必定分道扬镳。目前曹操虽实力不强，但是他胸怀天下，所以我们该主动去结交他。现在有这个机会，就该让他的使者到长安去，然后您也上表推荐他。如果事情成功了，你们就结成了深厚的情谊。"

张杨听董昭这么一说，觉得很有道理，毕竟多个朋友好过多个敌人，就同意了董昭的意见。同时，他还做了一个顺水人情，上表推荐曹操，派自己的使者和曹操的使者一起到长安去。

使者们到了长安，把曹操的报告和张杨的推荐信上交给朝廷。当时，董卓已经死去，当权的李傕等人正是董卓的老部下。他们对打响关东联军对抗董卓第一仗的曹操心存疑虑。毕竟关东联军曾经吵着闹着要另立天子，现在曹操派使者过来，不会是忽悠人的吧？于是，几个人一商量，打算把使者扣下来。这时又有一个人站出来说话，他就是黄门侍郎、颍川人钟繇。

钟繇说："当今天下群雄四起，不遵王命者，自行其是，大有人在，唯有曹兖州心存皇室，打发使者前来朝贡。若将他的一片忠心拒之门外，就是给后来者立了一个坏榜样，我们应该好好地对待他，正好也可以鼓励别人，千万不可难为使者，叫天下失望。"

李傕等人觉得钟繇的话有道理，就厚待了曹操的使者，还送了一些回礼，让使者带回去给曹操。这么一来，虽说口头上没有给曹操封什么官职，但实际上也等于默认了曹操身为兖州刺史的地位。

等曹操的使者走了以后，李傕等人越想钟繇的话越觉得有道理，想要巩固政权，还得主动去联络这些关东的大官才是。于是，他们决定下一步要去笼络徐州牧陶谦。

第十四章
青荆乱局

孔融求援

曹操在兖州站稳了脚跟，发展着自己的势力。看着曹操的生活过得这么滋润，有个人很不高兴，这个人就是袁术。不管怎么说，曹操是袁绍手下的人。只要袁绍阵营的人发展得好，袁术心里就不舒服。

袁术的地盘在兖州的南面，而他阵营里的代表人物之一、刚刚被袁绍打败的公孙瓒要向南发展。如果能把两人的地盘连成一片，那自己阵营的力量就更强大了。铺开地图一看，要实现这个目标，首先得占据兖州。于是，初平三年（192）冬天，袁术和公孙瓒南北配合，同时向曹操发起了进攻。这进攻的部队当中，就包括日后老是要和曹操交手的刘备。曹、刘之间的首次敌对就这么发生了。

那么，刘备当时在忙些什么呢？他正在平原经营自己的小地盘呢！刘备正担任平原相。不过，这个平原相并没有安逸多久，很快就有人来向他请求援助了。这个向刘备求援的人是谁呢？北海相孔融。没错，就是家喻户晓的"孔融让梨"那个典故里的孔融。

孔融，字文举，是孔子的二十世孙，四岁的时候就因为让梨名动天下。在这个阶段，孔融已成为北海相了。孔融为什么要来找刘备呢？这又得提到黄巾军了。

黄巾军原本就是各地的农民自发组织起来的，松散随意，很难做到统一行动。当青州黄巾军和曹操纠缠不清的时候，北海国还留下了一支黄巾军，首领名叫管亥。管亥抓住孔融不擅长打仗的缺点在北海国为所欲为。孔融率兵抵抗，结果接连惨败，最后被围困在都昌。眼看自己危在旦夕，孔融想来想去，最后决定派人向刘备求救。

孔融为什么要向刘备求救呢？北海和平原虽然同属青州，但离得却不近。如果考虑到救兵远近及到来时间的早晚，孔融找齐国或济南国的人不是更合适吗？不得不说这就是乱世的悲哀了。谁也不是傻子，谁愿意舍近求远啊？齐国和济南国虽然离得近，但这两地的势力常怀吞并孔融之心。孔融就这样贸然去求救，不是引狼入室吗？

选择向刘备求救，就可以避免上述风险发生。再说，刘备这个人颇有仁义之名，不大可能做出抢人地盘的事。有这么一件小事，可以说明这一点。刘备成为平原相以后，在治内广施仁政，即便是身份卑贱的人，也不会瞧不起人家。只要你客客气气地来找他，刘备就会拉着你坐到同一张椅子上，在同一个篮里吃饭。

在同一个篮里吃饭，同一张席上就座，表示刘备对身边所有的人都非常重视。这样一来，周边的百姓、士人不就纷纷前来投靠了吗？但是，偏偏有一个名叫刘平的家伙十分看不起刘备，觉得身为刘备治下的子民十分屈辱。有一次，他竟然买通了一个刺客去杀刘备。

刺客觉得这桩生意根本没有什么难度，就暗藏利刃去拜见刘备了。万万没想到的是，刘备实在太热情了，完全没有因为两个人根本不认识就随便寒暄几句完事，反而对这个刺客十分礼遇。

刺客深受感动，就对刘备说出了实情："刘平派我来杀你，可是我来了以后你对我这么好，我实在不能对你下手了。"

就这样，刘备的仁义之名远远地传开来了。大家都知道平原有个急公好义的刘玄德。于是，危难之际的孔融就想到了向刘备求救。

太史慈搬救兵

孔融派出向刘备求援的使者叫太史慈。

太史慈，字子义，东莱郡黄县（今山东省龙口市郊）人。他身长七尺七寸，身姿挺拔，洒脱清秀，还长着非常迷人好看的胡子。太史慈从小好学，后担任了本郡的奏曹史。

他第一次让人记住他的名字，是因为他居然拔刀把州里的奏章砍碎了。太史慈只是郡里的一个小官，怎么就敢这样做呢？这里面是有原因的。

原来，郡里和州里因为某件事闹了矛盾，谁也不服谁。这该怎么办呢？只能请朝廷来裁决了。而且，按照惯例，谁先让有司知道这件事，谁的意见就会占据先机。

当时，州里已经派出使者快马加鞭带着奏章上路了。东莱太守唯恐自己这边落后，急急忙忙寻找送奏章的使者。最后，年轻力壮的太史慈被选中了。那时，他才二十一岁。

太史慈觉得只要自己昼夜兼程，就能追到州里的使者，没想到一路上连那位使者的影子都没见到。很快，京城就到了，他决定去朝廷专门接受奏章的公车门前碰碰运气。公车门外面排队的人很多。太史慈并没有急于把自己带的奏章交上去，而是耐心地等待着，直到看见州里的那位使者才假装要去交。

他貌似随便地和州里的使者搭讪："您也是来上报奏章的吗？"

州里的使者回答："是呀。"

太史慈又问："那您的奏章在哪儿？"

州里的使者回答："在车上。"

太史慈突然脸色一沉，一脸严肃地对他说："大人，您奏章的格式对不对呀？如果排了几天的队，结果奏章格式不对，那不就白费事了吗？快把奏章拿出来检查一下吧！"

州里的使者一听太有道理了，就去取自己的奏章。

为什么州里的使者这么听太史慈的话呢？并不是因为这位使者蠢，而是因为按照当时的规定，不同性质的上书是有不同形式的，要是形式错了，上书就是无效的。另外，州里的使者还担心，要是州里的奏章格式错了，郡里的奏章可能会早一步投递。

基于上述担心，州里的使者取出奏章，请太史慈帮他看。太史慈拿到州里的奏章后也没客气，拿出藏在怀里的短刀就把它砍碎了。

太史慈竟然把奏章砍碎了？东汉时蔡伦不是改良了造纸术吗？怎么当时的人还用竹简做上书的奏章？的确，蔡伦改良了造纸术，让纸张的造价更加低廉，但有个问题是他没有解决的，那就是"蔡伦纸"因纸质粗糙并不适合书写。因此，东汉时期的上书所用的材料还是以竹简、绢等为主的。

见太史慈砍碎了奏章，州里的使者先是一愣，然后就反应过来了：

"这个太史慈就是东莱郡派来的使者！"

太史慈听了也没慌，收起手中的刀，一把捂住这个人的嘴，然后把他拖到车旁，和他说起了悄悄话："如果不是您把奏章拿出来检查，我也不可能趁机砍碎它，所以咱们两人的吉凶祸福现在捆绑在一起，而不是我一个人犯了罪。与其坐而待毙，不如我们一块儿逃跑吧，至少能保住性命。"

州里的使者迟疑了一下，问道："你帮你们郡里毁了我们州里的奏章，原本是大功一件，你怎么还会逃亡呢？"

太史慈又笑了："我的任务只是来看看您有没有把奏章交上去罢了。而我把奏章毁了。就算我回到郡里，恐怕也会受到责罚。所以，我才希望和您一起逃走。"

州里的使者觉得太史慈这番话合情合理，于是就和太史慈一起逃走了。当二人出了洛阳城之后，太史慈偷偷地又返回了城里，把郡里的奏章交到了公车门，完成了使命。

州府那边很快得到消息，知道奏章没能递上去，赶紧又写了一份奏章，再派人递到京城去。可惜为时已晚，有关部门已经读了太史慈送来的奏章，自然也就先入为主，认为道理在郡里。所以，这件事到了最后，州府吃了大闷亏。太史慈知道事情不太妙，跑到辽东去避祸。

后来，北海相孔融知道了这件事，啧啧称奇，屡次专门派人带着礼物去探望太史慈留在老家的母亲。也许孔融根本没有想到，他的无意之举救了自己一命。

孔融被围都昌，形势非常危急，恰好太史慈回乡探亲。母亲把受到孔融厚待的事告诉了儿子，并对他说："儿子，你和北海相孔融从来没有见过面，可你离家之后，他对我非常照顾，甚至比亲朋故交还要周到。现在孔大人被黄巾军围困，你要去救他啊！"太史慈在家里休息了三天，就起身去都昌了。

太史慈来到都昌的时候，黄巾军的合围还没能完成。他一直等到天黑，在夜幕的掩护下冲进城，见到了孔融。孔融天天盼望着北海有难，四方来救。然而，援军没有来，黄巾军的包围圈却越来越小。急迫之间，孔融决定向刘备求援。可谁来当这个使者呢？

这个时候，太史慈来了，他自告奋勇要当这个使者。他对孔融说："先前在下出逃，全赖大人全心照顾家母。家母感恩戴德，于是派我前来助阵，那是因为我有可用之处。现在大人要突围求援，正是用得上我的时候，这也是家母希望我能为大人做的。"

孔融没有其他办法，只好同意太史慈的请求。

次日一早，太史慈吃完早饭，就穿好铠甲，背上弓箭，骑上战马，带上两个拿着箭靶的随从，出城了。城外的黄巾军突然看见都昌城大门洞开，抄起兵器准备迎敌，只见太史慈骑着马，带着两个随从跑到城外的一块空地上，立好箭靶，开始射箭。射够了，就打马回城。

到了第二天，同样的时间，都昌城门又开了，太史慈和那两个随从又出来了。这一次，黄巾军的阵营里有人戒备着，有人坐着或躺着。在他们的心目中，太史慈就是来练习射箭的。骑射完毕，上马回城。

到了第三天，太史慈和那两个随从又出来了，手上同样拿着弓箭和箭靶。这一回，黄巾军没有任何戒备，以为太史慈又搞射箭的把戏。没想到太史慈这次没有练习射箭，而是骑着快马向黄巾军的阵营冲过去。黄巾军猝不及防，太史慈突破了重围，找刘备去了。

刘备救孔融

太史慈一口气跑到平原，找到刘备，说明了来意。一开始，刘备是犹豫不决的。这并不能怪刘备，因为世道太乱了，汉献帝被以董卓为首的西凉军阀控制，各州郡又被各路所谓的豪杰抢占了。公孙瓒任命田楷为青州刺史，袁绍则宣布儿子袁谭为青州都督，双方针锋相对，互不相让。刘备这个平原相是公孙瓒任命的，孔融那个北海相是董卓控制的朝廷任命的。

那孔融该不该救呢？真是个让人头痛的难题啊！太史慈看出了刘备的犹豫，就对刘备说："我太史慈是东莱郡的一个无名之辈，和孔北海非亲非故，只是因为互相慕名和相同的志向才有了来往，有了患难与共的情谊。现在管亥率领黄巾军在北海作乱，孔大人被围，孤立无援，危在旦夕。我们早就听说使君您有仁义之名，更能救人于危难。因此，孔大人才派我冒死突出重围，来向您求援。"

看见太史慈一脸诚恳地说这样的话，刘备大吃一惊："孔北海还知世间有个刘备吗？"顿时，刘备的心里有点小激动，仔细琢磨了一下，孔融乃天下名人，分量不一般。

想当初，汉灵帝的时候，孔融因为河南尹何进的门房没有及时通报就夺回了名帖，还辞官不做了。河南尹的属官觉得孔融这样做是侮辱了主公何进，就想派剑客去杀掉孔融。

没想到有位门客对何进进言："孔文举乃是名人，主公如果得罪了他，四方之士就会离您而去。您不如好好对待他，这样天下人都可以看到您是礼贤敬士的。"何进听取了这位门客的意见，不计前嫌地辟召孔融，还把他升为侍御史。

到了董卓掌权的时代，孔融耿直脾气不改，经常和董卓在朝堂上争论不休。众所周知，董卓向来杀人不眨眼，可对孔融也不敢轻举妄动，只把他外派北海了事。

当然，朝廷的官员们都清楚，黄巾军的势力席卷好几个州，其中以青州北海国的黄巾军闹得最厉害。董卓把孔融派到对抗黄巾军的前线，其恶毒用心可想而知。果不其然，孔融就被黄巾军困在了都昌。

对这些渊源，刘备多多少少都是知道的。孔融是个名人，而且是个口碑一直都不错的名人，如果自己能救了他……当然，刘备当时的心理活动并没有留下明确的记载，但刘备决定救孔融。刘备交给太史慈三千精兵，让他带兵赶紧去救孔融。

围城的黄巾军听说那个神箭手太史慈带援军回来，自动撤去都昌的包围。孔融高兴坏了，迎出城来，紧紧握住太史慈的手说："子义，你年龄虽然还轻，但可以称得上我的知己啊！"

都昌解围之后，太史慈回乡侍奉老母，而平原相刘备的名字则更加为人所知了。

刘表入荆州

就在北方的战火渐次平息的时候，从南方传来的一个消息惊掉了大家的下巴。有"江东猛虎"之称的孙坚竟然在荆州战死了！

孙坚之死，袁术是逃不开干系的。袁家兄弟大吵大闹，都不服对方，都嚷嚷着要请外援，请身边的诸侯们统统站好队。于是，公孙瓒和孙坚就成了袁术派,而刘表他们多数人都站在袁绍那一边。袁术心里当然很不爽,公开说袁绍都不是我们袁家的种,这就大大地刺激了袁绍。

当然,这还不够。袁术觉得应该派手下的第一猛人孙坚到南边去,把荆州的地盘抢过来。当时袁术的大本营在南阳,南阳郡属于荆州的管辖。当时的荆州刺史是谁呢?这个人正是袁绍手下的一支主要力量——刘表。

刘表是袁绍的人,他又是自己名义上的上司。这种关系袁术能忍吗?当然不能!于是,袁术就趁着袁绍正和公孙瓒闹得不可开交的时候,派孙坚去打败刘表,一来解恨,二来抢地盘。

可刘表是个容易对付的人吗?当然不是。如果他真是一个只会空谈的白面书生的话,怎么可能做到匹马入荆州却又毫发无伤呢?

刘表,字景升,山阳郡高平(今山东省微山县)人,汉鲁恭王刘余之后,属于根正苗红的汉室宗亲。而且,据史料记载,刘表身长八尺余,姿貌温伟,是个标准的美男子。更可贵的是,相貌英俊的刘表并不是一个花瓶。他是当时的名士,在名士排行榜当中位列"八俊""八及",天下闻名。当然,刘表未能在"党锢之祸"中幸免,被迫逃亡。

直到黄巾起义爆发,党禁结束,刘表才回到了朝廷,到大将军何进手下当了属官,升为北军中候,监管当时的北军五营,属于六百石的官员。何进死后,董卓进京掌权。由于董卓采取了周毖、伍琼的建议,对名士采取温和的怀柔政策,因此刘表和董卓之间算是相安无事。

后来发生的一件事改变了刘表的命运。长沙太守孙坚在北上讨董的途中逼死了荆州刺史王睿。王睿一死,荆州刺史的位子就空出来了。于是,董卓以朝廷的名义任命刘表为荆州刺史。

从一个俸禄只有六百石的京官一跃成为地方一把手，表面上看起来很风光，实际上却并非如此。也就是说，官虽然给了刘表，但兵没有一个，钱没有一毛。这可让刘表大伤脑筋。然而，这还不是最大的难题。刘表要想顺利地成为名副其实的荆州刺史，就必须赶走两头"拦路虎"。

这第一头"拦路虎"就是袁术。袁术占据着是南阳郡，南阳郡在荆州的最北面，要想到荆州必须经过这里。刘表是董卓表奏的，而关东诸将都是反对董卓的，至少在名义上袁术是董卓的对立面，所以刘表想要大摇大摆地去上任，估计刚到袁术的辖区就会直接被砍了。

第二头"拦路虎"就是荆州下属郡县中横行的宗贼。什么叫宗贼？就是以同族人为主结伙的盗贼。说得更直接一点，就是聚集在一起的盗贼成员之间都有血缘关系。这种盗贼团伙想从内部瓦解，基本上不大可能。

按理说，有这两头"拦路虎"在前面挡着，刘表到荆州的可能性几乎为零。可刘表本人并不这么想，他单枪匹马，改名换姓，悄悄地混过了袁术的辖区，到了宜城。

到达自己的辖区是个良好的开端，但刘表还不得不面对一个问题——他是单身一人来上任的，什么都没有，怎么做才能让当地的人承认自己这个荆州刺史呢？不过，刘表也并非优势全无，他的优势就是他的嘴，他的三寸不烂之舌。作为名士中的"战斗机"，刘表来到荆州之后亮出的第一个撒手锏就是找人谈心。找谁谈心好呢？他找到了蒯良、蒯越和蔡瑁三个人。

蒯氏和蔡氏都是荆州豪族，如果能赢得他们的支持，事情就能成功大半。而且，刘表找的这三个人都是两大豪族当中的名士，与他都有旧交。更重要的是，他们三人对于刘表任荆州刺史是举双手欢迎的。因为刘表当上荆州之主，对他们及他们的家族是有百利而无一害的。

解决了地位认定的问题，刘表开始向三人问计，核心意思只有一句话，那就是怎么整垮横行荆州的这帮宗贼。毕竟形势严峻，宗贼领袖苏代自立为长沙太守，贝羽自命为华容县长。这严重影响了刘表这位荆州刺史的权威。

蒯良听了，抢先发言："只要施行仁政，百姓自然会归附，征兵一事就不会有问题。"

这个建议真可谓迂腐透顶，人家都拿刀子砍到头上了，你却让刘表以德服人。如果刘表要信了，估计脑袋直接就没了。

刘表当然听出了蒯良话中的不妥，就转头征求蒯越的意见。

蒯越对自己兄弟的迂腐言论不屑一顾，直接说："盛世用仁义，乱世用权谋。现在是乱世，就必须用手段。兵不在多而在精，重点是要找到能忠心跟随和支持您的人。想那袁术，为人勇力有余而智力不足，苏代、贝羽一介武夫也不必忧虑，这些人往往凶狠残暴，就是他们的部下也讨厌这一点。我手下有一些有能力的人，只要派他们前去对宗贼进行利诱，宗贼必率众归附。到那时，您把握时机，诛杀残暴之人，收编尚且向善的人。如此一来，百姓都知道了您的本领，必然诚心归附。至于袁术，到时候他再想干点什么，恐怕也奈何不了大人您了。"

刘表一听大喜，全盘接受了蒯越的建议，并派蒯越亲自去实施这个规划。蒯越也没推辞，派自己的手下带了重金，对宗贼头目进行利诱。结果，前来归附的五十五个头目统统变成了刀下之鬼。

这些头目死后，刘表发兵突袭他们的队伍。这些失去了首领的宗贼根本没有抵抗的勇气，死的死，跑的跑，降的降。就这样，荆州的宗贼势力基本上被肃清了，只剩下江夏郡的宗贼头目张虎、陈生死守襄阳。

刘表再次派出蒯越前去劝降。那两人一看大势已去，就开城投降了。荆州那些怀有疑心的郡守、县令，听到刘表的威名，纷纷弃官而去。就这样，短短几个月时间，除了袁术所在的南阳郡，其他七个郡都被刘表收服了。

这还不是事情的全部。为了麻痹袁术，刘表还推荐袁术为南阳太守。当然，谁都明白这是做戏。

袁术非但不高兴，反而怒火中烧，稍一不留神，怎么身边就冒出个刘表？地盘比自己大，兵也比自己多，还是自己名义上的领导？

正生着气，袁术又得到一个坏消息——袁绍找刘表结盟。原来刘表属于董卓的阵营，却跟袁绍混在一块，这也太不把我袁术放在眼里了！于是，袁术立刻命令刚刚讨董归来的孙坚带兵出征，南下进攻荆州，教训一下刘表。

孙坚之死

孙坚再次踏上了荆州土地。一年多前他经过这里的时候，杀死了当时的荆州刺史王睿。当时，除了报私仇，孙坚还是一名充满了理想和斗志的战将。两年后他回来了，但是这时他已经陷入一场并不正义的混战了。荆州来了又去，去了又回，始终不是他孙坚的。

对于孙坚来说，率兵南下攻打刘表也是无可奈何的事情。因为此时大半个荆州都在刘表的控制之中，只剩下南阳郡供孙坚施展。可南阳郡终究太小，就算再富裕也是无法长久立足的，更别说那里还有主公袁术在。

于公于私，孙坚都必须去和刘表战斗。于是，在接到主公袁术的命令之后，他就带领手下的子弟兵，直扑刘表的治所所在地襄阳。

刘表一看，猛虎驾临，赶紧派人去迎敌。这名被派去的大将叫作黄祖。两人一碰上，黄祖就结结实实地吃了一个败仗，丢盔弃甲地跑到了邓城。

孙坚一路狂撵，也跟到邓城来了。黄祖大吃一惊，吓得赶紧扔掉邓城，逃到了樊城。樊城在汉水北岸，是襄阳的外围城市。孙坚又马不停蹄地追到了樊城。黄祖一看都快哭出来了，还是保命要紧，他把樊城又扔了，渡过汉水，直接逃进襄阳城。孙坚跟着也到了襄阳，把襄阳包围得像个铁桶似的。

襄阳城里的刘表这一下真的慌了。一直都听说孙坚厉害，但没想到会这么厉害，自己突然之间就变成瓮中之鳖。没办法，刘表只能派黄祖半夜悄悄地出城，杀出重围，到其他郡县调兵来援。

黄祖虽然接连打败仗，但这次任务完成得很好，真的搬来了救兵。只可惜，又被孙坚打败了，黄祖只好跑到襄阳城郊的岘山里。他打算在山里稳住阵脚，布下阵势，看看有没有机会再和孙坚决战一场。

一看黄祖被自己打得跑进山里，孙坚很得意，决定乘胜追击，一举歼灭黄祖，也可趁机威慑一下城中的刘表。孙坚是这么想的，也是这么做的。他带着一队兵马进了岘山。走着走着，道路突然变窄了，只能容许一人一马通过。于是，孙坚就单人独骑出现在山道上。

黄祖虽然军事才能确实不如孙坚，但他还是懂得兵法的。在逃跑的路上，黄祖早就留下了后手，在山道两边的竹林里埋伏了很多弓箭手。

作为一名大将，黄祖在作战计划上是几乎没有胜算的，可偏偏就是这次最简单的计划却得手了。看到孙坚在月光之下毫无戒备地冲过来了，一声暗号，万箭齐发。孙坚完全没有想到自己的手下败将黄祖竟然还会有这个后招，一时猝不及防。再加上箭雨密集，他根本抵挡不住，当场就被射成了刺猬。江东势力的领头羊孙坚就这么死了，这一年他才三十七岁。

另有史料说，孙坚不是被射死的，而是被刘表的部将吕公在山上扔石头砸死的。但不管怎么说，孙坚还是死了，打了胜仗却为败军所杀。

袁术入扬州

当埋伏的士兵报告说孙坚被射死了，黄祖简直不敢相信自己的耳朵。他赶紧调转马头，带领手下的残兵，杀散了孙坚带来的追兵，把孙坚的尸体献给了主公刘表。

刘表同样不敢相信，形势变化太快，幸福来得太突然。之前给孙坚打得差点儿走投无路，现在突然被告知，孙坚死了！这意味着什么？意味着这场荆州争夺战，赢家是自己。

不出刘表所料，因为领袖孙坚的死，孙坚阵营攻打襄阳的气势马上就疲软下来了。这个时候，孙家想得最多的就是怎样才能把孙坚的尸体抢回来，然后举行一个隆重的追悼会。至于将来的打算，以后再说。

就在这时，一个小人物出现了，这个人叫桓阶（一说名桓恺）。桓阶，字伯绪，长沙人。他早年因曾被孙坚推荐为孝廉而入朝为官，因父亲去世回乡奔丧。孙坚战死的时候，桓阶刚刚好经过荆州，听说这件事之后，心里异常悲痛，就想着为自己的恩人做好这件身后事。于是，他冒着生命危险求见刘表。

有感于桓阶对孙坚的情谊，再加上目前实力所限只能着眼于巩固荆州的地盘，刘表答应了桓阶的请求。孙坚的遗体交还给了孙家，由孙坚的侄儿孙贲一路护送，在老家安葬。孙贲办完了叔父的后事，就带着族人和部众投奔了袁术。

孙坚战死了，那么指挥他去打荆州的袁术怎么样了呢？袁术把豫州刺史的帽子戴到了孙贲的头上（孙坚曾任豫州刺史），希望孙贲好好听话，继续好好为自己服务。可是这有什么用呢？孙贲又不是孙坚。此后的袁术再也奈何不了刘表。

到了初平四年（193）春天，为了避免三线作战，袁术主动放弃了大本营南阳郡，全军进入兖州，驻扎在封丘。正是在这里，他写信给公孙瓒，让公孙瓒和自己一起南北夹攻消灭曹操，分割兖州地盘。

袁术之所以敢找曹操的麻烦，是因为他手里握着几张王牌。第一，有实力强劲的公孙瓒相助；第二，朝廷任命的正牌兖州刺史金尚在他那儿；第三，黑山军余部和南匈奴都归附了他。

事实证明，没有孙坚相助，袁术的运气真的很差。他被自己心目中的伪兖州刺史曹操和野种袁绍在匡亭打得大败，带着人狼狈不堪地向南逃窜，曹操还后面紧追不舍。直到把袁术赶出了兖州，曹操才收兵回营。

匡亭之战后，袁术回到了自己豫州的地盘上。神奇的是，他并没有急着夺回被迫放弃的南阳郡，反而把目光转向了扬州。

当时的扬州刺史叫陈瑀，是袁术的部下。袁术想要带兵进入陈瑀所在的寿春城，结果被拒绝了。这一下，袁术真的被气毛了。刘表欺负我，曹操欺负我，小小的陈瑀也敢来欺负我？当我是什么？于是，袁术干脆停下来，集结了队伍，挥师直扑寿春。

这一下轮到陈瑀慌了。一看袁术这架势就是来玩命的，他就吓坏了，派弟弟前去道歉。袁术不理，抓了他弟弟，继续向前推进。陈瑀一见大事不妙，只好拖家带口地跑到徐州，把扬州拱手让给了袁术。

袁术得了扬州，总算有了立足之地。扬州地方很大，当时的范围包括现今的上海、江西、浙江、福建的全部和湖北、河南的部分地区。但是，地盘大有什么用呢？它属于中原文化圈的边缘，地广人稀，经济不发达，远远比不上相邻的蔚州、荆州、徐州等地方富庶。

曹操和刘表，袁术不敢再惹，剩下的发展方向看起来只剩徐州了。徐州好像正在经历一场动乱，这是不是意味着机会来了呢？

第十五章

董卓之死

王允的运气

在关东诸侯大力发展内讧事业的时候，董卓倒是松了一口气。初平二年（191）四月，董卓回到了长安，立刻集中精力经营他的董家天下。比如，把董家人都调往要害部门，连他小妾刚刚生下的儿子都封了侯，而董卓自己各种用品和生活的规格都参照皇帝的标准。又如，朝中大臣都不用上朝，而是直接到董卓家里接受他的指示和命令。可以说，董卓简直到达了人生巅峰。

别看董卓天天威风得要命，可实际上他心里怕得要死。这也是他把郿坞建得如此坚固的原因。

按说这么怕死，就应该小心做人，防止自己的反对派扩大化才对。可是，董卓越怕死，就越想把自己的对手都杀掉。他以为只要自己努力屠杀别人，就可以把他的反对派统统消灭。

他天天盯着人家脸上的表情，听着手下那些人的言语。如果觉得那些话和自己不保持高度一致，那张脸也不是和自己保持高度一致的话，他立马就会叫来刀斧手把这个人当场砍死。大家看到董卓如此变态，除了害怕之外，也开始生出怨气了。这时，平息众人怨气的人闪亮登场，这个人就是王允。

王允，字子师，太原祁（今山西省祁县）人，出身官宦世家。他自幼好学，天资聪慧，深受家中长辈的喜爱，又习武强身，熟读兵书，很快成长为一个文武双全的人。王允进入仕途很早，十九岁就被推举为郡吏。

年纪轻轻的王允到任没多久，就碰到一件非常考验人的案子。当时还是汉桓帝末年，宦官横行无忌，和他们有密切关系的人，很多都是横行乡里的恶霸。王允遇到的就是这样一个人。这个人叫赵津，是个小黄门，仗着自己的主子是朝中当权的大宦官，就在家乡肆意妄为，横行霸道，欺压百姓，已经成了县里的一霸。然而，大家都敢怒不敢言。

正所谓初生牛犊不怕虎，在王允的坚持下，赵津被抓起来依律斩首。赵津之死大快人心，可赵津的兄弟却觉得自家受了欺负，急忙跑到洛阳向自己的主子告状。

也许，宦官们觉得，王允不过是个小官，根本没有胆量挑战他们的权威，他之所以敢这么干，是因为有人指使。于是，宦官们在汉桓帝面前进谗言，把太原太守刘质抓到京城处死了。王允虽然没有受到任何迫害，但看到自己的上司被连累惨死，心中十分悲痛。他在送刘质回老家安葬之后，又为刘质守墓三年，才回到自己的家。

后来，王允又重回官场。这次，他又碰见了一件让他义愤填膺的事。王允有个老乡叫路佛，这个人素来行为不端，又没有什么才能，仗着自己家有钱，就去贿赂当时的太守王球要求弄个官做做。王球见钱眼开，就同意了路佛的请求，让路佛充当郡吏。王允知道这件事之后，据理力争，犯颜直谏，弄得王球很生气。王球一怒之下就下令逮捕王允，并准备杀了他。

就在王允即将被砍头的时候，并州刺史邓盛知道了这件事，他对王允的刚正不阿十分钦佩，于是亲自飞马来到太守府保释王允，还任命王允为自己的别驾从事。顶头上司并州刺史亲自求情，王球只好放人。王允由此名声大振，而路佛也被罢免了。

王允为官清正，名声越来越大。没过多久，朝廷也知道了，朝廷三公下文把王允征召到了京城，当了侍御史。

就当王允兴冲冲到京城上任没多久，黄巾起义爆发了，豫州一带深受黄巾军侵扰。为了稳定局势，汉灵帝任命王允为豫州刺史，和皇甫嵩、朱儁一起前去平叛。

别看王允是个读书人，还是初次领兵打仗，但是取得了辉煌的战绩。他亲自率军大破一支黄巾军的偏师，还和皇甫嵩、朱儁一起接受了数十万黄巾军的投降。打完仗以后，王允命人打扫战场，没想到在缴获的物品当中发现了一封信。这不是一封普通的信，而是中常侍张让的门客写给黄巾军的书信。这太惊悚了！张让不是被皇帝（汉灵帝）视作父亲一样的人吗？怎么能纵容手下这样吃里爬外呢？

虽说当时张让权势熏天，连朝中大员也要避让三分，可是王允偏偏不怕，他天生就是骨头硬，只知道忠于国家。于是，王允暗中查访，获得了大量的证据，直接把这件事上报了皇帝。

汉灵帝当场大怒，马上叫张让过来，痛骂了一番。张让虽然心里很惊慌，但并没有表现出来，一边给皇帝叩头表达自己的无限忠心，一边找借口为自己辩解（估计还会恶人先告状说王允妒忌他）。汉灵帝本来就偏袒张让，最后这件事就不了了之了。

不过，一切并没有结束。没过多久，张让就随便找了一件小事，向汉灵帝进谗言，将王允逮捕入狱。没等张让派人到监狱里折腾王允，正好赶上大赦天下，王允被释放，重新回到了豫州刺史的任上。

可张让岂是善罢甘休的人？这一回，王允是注定了在劫难逃的。他离开洛阳监狱仅仅十几天，又在张让的作用下被请回了洛阳监狱。

司徒杨赐素来知道王允的为人和品行，看到他因与张让有矛盾而屡次入狱，就派人到狱中探望他，希望他向张让认个错，先把命保住再说，但王允就是不肯。

后来王允的属下也忍不住了，看见自己的上司天天在狱里受折磨，心中不忍，于是偷偷地给王允送了一杯毒酒。他们的意思是，既然王大人如此爱惜自己的名节，干吗还要受这种委屈？不如给自己一点体面，饮下这杯毒酒，省得在狱中受折磨。

按一般人的想法，王允这个时候就应该正义凛然，一把接过毒酒，然后一饮而尽，从此留下名节在人间。可是，出乎大家的意料，王允一把接过毒酒，没往嘴里倒，而是厉声说："我是天子的臣下，君王赐罪于我，我自当以死以谢天下。哪有私自吞饮毒酒以死逃避制裁的道理？"说完，他就把手中的酒杯扔到了地上。

一时间，王允成了朝廷议论的焦点。张让要他死，百官拼命救，大将军、太尉、司徒都联名上书搭救他。最后，汉灵帝做出了决断：王允可以不死，但要继续留在监狱里。

就在这一年的冬天，朝廷又一次大赦。这一回，张让吸取上次的教训，特意在大赦令发布之前，将王允的名字从大赦名单当中剔除。何进他们再次上书，请求释放王允。

直到第二年，王允才被释放。他知道张让这些人不会就此轻易放过自己，说不准什么时候又会被他们找碴儿杀掉。留得青山在，不怕没柴烧，王允只能离开洛阳，隐姓埋名，辗转于陈留、河内之间，到处躲避。

等待机会

直到汉灵帝去世，王允才回到京城，先是担任从事中郎，后出任河南尹，暗地里帮大将军何进谋划诛杀宦官。后来，何进死了，宦官们也死了，董卓却进京了。董卓进了京以后搞了废立皇帝那一套，这一下王允也把董卓看透了。不过，这回刚正的他没有吭声。

他已经不是早前那个毛头小子了。他明白，人的运气再好也有用完的时候，想做大事，首先得保住自己的命。董卓此时势力太大，不是凭自己一个人的力量就可以扳倒的。为了国家，为了天子，王允只能选择隐忍，只能矫揉造作，向董卓低头。

董卓进京以后，王允公开投靠了董卓，曲意奉迎，天天讲董卓的好话，时时刻刻号召大家要认真学习董卓的讲话精神，聆听董卓的谆谆教导，把自己装扮成董太师最忠诚的卫士。

王允如此表现，可把董卓激动坏了。自从进京以后，董卓发现好难招人，自己控制的朝廷里就没几个名士，唯一能拿得出手的就是蔡邕了！这还是董卓用杀全家这样血淋淋的恫吓，逼蔡邕来当官的。王允可完全不一样，他是主动来的。况且之前他因为对抗宦官集团，已经成为海内知名之士了，这样的人肯全心全意投靠自己，那实在等于天上掉下个馅饼。

董卓本来就是外来人，虽说势力大，但需要朝廷官员的合作。王允才学高，对自己又忠心耿耿，显然是最好的人选了。因此，董卓开始重用王允，把他当成自己的重要心腹进行重点培养。在东汉朝廷迁都长安，董卓本人又留守洛阳期间，董卓把朝廷的政事无论大小都交给王允去处理，而王允只需要处理完后，向董卓汇报一声就行。换句话说，在董卓没有去长安之前，王允就是整个东汉朝廷的实际执政者。

初平三年（192）春天，洛阳城里丝毫看不到春光明媚的美景，连绵的春雨一下就是两个多月。朝廷希望雨能够早点停，决定举行祭祀仪式。就在举行祭祀仪式的地方，一个谋杀董卓的计划形成了，主导者正是忍辱负重的王允。他一直在耐心地等待机会，董卓给自己升官，他不拒绝，给他封侯，他也不拒绝，但是这一切都不能够抹去他匡扶汉室的心。

与他秘密商量刺杀计划的人，包括尚书杨瓒、仆射士孙瑞等。这已经不是他们的第一次秘密集会。早在两年前，王允就曾举荐杨瓒为左将军，士孙瑞为南阳太守。当时，参与密谋的人还有司隶校尉黄琬、尚书郑公业等。

王允他们的思路很正确。要对抗拥有西凉精兵的董卓，只凭耍嘴皮子是根本不中用的，必须要手里有兵。这就是王允推荐士孙瑞为南阳太守的初衷。当然，南阳郡已经有了太守，就是袁术。王允正是要士孙瑞以征讨袁术这个冒牌的南阳太守为名，出兵武关，然后和关东联军联手讨董，再奉天子返回旧都洛阳。

不过，董卓可是个老狐狸，虽然对政事不太敏感，但对军事行动却敏感得要命。一直以来，他都是用自己的亲信来统率军队的，让一个根本不熟的士孙瑞来统率军队，他心里是很没有安全感的。所以，董卓将士孙瑞留在长安，继续做文官。

王允一看，董卓果然狡猾，不过王允的应对也很快。看到董卓对军事部署如此敏感，王允就顺从了董卓的意思，举荐士孙瑞为仆射，另外提升杨瓒为尚书。

经过这件事，王允明白了，军事力量是必须有的。想要掌握军事力量，等着董卓来封基本是没希望的，最好的办法就是到董卓那里去挖人，而且这个人还不能是一般人。这次，借着祈求停雨的机会，王允和几个同党又开始商量，到底哪个人才是合适的人选。

这时，董卓的残暴已经到了一个新的高度，他的倒行逆施也让自己成了人民公敌。所有的人都在等一个机会——杀死他，就连董卓最铁杆的手下吕布也想生吃了董卓的肥肉。王允成功地发现了这一点。王允明白，一直等待的机会终于来了。

诛杀董卓

其实，王允和吕布很早就有交往了。原因很简单，吕布是出身并州的将领，王允也是并州人。当然，王允家里是没有叫貂蝉的义女的，这只是小说家演绎的人物。但是，平时私下送一两个美女给吕布，这种事说不定也是有的。总之，王允和吕布维持了不错的私人交往。

随着交往的深入，王允觉得吕布可能会成为打倒董卓的突破口。正当他思考如何撬动吕布的时候，吕布居然自己找上门来了。一见到王允，吕布就开始大发牢骚，说自己尽心尽力地保护、伺候太师，结果还差一点被太师宰了。另外，自己千不该万不该和太师手下的那个丫鬟有私情，生怕太师会发现。

　　说者无意，听者有心，王允顿时一阵窃喜。王允明白，眼前这个满腹牢骚的吕布绝对可以帮自己干成那件大事。于是，王允也趁着酒劲把诛杀董卓的计划仔仔细细地告诉了吕布，极力邀请他成为内应，并且向他描述了事成之后的美好愿景。

　　说实话，王允这么做也是很冒险的，因为吕布这个人反复无常，不知道哪根筋不对，就会翻脸杀人。但是，不说服吕布又不行，因为如果没有吕布的支持，再多的刺客也近不了董卓的身。

　　果不其然，刚刚还很郁闷的吕布当场就被吓得酒都醒了。杀董卓这事他可从来没想过，愣了好一会儿，他说："砍了他？董太师和我可是有父子之情的。"

　　王允早就对这个问题有所准备了："将军姓吕，董卓姓董，本来就不是骨肉至亲。现在您担心自己的性命都担心不过来，怎么还纠结于父子之情？董卓朝您扔手戟的时候，怎么不念父子之情呢？"

　　王允的话一下子就戳到吕布的痛处。就这样，吕布成了王允们的内应。

　　初平三年（192）四月，之前得了点小毛病的汉献帝病好了，文武百官准备聚集在未央殿庆祝，身为太师的董卓也必须参加。虽然之前有事他都是把群臣叫到太师府。于是，董卓穿好了朝服，坐上马车入朝。

　　就在这时，意外发生了。不知道是什么原因，驾车的马突然受惊了，直接把董卓摔在地上。更糟糕的是，偏偏摔下来的地方，地上还有一摊烂泥，泥正好沾在了董卓的朝服上。这实在太不体面了，有损太师的官威。于是，董卓又回到家里换衣服。他的小妾觉得这件事很不吉利，让他不要去上朝了。董卓觉得小妾大惊小怪，就没听她的话，还是上朝去了。

董卓的出场，到哪儿都是非常惊艳的。护卫军分成左右两队，有步兵，有骑兵，从董卓府一直排到了宫门口，董卓乘坐的豪华马车在中间前进，吕布带着贴身的护卫跟在马车两旁。这样的阵势犹如铁桶一般，连只苍蝇都飞不进来，更别说是什么刺客了。

　　不过，董卓万万没有想到的是，王允早已命令士孙瑞写好了皇帝的诏书交给了吕布，而吕布也让自己的心腹、老乡骑都尉李肃及十几位勇士，全部穿上了卫士的衣装，冒充执勤巡逻的卫士，埋伏在北掖门，等待刺杀董卓。

　　奇怪的是，当董卓走到北掖门，刚刚要进入埋伏圈的时候，驾车的那些马突然又受惊了，继而干脆停在门口不走了。这时，连董卓都觉得有点蹊跷了，他想先回府再说。吕布在旁边一看，不好，事情可能有变化，就赶紧凑过来，劝太师不要半途而废。

　　董卓觉得也有道理，本来是为祝贺皇帝康复进宫，如果因为马惊了就要回去，太不成体统了。最后，董卓还是进了北掖门。

　　一看董卓进来，埋伏已久的李肃以迅雷不及掩耳的速度扑到马车前，手握一柄长戟，奋力刺向董卓。由于距离近、速度快，董卓想避是避不开的，还好他在朝服里面穿了一层细甲。李肃一戟正好扎在细甲上，没有伤着董卓的要害部位，却把他的手臂扎伤了。

　　董卓一惊之下，从车上跌了下来。此时他已经清醒地意识到自己碰上了刺客，于是一骨碌爬起来，回头大喊："吕布何在？"估计董卓还想着，吕布是自己的保镖，能救自己一命。

　　吕布应声而出，但他并没有上来护住董卓，而是从怀里掏出一份诏书，高高举起，大声喝道："奉诏讨贼！"

董卓这下算是明白了，原来要杀自己的不是眼前这个李肃，而是自己的干儿子吕布。又急又怒之下，董卓破口大骂："你个狗东西，敢这么对我？"话音未落，吕布已经挥动手中的铁矛刺向董卓，随后驱动兵士杀了他。

过了好一会儿，大家才反应过来，董卓手下的主簿田景（一说田仪）等人一下子都扑到董卓的尸体上，大声呼喊"太师"。这时的吕布早已杀红了眼，抡起手中的兵器，又杀了田景等人。

杀了董卓及其随从之后，王允派人拿着皇帝的赦免诏书四处颁布，务求让京城内外都知道。诏书大概的意思是"只杀董卓，其余人等一概不问"。大家纷纷醒悟过来，士兵们口中大喊万岁，百姓们也在街道上载歌载舞。蹂躏两京多年的董卓终于死了！